数字经济概论

李刚 周鸣乐 李敏◎编著

U0360453

清华大学出版社

北京

内 容 简 介

本书立足数字经济领域已有研究结论及现有的相关教材，积极梳理和汇总来源权威、关注广泛的新兴研究成果和趋向，在保证内容全面、完善、科学和严谨的基础上，突破现有图书前沿性和代表性相对不足的缺陷，阐述作者对世界及我国数字经济发展的独到见解。本书附赠教学课件（PPT）及课后练习题参考答案，以便帮助读者更好地学习和掌握数字经济的相关知识。

本书共 9 章，涵盖的内容有：数字经济导论；数字经济的内涵特征及相关理论；数字经济的兴起与发展；我国数字经济的政策体系；数字产业化：数字经济技术基础与基础设施；产业数字化：数字经济促进传统产业转型升级；数据价值化：数据要素与市场化配置；数字化治理：数字经济时代的政府治理；新一轮数字经济革命下的机遇和挑战。这些内容分别对应数字经济学理论、数字经济相关理论、数字经济发展历程、我国数字经济发展支持政策、数字技术的发展与应用、传统产业数字化转型、数据要素的供给与开发利用、政府治理能力的现代化与数字化、我国数字经济未来发展趋势等，旨在全面介绍数字经济的理论知识与发展情况。

本书内容丰富，体系完整，讲解细致入微，非常适合作为高等院校数字经济相关专业的教材，也适合作为有志于为我国数字经济发展做出贡献的相关研究人员和行业从业人员的参考读物。

图书在版编目（CIP）数据

数字经济概论 / 李刚，周鸣乐，李敏编著 . —北京：清华大学出版社，2023.4 (2025.1重印)
ISBN 978-7-302-63148-4

Ⅰ . ①数⋯　Ⅱ . ①李⋯ ②周⋯ ③李⋯　Ⅲ . ①信息经济　Ⅳ . ①F49

中国国家版本馆 CIP 数据核字（2023）第 046179 号

责任编辑：王中英
封面设计：欧振旭
责任校对：胡伟民
责任印制：刘海龙

出版发行：清华大学出版社
　　　　网　　　址：https://www.tup.com.cn, https://www.wqxuetang.com
　　　　地　　　址：北京清华大学学研大厦 A 座　　　邮　　编：100084
　　　　社 总 机：010-83470000　　　　　　　　邮　　购：010-62786544
　　　　投稿与读者服务：010-62776969, c-service@tup.tsinghua.edu.cn
　　　　质量反馈：010-62772015, zhiliang@tup.tsinghua.edu.cn
印 装 者：北京嘉实印刷有限公司
经　　销：全国新华书店
开　　本：185mm×260mm　　　印　张：15.25　　　字　数：385 千字
版　　次：2023 年 4 月第 1 版　　　印　次：2025 年 1 月第 5 次印刷
定　　价：59.80 元

产品编号：096339-02

前　　言

20 世纪后半叶，人类开启了以微电子、计算机和通信等信息技术为标志的第三次工业革命。数字经济也在此时应运而生，并凭借其带动经济迅猛且可持续发展的强劲势头引起了世界各国的极大关注。进入 21 世纪，随着以现代信息技术创新与应用为标志的第四次工业革命的来临，数字经济更是与时代大势紧密结合，数字产业化和产业数字化所带来的信息技术革新、核心技术突破、高新技术产业发展及传统行业的数字化发展，已经成为效率提升和经济结构优化的重要推动力，也成为世界主要国家纷纷抢占的经济高地。

当前，世界主要国家与地区纷纷开始制定以数字产业化和产业数字化为主的数字经济发展战略，出台相关支持性政策，由政府主导布局国内数字经济的发展，在世界范围内逐渐形成了由美、英、德、日等发达国家引领的数字经济发展格局。

相较于上述发达国家，我国的数字经济虽然起步较晚，但发展迅速并取得了突出成就。近年来，我国数字经济规模仅次于美国，稳居世界第二；数字经济规模增速保持世界领先，数字经济在 GDP 中的占比逐年上升；以数字产业化、产业数字化、数据价值化和数字化治理为主的数字经济"四化"发展迅速，数字人才队伍建设不断推进，技术创新持续向前，逐渐成为世界创新创意的策源地。与此同时，我国数字经济的发展与发达国家相比还存在较大的差距：我国数字经济的规模与现阶段的主要竞争对手，即老牌数字经济国家——美国的差距明显；数字经济在 GDP 中的占比也远低于德、英、美等国家；在数字经济"四化"中，数字产业化发展相对落后，数字技术与传统产业的融合程度也相对较低；数字经济技术创新领域也存在着未能掌握与突破核心技术等问题。

国内外的数字经济发展情况表明，我国还有一段很长的路要走。党的二十大报告明确指出："加快发展数字经济，促进数字经济和实体经济深度融合，打造具有国际竞争力的数字产业集群。"而想要在这条路上走得通、走得好、走得赢，走在路上的人就必须具备数字经济学科的素养。也正是基于上述时代背景及我国数字经济发展的情况，组织人员编写了本书。

本书共分为 9 章，涵盖从国内外数字经济的前沿和新兴研究成果中广泛提炼的数字经济学与数字经济理论、数字经济产生与发展历程、数字经济"四化"的构成，以及中国在数字经济时代面临的机遇与挑战等内容。本书内容丰富，体系完整，讲解细致入微，并提供专业、完善的配套教学课件（PPT），还提供课后练习题及其参考答案，旨在帮助我国高等院校相关专业的学生能更好地学习和掌握与数字经济相关的知识，从而了解以数字产业化、产业数字化、数据价值化和数字化治理为代表的数字经济"四化"发展形势，开拓数字经济领域国际视野，提高数字经济学科素养，成为我国数字经济人才队伍所需人才，为我国在数字经济时代占据国际经济的优势地位助力。

本书配套的教学课件（PPT）和课后练习题参考答案等配套资料需要读者自行下载。请在清华大学出版社的网站（www.tup.com.cn）上搜索到本书页面，并在页面上找到"资源下载"栏目，然后单击"网络资源"和"课件下载"按钮即可下载。不能正常下载的读者也可以向 627173439@qq.com 发送电子邮件获取。

虽然我们对本书内容多次进行审核，力求准确，但因时间所限，加之本书涉及面比较广泛，书中可能还存在疏漏和不足之处，恳请读者批评和指正。

编著者

2023 年 2 月

目　　录

第 1 章　数字经济导论

数字经济作为当代世界竞争的关键，日益受到国际社会的广泛关注。本章作为全书的开篇，将从数字经济学及教材本身入手，详细讲解学习数字经济学的重要意义，本书内容框架及知识体系，以及什么是数字经济学，为后续学习打下坚实的心理和知识基础。

1.1　为什么学习"数字经济学"

自 20 世纪 60 年代至今，诞生于第三次工业革命、发展于第四次工业革命的数字经济依托快速连通的信息网络、迭代创新的信息技术和不断膨胀的数据信息，日益成为世界经济发展的新动能。中国信息通信研究院发布的《全球数字经济白皮书——疫情冲击下的复苏新曙光》[1]提到，2020 年，该报告所测算的 47 个国家数字经济增加值规模达到 32.6 万亿美元，同比名义增长 3.0%，占国内生产总值（Gross Domestic Product，GDP）的比重为 43.7%。而《中国数字经济发展白皮书（2020 年）》则提到："我国数字经济在国民经济中的地位更加突出……从 2014 年到 2019 年的 6 年时间，我国数字经济对 GDP 增长始终保持 50%以上的贡献率，2019 年数字经济对经济增长的贡献率为 67.7%……2019 年三次产业对 GDP 增长的贡献分别为 3.8%、36.8%和 59.4%，均低于数字经济的贡献。"[2]

与此同时，数字经济在其飞速发展过程中形成的数字产业化、产业数字化、数据价值化和数字化治理"四化"体系，也使其影响远超经济领域，深入社会发展的方方面面，逐渐成为产业转型升级、生产要素革新、治理能力现代化的重要推动力，以及国际竞争和中国未来发展的关键。正如《"十四五"数字经济发展规划》所提到的："……数字经济发展速度之快、辐射范围之广、影响程度之深前所未有，正推动生产方式、生活方式和治理方式深刻变革，成为重组全球要素资源、重塑全球经济结构、改变全球竞争格局的关键力量……当前，新一轮科技革命和产业变革深入发展，数字化转型已经成为大势所趋……"

长期以来，我国极为重视数字经济发展。"十三五"时期，中国数字经济已取得信

---

① 全球数字经济白皮书——疫情冲击下的复苏新曙光[R]. 北京：中国信息通信研究院，2021:10-24.
② 中国数字经济发展白皮书（2020 年）[R]. 北京：中国信息通信研究院，2020:7-38.

息基础设施全球领先、产业数字化转型稳步推进、新业态新模式竞相发展、数字政府建设成效显著及数字经济国际合作不断深化等多项成就，但也存在着关键领域创新能力不足，产业链供应链受制于人的局面尚未根本改变；不同行业、不同区域、不同群体间数字鸿沟未有效弥合，甚至有进一步扩大趋势；数据资源规模庞大，但价值潜力还没有充分释放；数字经济治理体系需要进一步完善等多项亟待解决的问题。

基于上述问题，立足"十四五"，面向未来，能否深化战略、聚拢人才、集中智慧、攻坚克难显得尤为重要。而作为本书的学习者、国家未来人才的你们，能否知势求知、知往向来、知通精专、知难奋进，成为全面把握数字经济发展脉搏的设计者，或深研数字经济各领域的建设者，将对我国未来数字经济发展及在国际竞争中所处的位置带来重要影响。

因而今天，当你捧起这本教材时，请你牢记学习对数字经济现象开展深入研究并将之理论化的"数字经济学"的重要意义与所肩负的历史使命和时代责任，相信现在的刻苦努力是为了日后自己能够做出突出的贡献，对国家和民族的腾飞尽绵薄之力。

1.2　本书内容框架及知识体系

面对不断用经济现象和傲人的统计数据向全世界证明自己无限潜能和推动经济社会发展巨大作用的数字经济，研究者们从没有停下自己的脚步。数字经济学研究经历了从内涵、概念的论争，到相关理论拓展延伸，再到发展情况、发展问题、发展未来讨论的研究历程，研究者们也走出了一条从无到有，从有到全，从全再到"无"的紧紧贴合数字经济学发展规律的研究道路。

当学习《数字经济概论》这本书时，将重新踏上前辈的研究道路。本书分为 3 部分共 9 章。

第 1～3 章为"从无到有"，主要介绍数字经济学、数字经济相关知识和数字经济作为一种新兴经济形态"从无到有"的构建与发展过程。其中：第 1 章为数字经济导论，主要内容为学习数字经济学的重要意义、本书内容框架及知识体系，以及数字经济学的学科基础、核心概念与研究对象及研究范畴；第 2 章为数字经济的内涵特征及相关理论，主要内容为数字经济的概念与内涵、特征与意义及五大相关理论；第 3 章为数字经济的兴起与发展，主要内容为数字经济的产生背景、国外数字经济的兴起与发展与我国数字经济的发展情况及面临的挑战和对策。

第 4～8 章为"从有到全"，着眼于数字经济在政策引领下，全面形成的数字产业化、产业数字化、数据价值化与数字化治理"四化"体系，以及为现阶段经济社会带来的全新变革。其中：第 4 章为我国数字经济的政策体系，主要内容为我国数字经济发展历程中的顶层设计政策体系，以及数字经济各领域的相关政策；第 5 章为数字产业化，主要内容为作为数字经济先导的数字产业及与之密切相关的数字经济整体技术架构、数字技术及其相关基础设施建设、传统基础设施数字化，以及数字技术与数字基础设施综合联动的"智慧城市"；第 6 章为产业数字化，主要内容为数字化与产业融合相关概念，八大传统产业数字化转型与产业融合的发展，以及我国未来产业融合发展建议；第 7 章为数据价值化，主要内容为数字经济时代新兴关键生产要素——数据的概念、供给与开发利用等与其本身及其市场化配置相关的重要知识；第 8 章为数字化治理，主要内容为结合数字化治理实例，讲解数字经济时代下各国政府如何革新治理模式，建设数字政府，以及如何共享、开放及应用政府数据推动经济社会发展。

第 9 章为"从全到'无'"，指的是立足现在，面向未来，借助已知推测未知的研究过程，该章标题为"新一轮数字经济革命下的机遇和挑战"，主要内容为结合数字经济深化发展的时代背景，从营商环境促进产业发展、数字经济重塑经济生态和模式创新促进经济转型 3 方面入手，解析我国数字经济发展未来将面临的机遇与挑战，分析政府、企业及其他社会团体、个体应当如何抓住机遇、应对挑战，从而占据发展先机，在数字经济时代谋求经济社会发展的主动地位。

1.3　什么是数字经济学

1.3.1　数字经济学的学科基础

数字经济学以以下三大学科作为学科基础。

1. 经济学

经济学起源于希腊以色诺芬和亚里士多德为代表的早期经济学。它是研究人类社会各发展阶段的各种经济活动和与之相对应经济关系及运行发展规律的一门学科。其核心思想是通过学习、掌握和运用经济规律，实现资源的优化配置和再生，最大限度地创造、转化和实现价值，满足人类物质文化生活的需求，促进社会可持续发展。经济学可分为政治经济学和科学经济学。政治经济学是一种自发地从某个侧面研究价值规律或经济规律，以其所代表的阶级利益为基础，突出阶级在经济活动中的地位和作用的经济学；科学经济学则是一种有意识地研究价值规律或经济规律的经济学。

2. 管理学

管理学是一门综合性学科，其通过系统研究管理活动的基本规律和方法，优化管理方法，建立管理模式，获得最大管理效益。管理学是为适应现代社会大生产需要而产生的，目的是研究如何在现有条件下，通过合理组织和配置人、财、物等因素，提高生产力水平。

3. 工程学

工程学是现代科学、传统技艺与历史经验、文化、艺术的选粹结晶，是科学的重要组成部分。其将数学、物理学和化学等基础科学原理通过各式各样的途径（各种结构、设备、信息及物质）应用于人类的日常生活和探索实践中，是能使人类生活更加便捷，并从根本上改变人类生活方式及生活水平的各应用学科集合。

1.3.2 数字经济学的概念

长期以来，数字经济作为一种新的经济形态，学术界对于其定义一直存在争议。直至 2016 年二十国集团领导人杭州峰会，与会各国才为数字经济确定了一个较为权威的定义。《二十国集团领导人杭州峰会公报》指出：“数字经济是以使用数字化的知识和信息作为关键生产要素、以现代信息网络作为重要载体、以信息通信技术的有效使用作为效率提升和经济结构优化的重要推动力的一系列经济活动。”2022 年，《“十四五”数字经济发展规划》则将其概念进一步明确，提出：“数字经济是继农业经济、工业经济之后的主要经济形态，是以数据资源为关键要素，以现代信息网络为主要载体，以信息通信技术融合应用、全要素数字化转型为重要推动力，促进公平与效率更加统一的新经济形态。”

而研究数字经济并将其理论化的数字经济学，其概念亦可借助上述定义明晰：数字经济学是研究数字经济时代下的经济活动中，政府、企业、个人及其他社会团体如何利用数据资源作为关键生产要素，依托现代信息网络载体，加深信息通信技术融合应用、全要素数字化转型，从而促进实现资源的优化配置与再生，推动经济结构转型和高质量发展，满足进一步统一公平与效率需要的一门学科。

结合数字经济学 3 大学科基础，在数字经济学的概念中：“利用数据资源作为关键生产要素”“促进实现资源的优化配置与再生”“满足进一步统一公平与效率的需要”这几点立足经济学基础，解释了数字经济发展的战略目标与整体趋势；团体与个人“如何利用数据资源作为关键生产要素，依托现代信息网络载体，加深信息通信技术融合应用和全要素数字化转型”产生“经济结构转型和高质量发展”的推动力则立足管理学基础，说明了数字经济发展战略目标下的战役模式及整体趋势内部的统筹协调；而具体的“信息网络”“信息通信技术”“全要素数字化”则立足工程学基础，强调数字经济发展战役中的具体战术安排与具体实现统筹协调的技术手段。

1.3.3 数字经济学的研究对象及研究范畴

基于上述学科基础及相关概念，根据戚聿东等人的观点[①]，数字经济学的主要研究

---

① 戚聿东，褚席. 数字经济学学科体系的构建[J]. 改革，2021(2):41-53.

对象为数字经济大概念下的数据、数字技术与经济社会发展间的辩证关系及三者间的发展规律。

根据研究对象,数字经济学相关研究范畴包括宏观问题层面、中观问题层面和微观问题层面。

在宏观问题层面,数字经济学主要研究数字经济发展规律和经济社会作用。与农业和工业经济相比,数字技术和数据在数字经济时代和经济社会发展中的作用得到了加强。数字技术创新和数据价值释放带来了生产方式和生产关系的重大变化,经济的数字化转型已经渗透到生产、分配、交换和消费的全过程。数字经济学研究应从概念、历史、性质、方法等基本问题入手,明确数字经济在经济和社会中的作用和地位,研究和完善数字经济的统计方法、计算标准和计量指标体系,并重点研究数字经济发展对宏观经济的影响。在研究生产方式和生产关系发展规律的同时,还要研究优化生产方式、改善生产关系、促进数字经济可持续发展的途径。

在中观问题层面,数字经济学主要研究数字产业化、产业数字化、数字化治理和数字市场。数字产业化是数据和数字技术产业化的结果,其研究内容应包括数字产业的发展趋势和规律、数字产业的规模测度、数字产业的经济影响和数字产业的结构特征;它不仅包括对就业结构、收入结构和经济增长的定量实证研究,而且包括对产业结构现代化和经济可持续发展的定性判断。产业数字化主要探讨数据和数字技术提高要素配置效率、激发市场活力、促进产业质量改革的内在机制,分析数字化转型对传统产业前沿、供求、竞争力等方面的影响。数字化治理是数据和数字技术渗透到社会治理中的结果,其研究的主要内容是如何建设数字政府,提高政府工作效率和现代治理能力,分析和加强政府信息的公开、共享和应用,确保数字经济时代的信息安全和经济社会秩序。数字市场是基于数字技术的虚拟市场,由于其对经济发展的积极影响日益明显,因而需要加强对其一般认识和理论研究。首先,如何更好地发挥数字市场的积极作用,降低双方的信息不对称和交易成本,提高交易效率将成为数字市场研究的重点。其次,目前数字市场存在严重的监管漏洞,信息泄露、欺诈、违规和非法集资等不良现象普遍存在,如何保证数字市场健康有序发展是数字经济中不容忽视的问题。最后,如何适应数字市场的发展,借助相关法律、法规明确各个数字市场主体的权利和责任,也是未来数字经济学研究的一个重要课题。

在微观问题层面,数字经济学主要研究消费者行为和企业数字化转型。关于数字经济下消费者行为的研究,建立在信息非对称这一基本事实和个人效用最大化的假设前提之下,核心研究内容是数据和数字技术对个人经济行为的影响。信息搜寻成本的下降和信息可得性的提升使个人对产品质量、性能、服务和成本等有了更深入的了解。在这种情况下,消费者的偏好、预期、支付意愿如何调整,市场中逆向选择问题、道德风险问题、委托-代理等问题如何演进,都是未来数字经济学需要解决的主要问题。企业数字化转型是指传统企业利用数字化技术和数据,对生产流程、组织结构和商业模式进行全面重构。数字化转型能够帮助企业降低生产成本,提高产品质量、技术含量和企业生产效率，并结合数据与数字技术推出新产品，发现新商机，探索新模式。因此，面对传统产业数字化转型的需要，数字经济学微观研究应该关注如何促进产业内企业数字化转型，提高其竞争力，并研究如何优化营商环境，培育企业创新力。

简而言之，宏观问题研究的是数字经济学的运行逻辑和经济本质理论，中观问题的研究则主要围绕产业、行业和区域等领域展开，而微观问题主要研究数字化转型。

练习与思考

1. 学习数字经济学的意义是什么？你将来可以为我国数字经济发展做出哪些贡献？
2. 为什么经济学、管理学和工程学是数字经济学的三大学科基础？
3. 简述数字经济学的研究对象和研究范畴。

第 2 章　数字经济的内涵特征及
相关理论

数字经济学本身就是研究数字经济现象和内在运行规律的学科。因而，本章将承接第 1 章对数字经济学的介绍，从其主要研究对象数字经济入手，详细说明数字经济的概念、内涵、特征与意义，以及与数字经济密切相关的信息经济、网络经济、知识经济、平台经济及共享经济等重要理论。

2.1　数字经济的概念与内涵

数字经济的概念最早可追溯到 20 世纪 90 年代，被誉为"数字经济之父"的唐·塔普斯科特（Don Tapscott）在 1995 年出版了《数字经济》[①]，详细论述了互联网对经济的影响，预言了数字经济的到来，他被认为是最早提出"数字经济"概念的人之一。继唐·塔普斯科特之后，经济学界对数字经济概念及内涵的讨论随着数字经济的迅猛发展而不断深入。

2.1.1　数字经济的概念

对于数字经济的概念，当前已有较为一致的观点：数字经济指的是伴随全球数字化浪潮，在新一轮科技革命和产业变革中孕育兴起的新经济模式。它是以数字化知识、信息（数据）作为关键生产要素，以现代信息网络作为重要载体，以信息通信技术的有效使用作为效率提升和经济结构优化重要推动力的一系列经济活动。

第 1 章曾提到过，我国数字经济概念成型于 2016 年 9 月二十国集团领导人杭州峰会发布的《二十国集团领导人杭州峰会公报》，明确于 2022 年发布的《"十四五"数字经济发展规划》。另外，随着近年来数字技术与产业深度结合，数字经济的概念也在不断丰富，衍生出"数字经济 2.0"和"数字新经济"等数字经济新概念。

[①] Tapscott D. The Digital Economy: Promise and Peril in the Age of Networked Intelligence[M]. New York: McGraw Hill, 1995.

1．数字经济2.0

2017 年，时任凤凰网财经研究院高级研究员、中国投资有限责任公司董事总经理的马文彦在他的著作《数字经济 2.0》[①]中提出，在数字经济 1.0 的基础上，随着以互联网产业化、工业智能化、工业一体化为代表的第四次工业革命的深入发展，数字经济商业生态出现了云计算、大数据治理、人工智能、物联网和区块链等融合升级，数字经济 2.0时代以数据化为标志，深刻影响新零售、新实体经济、信息消费、互联网+电影等新兴业态，重塑商业模式，革新行业面貌，为数字经济注入新的驱动力。

杨虎涛认为："连接+能源+材料"构成了技术革命增长效能的三重技术维度，也是衡量数字经济 1.0 与数字经济 2.0 区别的重要标尺。其中：材料和能源直接涉及"用什么生产"和"生产什么"的问题；而连接，可以是交通运输，也可以是信息通信技术，则涉及"在哪里生产"和"在哪里消费"的问题。[②]

而以人工智能（Artificial Intelligence，AI）为代表的数字经济 2.0 版本则是在以信息通信技术（Information and Communications Technology，ICT）为代表的数字经济 1.0 的基础上，突破了数字经济 1.0"人—机—机—人"的局部性"连接"，实现了"人—机—物—机—物—人"的更大范围互联和深度运算；突破了数字经济 1.0 影响行业过于狭窄（集中于以金融业为代表的服务业）的局限，使移动互联从消费领域拓展到生产领域，从智能消费、智能流通拓展到以智能制造为代表的智能生产领域，带动制造业等各行业生产率提升及经济结构整体转型升级，创造更强、更持久和更大范围的经济增长效能的数字经济新形态。

2．数字新经济

数字新经济是以数字经济为基础，结合区块链和通证经济学，通过重新定义部分生产关系和经济活动，并对当前某些经济结构和经济活动进行解析和重构而形成的经济形态。由于区块链可以产生基于数字的信任，通证能重构经济关系，所以数字新经济具备颠覆当前经济体系的潜力。

2.1.2　数字经济的内涵

基于上述概念，数字经济至少具有以下 3 个具体内涵。

一是数据成为关键生产要素。人类社会利用实时获取的海量数据，包括主体数据、行为数据、交易数据和通信数据，组织社会生产、销售、流通、消费、融资和投资等活动，使数据成为经济活动的关键生产要素和数字经济的第一要素。

---

① 马文彦．数字经济 2.0[M]．北京：民主与建设出版社，2017.
② 杨虎涛．数字经济的增长效能与中国经济高质量发展研究[J]．中国特色社会主义研究，2020(3):21-32.

二是互联网与信息技术成为基础架构。数字经济包含网络经济，互联网是其基础载体，信息技术是其重要手段。数字经济的基础设施正是能够获取、传输、处理、分析、利用和存储数据的设施和设备，包括互联网（特别是移动互联网）、物联网、云计算、区块链、计算机（特别是移动智能终端）以及连接它们的软件平台。

三是人工智能成为生产力发展的重要推动力。数字经济包含智能经济，人工智能让数据处理能力得到指数级增长。"人工智能+算法"驱动能够实现各领域应用的数字仿真、知识模型、物理模型等与数据模型深度融合，实现产业融合、跨界创新和智能服务，从而极大提升社会生产力。

李帅峥等人结合我国"十四五"发展前景提出"十四五"时期数字经济新内涵[1]，包括以下几个方面。

一是"十四五"对数字经济发展的新要求。"十四五"是我国经济发展从高增速转向高质量的关键时期，数字经济对推动我国经济结构升级、效率变革和动能转换具有重要意义。因此，数字经济比重已成为"十四五"期间经济社会发展的主要指标之一。"加快数字发展，建设数字中国"，推进网络强国建设，加快数字经济、数字社会、数字政府建设，推动生产方式转变及生活方式和治理模式的数字化转型成为《中华人民共和国国民经济和社会发展第十四个五年规划和 2035 年远景目标纲要》的重要内容。加强核心技术自主创新，促进数字技术与实体经济融合发展，赋能传统产业转型升级，推动新产业、新业态、新模式的发展，构建促进数字经济健康发展的监管体系和公共政策，符合习近平总书记在中共中央政治局第三十四次集体学习上有关数字经济发展22 个"要"讲话的重要精神。

二是数字经济新定义与新分类。2021 年 6 月，国家统计局发布了《数字经济及其核心产业统计分类（2021）》，延续了《中华人民共和国国民经济和社会发展第十四个五年规划和 2035 年远景目标纲要》对数字经济发展的核心要求，为我国数字经济提供了统一可比的统计标准、口径和范围。其中，对数字经济的定义为"以数据资源作为关键生产要素、以现代信息网络作为重要载体、以信息通信技术的有效使用作为效率提升和经济结构优化的重要推动力的一系列经济活动"。遵循这一概念，国家统计局从"数字产业化"和"产业数字化"两个方面明确了数字经济的基本范围。数字产业化包括数字产品制造业、数字产品服务业、数字技术应用业和数字要素驱动业；产业数字化包括数字化效率提升业，并将数字产业化确定为数字经济的核心产业，是数字经济发展的基础。

三是数字经济发展面临的挑战。我国数字经济规模与发达国家相比仍有差距，现阶段存在着不平衡、不充分的发展问题。目前，从底层支撑薄弱到关键要素作用受限都是限制数字经济结构优化和规模增长的重要因素，我国数字经济发展面临着新型基础设施

---

① 李帅峥，董正浩，邓成明. "十四五"时期数字经济体系架构及内涵思考[J]. 信息通信技术与政策，2022(1):24-31.

智能化程度不高、数据要素价值未完全发挥、数据安全问题凸显、数字经济低碳化转型和科创体系不完善等诸多挑战，需在"十四五"期间着力解决。

2.2 数字经济的特征与意义

2.2.1 数字经济的特征

基于数字经济的概念与内涵，数字经济的特征主要体现在其作为一种新兴经济形态，为经济发展带来的变革、所代表的发展趋向及自身构成 3 个方面。

1. 数字经济的变革特征

结合魏江等人的观点，数字经济至少带来了生产要素和生产方式两项关键变革[①]。

第一，生产要素变革。生产要素变革是推动经济增长的原生变量。"技术—经济范式"理论认为，生产要素需要具备 3 个条件：一是生产成本迅速下降；二是接近无限量供给；三是应用前景的普及性。而数据要素之所以能够取代土地、资本、劳动力成为数字经济时代典型的生产要素，正是因为其具备上述 3 个条件，本书将在第 7 章中对此进行详细阐述。

第二，生产方式变革。首先，数字技术促使生产主体多元化、微粒化。在传统经济关系中，生产资料配置和生产活动开展均在产业链上下游间或产业集群内部进行，生产主体以企业为主。在数字经济时代，数字技术通过提供广泛、即时、可交互的信息及数据采集、传输和匹配，促使网络空间和物理空间融为一体，改变了组织内外利益相关者间的沟通和交易方式，大幅降低了生产过程门槛和成本。此外，数字技术带来的全要素数字化和产业数字化导致生产过程更加透明化、模块化和自组织化。在此基础上，生产主体逐渐由企业向多元化（政府、企业、高校、科研院所）和微粒化（个体用户、自组织团队）方向转变，经济表现形式为多方参与的企业创新生态系统、平台经济以及按需组织劳动的众包经济、零工经济等。

其次，数字技术使得生产组织平台化、网络化。与生产主体多元化、微粒化直接相关的是生产组织平台化、网络化。在传统经济模式中，产业组织的典型特征是纵向一体化，产业组织架构以产业链和产业集群为纽带。在数字经济时代，互联网、大数据、云计算、人工智能等技术的应用降低了各类生产主体间的信息不对称和交易成本，扩大了生产要素配置范围，使多元化生产主体可以借助网络空间进行协同。例如，工

---

① 魏江，刘嘉玲，刘洋. 数字经济学：内涵、理论基础与重要研究议题[J]. 科技进步与对策，2021,38(21):1-7.

业互联网和工业云平台建设促使"大平台+小企业"的生产组织形式愈发普遍。此外，数字技术通过连接虚拟世界和现实世界，使得精准预测消费者偏好成为可能，而数字连接带来的互动范围扩大和生产准入门槛降低为企业摆脱内部员工依赖，以网络化方式实现多主体价值共创提供了可能。例如，维基百科社区、Steam 创意工坊等均是由企业内外部利益相关者自发形成的一种非正式协同生产网络。更为典型的是，在零工经济模式下，企业依托网络平台变成一个没有实体边界的"社会工厂"，生产者以散点形式分布于全球。

再次，数字技术使得生产过程个性化、模块化。生产主体的多元化、微粒化以及生产组织的平台化和网络化使得生产过程呈现出个性化和模块化趋势。在传统经济模式中，产品和服务供给者与需求者之间不平等，生产过程以标准化和规模化为特征。数字技术带来的生产过程透明化和信息不可篡改性催生了去中心化、去中介化网络组织，改变了传统生产过程中科层权力结构与分工协作的强制性，使得生产过程更多地体现为个性化参与意愿。例如，共享经济是个人基于自身闲置资源余缺状况及共享消费理念自发进行的分工与协作模式；零工经济使劳动者可根据个人需要自行选择劳动时间和劳动量。此外，数字技术可供性使得生产过程被拆分为独立操作模块，而数字连接为有效协调任务分工和合作提供了可能，因此生产过程由集中化、规模化向分散化和模块化转变。例如，在开源软件、Steam 创意工坊等在线社区中，软件或游戏开发项目负责人将内部数据或模型公开给社区内所有成员，并支持社区成员基于自身需求、偏好和技能进行再造。

最后，数字技术使得生产关系虚拟化、垄断化。随着生产组织的网络化、平台化，生产主体和生产组织关系逐渐呈现出虚拟化和垄断化趋势。在传统经济模式中，生产主体之间大多依靠面对面交流提供的信息进行协调和整合，生产关系相对稳定。数字技术使生产主体之间的协调与整合不再依靠正式和非正式线下互动，而是转向虚拟交流。例如，开源软件、维基百科社区成员更加依赖源代码、用户工具箱等虚拟合作技术和软件工件进行协调与整合。而生产组织平台化和生产过程个性化使传统经济中企业—员工雇佣关系转变为平台—个体合作关系或互补关系，数字平台网络效应及其对生产过程数字化基础设施的控制，使平台与互补者之间呈现出强烈的支配—依赖关系；而大平台对于服务器计算和存储能力、算法、操作系统的垄断，致使大小平台之间形成控制与依赖紧密联系的嵌套型层级结构。

2. 数字经济发展趋向特征

数字经济发展趋向特征主要包括以下 3 个方面。

一是数字化。数字化就是把社会经济活动通过信息系统、物联传感、机器视觉等各类数字化方式进行抽象，形成可记录、可存储、可交互的数据、信息和知识。在这个过程中，数据已经成为新的生产资料和关键生产要素。

二是网络化。网络化就是让这些已经抽象的数据、信息和知识，通过互联网、物联网等网络载体自由流动、无缝对接和全面融合，从而改变传统生产关系。

三是智能化。智能化就是利用互联网技术（Internet Technology，IT）系统、大数据、云计算、人工智能等先进的信息通信技术，使数据处理效率更高、处理能力更强，实现数据处理的自动化、智能化，让社会经济活动效率得到快速提升，社会生产力得到指数级增长。

3．数字经济自身构成特征

结合于也雯等人的观点[1]，数字经济自身构成特征主要包括以下 3 个方面。

一是数字经济的构成特征。数字经济包括数字产业化、产业数字化、数字化治理、数据价值化四个方面。其中，数字产业化是指数字技术带来的产品和服务，现阶段包括电子信息制造业、信息通信业、软件服务业、互联网业等。数字产业化是数字经济的基础部分，更是数字经济的核心驱动。产业数字化是指传统产业应用数字技术，增加产量、提高效率。产业数字化是数字经济的融合部分，也是数字经济的延伸。数字化治理是指结合数字技术和社会管理，推进治理系统向更高水平发展，加快国家治理系统和治理能力现代化。数据价值化是指数据作为数字经济关键生产要素，贯穿数字经济发展的所有过程，与其他生产要素不断组合重复，加速交叉融合，引起生产要素多领域、多维、系统性、革命性的突破。

二是数字经济的技术特征。数字经济依托信息网络、信息技术等数字技术，强调人—机—物—机—物—人的更大范围互联和深度运算，其技术具有极强的网络化特征，且相关技术创新能为数字经济发展注入源源不断的动力。

三是数字经济代表的经济发展阶段特征。从生产要素来说，在农业经济时代，产出由劳动力、土地及技术决定；在工业经济时代，资本成为新的生产要素；而在数字经济时代，数据成为经济发展的关键生产要素，且增长迅猛。从基础设施来说，在工业经济时代，经济活动建立在以钢筋水泥为特征的铁路、公路等基础设施上；在数字经济时代，第五代移动通信技术（The 5th Generation Mobile Communication Technology，5G）网络、大数据中心、工业互联网、人工智能等成为必要的新型基础设施。从劳动力组成来说，在数字经济时代，数字技术是劳动者应具备的基本技能，低技能、机械、重复性的工作岗位正逐渐被人工智能等数字技术替代。从成本来说，在数字经济时代，由于数据成为主要生产要素，所以标准经济模型中的某些成本（如搜索成本、复制成本、运输成本、跟踪成本以及验证成本）大幅下降甚至接近零。

2.2.2　数字经济的意义

当下，世界经济进入深度调整阶段。新旧经济交迭的景象波澜壮阔。一方面，传统

---

① 于也雯，陈耿宣．中国数字经济发展的相关问题和政策建议[J]．西南金融，2021(7):39-49.

经济持续低迷；另一方面，数字经济突飞猛进。在全球信息化全面渗透、跨境融合、创新加速、引领发展的新阶段背景下，结合张新红的观点[①]，数字经济凭借其特征所包含的变革作用、产业技术优势及所代表的先进发展阶段、发展趋向，对经济社会发展具有以下 5 个重要意义。

第一，数字经济能够贯彻五大发展理念。一是创新理念，即数字经济是新技术革命的产物，是新的经济形态、新的资源配置方式，创新的内在要求在其身上得到了集中体现。二是协调理念，即数字经济有助于减少信息流动障碍，加快资源要素流动，提高供求匹配效率，实现城乡区域协调发展。三是绿色理念，即数字经济可以极大提高资源利用率，是绿色发展的完美诠释。四是开放理念，即数字经济的一个特点是立足互联网，而开放共享正是互联网特性。五是共享理念，即数字经济为落后地区和低收入阶层创造了更多参与经济活动、共享发展成果的机会。

第二，数字经济能够有效推进供给侧结构性改革。现阶段，在农业领域，数字经济引领农业现代化，数字农业、智慧农业等农业发展新模式是数字经济在农业领域的应用和实现。在工业领域，传统工业与数字技术深入结合，产生了数字工业、高端制造业等工业发展新模式和新高地。在服务业领域，数字经济的影响和作用早已体现，电子商务、互联网金融、网络教育、远程医疗、在线娱乐等已给人们的生产生活带来了巨大变化。

第三，数字经济能够贯彻落实创新驱动发展战略。现阶段，数字经济最能反映信息技术创新、商业模式创新和制度创新要求。数字经济的发展造就了许多有发展潜力的互联网企业，成为激发创新创业的动力。众创、众包、众扶、众筹、众办等共享经济模式一直是数字经济的重要组成部分。

第四，数字经济能够构建信息时代国家竞争新优势。在信息革命下的世界经济版图重构中，数字经济的发展将起到极其重要的作用。数字能力、信息能力和网络能力将作为国家和地区数字经济时代的核心竞争力而愈发表现出来。

第五，数字经济能够重塑经济社会生态。目前，数字经济对社会生态的重塑作用主要集中在四个方面：一是以国际资金清算系统（Society for Worldwide Interbank Financial Telecommunications，SWIFT）、纽约清算所银行同业支付系统（Clearing House Interbank Payment System，CHIPS）为代表的贸易清结算组织与系统正将数字技术全面运用于贸易清结算过程中，重塑贸易清结算体系；二是以在线支付为代表的支付方式，以及以区块链技术为支撑的、商业信贷业务领域的供应链金融正在重塑数字经济时代金融体系；三是以工业 4.0 和产业链集群为代表的数字工业正在重塑产业体系；四是以城市治理服务与数字技术深度结合为发展理念的新型智慧城市正在重塑社会治理、服务与发展模式。

---

① 张新红. 数字经济与中国发展[J]. 大数据时代，2016(2):30-37.

2.3 数字经济的相关理论

当然，数字经济并非凭空产生的。根据经济社会发展历程、研究的历史沿革，以及研究所涉及的生产要素、活动载体、技术支持等具体内容差异，数字经济又涉及信息经济、网络经济、知识经济、平台经济、共享经济等与之密切相关的理论，需要加以了解、能够区分。

2.3.1 信息经济

1. 信息经济的概念

"信息经济"的概念最早可以追溯到 20 世纪六七十年代。弗里茨·马克卢普在 1962 年发表的《美国知识的生产与分配》①中建立了一套关于信息产业的核算体系，提出了有关"信息经济"的概念。至 20 世纪 80 年代，美国经济学家保尔·霍肯在《未来的经济》②中明确提出"信息经济"的概念，并将信息经济解释为一种以新技术、新知识和新技能贯穿整个社会活动的新型经济形式；保尔·霍肯认为信息经济最重要的特征是经济运行过程中信息成分大于物质成分而占主导地位，信息要素对经济发展的贡献不断加大。而从 20 世纪 90 年代开始，全球范围内拉开了讨论信息经济概念及理论体系的序幕。

我国虽然对信息经济的研究起步较晚，但自 20 世纪 90 年代信息经济学在我国兴起以来，其发展却极为迅速，乌家培、马费成、王则柯等学者都曾就信息经济相关概念及理论发表过多篇学术论文及多部学术专著。

中国信息通信研究院则在《2015 中国信息经济研究报告》③中提到："目前，比较成熟的研究观点认为信息经济可以从微观和宏观两个角度理解。从宏观经济角度看，主要研究信息作为生产要素在经济系统中的运作规律……而从微观经济角度看，信息经济所涉及的重点研究内容是分析信息产业和信息产品的特征，以及信息产业对国民经济的贡献力度……"这份报告还将信息经济定义为以数字化信息资源为核心生产要素，以信息网络为运行依托，以信息技术为经济增长内生力，通过信息技术、信息产品、信息服务与其他领域融合发展，形成信息产业、融合性新兴产业以及信息化应用以提高传统产业产出效率的新型经济形态。

总之，信息经济强调作为关键生产要素的信息在经济发展、效率提升中的作用。其

---

① 马克卢普. 美国的知识生产与分配[M]. 孙耀君，译. 北京：中国人民大学出版社，2007.
② 霍肯. 未来的经济[M]. 方韧，译. 北京：科学技术文献出版社，1985.
③ 2015 中国信息经济研究报告[R]. 北京：中国信息通信研究院，2015:39-45.

更倾向于通过信息网络建设、信息技术应用，促进作为主导产业的信息产业优先发展，为信息要素打造来源广泛、内容准确、获取便利、存储加工专业、传递快捷、受众多元的产服系统，从而引导资源配置优化、经济效率提升，推动传统产业信息化及融合性产业形成，从而促进经济结构的优化和经济社会的可持续发展。

2．信息经济的特征

基于上述概念，继续结合《2015 中国信息经济研究报告》[①]，信息经济至少具有以下 3 个特征。

一是技术范式突破。信息经济带来的传感器、物联网、机器人网络、人机交互、通信网络、计算机网络等新技术范式全面扩展和深化了人与人、人与物、物与物的联系。以互联网为代表的全新信息技术，将人类脑中的隐性知识显性化，将分散的知识系统化，将抽象的知识和思想转化为物质运动的具体过程，构筑起认识世界、改造世界的信息桥梁。

二是经济社会发展形态更新。具体而言，经济社会发展形态的更新就是信息通信技术在经济社会各领域的深度应用，即在信息通信网络广泛普及的基础上，充分发挥信息技术优势，推动技术进步、信息传递加工效率提升及组织变革，形成以信息为关键生产要素的经济社会发展新形态。

三是信息化发展路径和手段创新。信息经济更侧重移动互联网、云计算、大数据、物联网等新技术在信息化发展中的基础性和创新性应用；更侧重跨企业、跨行业、跨区域的网络化连接和信息流动，打破信息不对称，实现供需精准对接，促进资源高效配置；更侧重平台化的数据汇集和深度应用，构建开放共赢的生态体系，集聚大众创业智慧，激发万众创新活力；更侧重跨界融合对推进改革深化、倒逼政府创新、助推社会进步、构建新型生产关系的驱动作用。

2.3.2　网络经济

1．网络经济的概念

学术界对"网络经济"概念的认识亦经历过一个漫长过程。20 世纪 80 年代，日本学者因商业、运输业、金融业等服务产业均依托各自网络发展而将服务产业形成的服务经济称为网络经济。后续，研究者又陆续发现电信、铁路、公路、航天等基础设施行业均有其运行网络，因而认为基础设施行业也具备网络经济特点。

而中国信息通信研究院发布的《2015 中国信息经济研究报告》中提出，真正的现代"网络经济"概念的提出同 20 世纪 90 年代网络设施建设发展和互联网运用兴起有着密切

---

① 2015 中国信息经济研究报告[R]. 北京：中国信息通信研究院，2015:39-45.

联系。因此，网络经济又被称为互联网经济，着重强调基于互联网进行资源的生产、分配、交换和消费为主的新型经济活动。随后，网络经济的概念又被不断丰富，具体表现为：从技术角度出发，由单纯的互联网扩展为以现代信息网络为载体、以现代信息技术为经济发展主要动力；从资源角度出发，将单纯的以知识、信息为重要资源细化为由知识、信息作为重要资源引导其他资源优化配置；从产业角度出发，从突出信息产业的主导地位转变为同时关注传统产业借助信息服务、电子商务、在线交易等发展融合产业。[①]

总的来看，目前人们对网络经济的理解和解释，大致可以归结为狭义和广义两个层次。在狭义的层次上，网络经济是指与网络尤其是互联网有关的经济活动和领域，基于数字化和信息与通信网络方面的技术基础设施，依赖数字化的网络技术来开发、生产和供给信息与服务，其主导产业包括网络信息技术产业和网络信息服务产业。在广义的层次上，网络经济是指由计算机技术、网络技术和通信技术的发展与融合所驱动，以网络化企业、电子商务、网络银行和电子货币的广泛出现为基础，由竞争策略、业务处理形式、组织结构乃至经济结构等方面的变化所响应而形成的网络化经济活动与领域。它既不是单纯的信息经济，也不是单纯的服务经济，而是这二者的有机结合；它不仅仅是网络产业经济，也不仅仅是网络技术在各个经济领域中的应用，而是一种全新的生产方式和经济运行方式，将对以工业经济为主的国民经济全局带来根本性的改变；它不仅包括网络技术的产业化，也包括整个社会经济活动的网络化，是网络产业化和经济网络化的总和，是从经济角度对未来社会经济创新与发展状况的一种整体性描述。[②]

总之，从其概念的历史发展来看，网络经济的本质在于电子网络的连接性。网络经济更倾向于通过网络设施建设、信息技术运用，促进网络相关信息技术产业和信息服务产业率先发展，打造广泛、稳定、高效、直接、快捷的互联网络，并以此促进作为关键生产要素的数字化知识、信息（数据）在整个网络中的全网性传递膨胀、按需提取、专业化处理、多边性多元化影响，创造并展示以信息服务、电子商务、在线交易等为代表的信息网络与传统产业的融合契机和必要性，从而在整个信息网络中实现关键生产要素发挥引导资源配置优化、经济效率提升的作用，实现经济结构的优化及经济社会的可持续发展。

2. 网络经济的特征

结合谭顺的观点[③]，网络经济具有以下7个显著特征。

一是快捷性。消除时空差距，是互联网使世界发生根本性变化的一个关键因素。首先，互联网突破了传统的国家和地区界限，通过网络一体化，将全世界紧密结合。其次，网络可以突破时间限制，以更小的时间跨度进行信息传输和经济往来。再次，网络经济

① 2015 中国信息经济研究报告[R]. 北京：中国信息通信研究院，2015:39-45.
② 冯鹏志. 网络经济的涵义、特征与发展趋势[J]. 理论视野，2001(4):36-37.
③ 谭顺. 网络经济基本特征探析[J]. 淄博学院学报（社会科学版），2001(1):12-14.

是速度经济，现代信息网络以光速传输信息，网络经济以几乎实时速度收集、处理、应用信息，极大地提高了经济效率；因此，网络经济的发展趋势应该是对市场变化和发展高度敏感的"即时经济"或"实时运营经济"。最后，网络经济本质上是全球经济，基于网络的经济活动使空间因素的制约降到最低，加快了经济全球化进程，显著加强了世界各国的相互依存性。

二是高渗透性。快速发展的信息技术和网络技术具有极高的渗透性，使信息服务业迅速扩展到第一、第二产业，模糊了三大产业之间的界限，呈现第一、第二和第三产业相互融合的态势，也使得三大产业分类法受到挑战。因此，学术界提出了"第四产业"的概念，用来涵盖信息产业。同时，信息产业已经广泛渗透到传统产业中，对于商业、银行业、媒体业、制造业等传统产业，迅速利用信息技术、网络技术，实现产业内部转型升级，才能更好地迎接网络经济时代的机遇与挑战。另外，信息技术以其高渗透性造就了光学电子产业、医疗电子设备产业、航空电子产业、汽车电子产业等新兴"边缘产业"。在网络信息技术推进下，产业间的相互结合和新产业的发展速度大幅提高。

三是自我膨胀性。网络经济的自我膨胀性突出了 4 个定律与效应。

摩尔定律（Moore's Law）：该定律是由英特尔（Intel）创始人之一的戈登·摩尔命名的。1965 年，摩尔预测单片硅芯片的运算处理能力，每 18 个月上升一倍；与此相对，价格减半。半个世纪以来的实践证明了该预测相对准确，预计今后也仍有较长的定律适用期。

梅特卡夫定律（Metcalfe's Law）：该定律由乔治·吉尔德于 1993 年提出，但以计算机网络先驱、3Com 公司的创始人罗伯特·梅特卡夫的姓氏命名，以表彰他在以太网上的贡献。根据该定律，网络经济的价值等于网络节点数量的平方。这表明网络产生和带来的价值随着网络用户的增加呈指数上升。

马太效应（Matthews Effect）：该效应指的是"强者更强，弱者更弱"的两极分化现象。在网络经济中，由于人们的心理和行为惯性，一旦优势或劣势出现且量化积累至一定程度，就会不断激化与自我强化，便出现"强者更强，弱者较弱"的垄断局面。

吉尔德定律（Gilder's Law）：该定律由美国激进技术理论家乔治·吉尔德提出。吉尔德预测，未来通信系统的总带宽将以每年 3 倍的速度增加。随着通信能力的提高，吉尔德断言，每比特传输价格将遵循"渐近曲线"（Asymptotic Curve）价格点无限接近零的法则，向免费方向跃进。

四是边际效益递增性。边际效益随着生产规模的扩大会呈现出不同的增减趋势。在工业社会产品生产过程中，边际效益递减是普遍规律，因为作为传统生产要素的土地、资本、劳动力都具有边际成本递增和边际效益递减的特征。相反，网络经济却显示出明显的边际效益递增性。信息网络成本主要由 3 部分组成：一是网络建设成本；二是信息传输成本；三是信息收集、处理和制作成本。由于信息网络可以长期使用，其建设成本与信息传输成本和入网人数无关，所以前两部分的边际成本为零，平均成本均呈显著下降趋势。只有第三部分成本与入网人数有关，即入网人数越多，需要收集、处理和制作的信息也越多，但这部分成本的增加并不影响平均成本和边际成本的下降。因此，信息网络的平均成本随着入网人数的增加而明显递减，其边际成本则随之缓慢递减，但网络的收益却随着入网人数的增加而同比例增加；网络规模越大，总收益和边际效益就越大。另外，在网络经济中，信息投资不仅可以得到一般投资报酬，还可以得到信息积累的附加报酬。这是因为信息网络具备特殊功能，能够将零散无序的资料、数据和信息按照使用者的要求进行加工、处理、分析与综合，从而形成有序的高品质信息资源，提供经济决策的科学依据。

五是外部经济性。一般的市场交易是交易双方基于各自独立意愿决定制定契约，该契约对交易双方有约束力，却不影响其他市场主体的利益。但是，在某些情况下，履行合同的结果往往会影响交易双方以外的第三方（个体或集团）。因而，与契约无关但受到影响的经济主体统称为外部，其受到的影响称为外部效应。由履行契约产生的外部效应因其损益不同，可以分别被称为外部经济性和外部非经济性。通常，工业经济所带来的主要是外部非经济性，例如工业"三废"。而网络经济主要表现为外部经济性，因为网络形成的是自我强化的虚拟循环，增加成员不但能增加价值，而且能反过来吸引更多成员，形成螺旋上升优势。

六是可持续性。网络经济与信息经济或信息经济学关系密切，是特殊与一般、局部与整体的关系。在这种意义上，网络经济又可以看作知识经济的一种具体形式，知识、信息均为支撑网络经济的重要资源。信息和知识有共享性，这个特征和实物明显不同。一般来说，实物商品交易后，卖方失去实物；但信息和知识交易后，销售信息的人不会失去信息，而是形成了销售者和购买者共享信息和知识的局面。网络经济可以有效根除传统工业生产对有形资源、能源的过度消费，避免环境污染、生态恶化等危害，实现社会经济的可持续发展。

七是直接性。随着网络发展，经济组织结构趋于扁平化，网络端点上的生产者可以直接与消费者联系，减少传统中介层次存在的需要，从而极大降低交易成本，提高经济效益。现阶段，新经济就是基于网络建立起的更高层次经济。从经济发展的历史来看，它是经济形态的回归，即农业经济（直接经济）—工业经济（迂回经济）—网络经济（直接经济）。直接经济理论主张网络经济应将工业经济中迂回曲折的各种路径重新拉直，缩短中间环节。信息网络化在发展过程中不断突破传统模式，逐步完成经济现有存量再分和增量分配原则的初步构建，重构信息流、物流、资本流关系，压缩和取消不必要的中间阶段。

2.3.3　知识经济

1. 知识经济的概念

第二次世界大战后，由于科学技术的进步，知识的生产、流通速度提高，分配范围扩大，社会经济出现新面貌。在此背景下，相当一部分学者开始关注知识与经济、社会间的关系，知识经济的概念逐渐形成。

1996 年经济合作与发展组织（Organization for Economic Co-operation and Development，OECD）在年度报告《以知识为基础的经济》中认为，知识经济是以知识为基础的经济，直接依赖于知识和信息的生产、传播和应用。从生产要素的角度来看，知识要素对经济增长的贡献高于土地、劳动力、资本等，因而"知识经济"是一种以知识为基础要素和增长驱动器的经济模式。特别是随着现代信息通信技术的发展，知识和信息的传播和应用达到了空前规模，知识对经济增长的影响更加明显，已成为提高劳动生产率和实现经济增长的重要引擎。[①]

知识经济与信息经济类似，均强调作为关键生产要素的知识和信息对经济发展的作用。但二者也是有区别的。1997 年欧盟高级专家组在一篇题为《建设为我们大家的欧洲信息社会》的报告中提到："首要的是在数据、信息和知识之间划分出清楚的界限，无序的数据并不会自动变成信息，信息也不等同于知识……无序数据经过加工处理成为有序数据才称为信息，信息经过系统化提炼加工才称为知识。"[②]而 20 世纪 90 年代初美国提出的"国家信息基础结构"与 1998 年世界银行发布的《世界发展报告——知识促进发展》中提到的"国家知识基础结构"则提出，信息经济包括"广泛而且不断增长的设备""信息本身""应用和软件""标准和传输码"。

知识和信息的关系决定了知识经济和信息经济的关系。一是信息经济发展起来的方便快捷、低廉的信息传输网可以搜寻、采用更多的信息内容，从而为不断地创新提供了条件，同时也使新知识可以迅速传播。因此，信息经济是知识经济出现和发展的条件和基础。二是知识包括人的实践能力，信息则不。所以，知识经济更强调人的能力及素质的培养提高和发挥对经济的贡献，而信息经济突出的是人和外界、人和人之间的联系方式改善对经济的作用。三是知识是精神性的。目前知识是人类特有的，而信息则是普遍存在的，这说明知识经济更注重人的主观能动作用的发挥。四是知识有一部分属于经验、诀窍，不能传播、不表现为信息，这部分隐含型的知识对经济的作用不能以信息经济来概括。[③]

由上述论述不难看出，知识经济与信息经济的区别主要集中在两个方面，即"信息"与"知识"的概念界定及对"人"的关注。换言之，知识经济是在信息经济的基础上发展起来的一种新经济形态，它更关注分处不同领域的、受教育水平高的人群利用已具备一定发展水平的信息技术对已具备一定规模的信息资源进行提炼加工，从中挖掘、应用、传递、创新出更浓缩、更易用的知识资源，更好地发挥信息、知识要素促进经济结构的优化和经济社会的可持续发展。

---

① 候国清. 以知识为基础的经济[J]. 中国高新技术企业评价，1997(Z1):85-86.
② 李长久. 知识经济是世界经济发展的大趋势[J]. 世界经济，1999(8):67-70.
③ 龙江. 信息经济与知识经济的联系和区别[J]. 兰州学刊，1999(4):34-36.

2. 知识经济的特征

知识经济具有以下 6 个特征。

第一，知识是经济活动的核心要素。在传统经济活动中，资源、资本、劳动力是基本要素，但在知识经济时代，它们的重要性相对降低。而包括科学、技术、能力和管理在内的知识要素，却凭借其能提高传统生产要素生产能力和生产效率的重要优势，逐渐成为经济活动的核心要素。

第二，知识创新是经济增长的主要动力。在知识经济时代，知识创新贯穿于生产、交换、消费等各个经济环节之中。作为人类高端智慧的最佳体现，新观点、新理论、新产品、新技术等知识创新代表性产物的不断推出，提高了生产质量与效率，革新了交换方式，扩大了消费需求，对经济社会的发展进步起到了巨大的推动作用。

第三，信息技术与数字化是知识经济发展的技术基础。在知识经济时代，计算机、网络及数字化的迅速发展，为信息获取及知识的提炼、传播和商品化创造了契机，并在加速这一过程的同时又直接参与到推动知识创新的进程中，成为知识经济发展重要的技术基础。

第四，教育发展为知识经济中心。随着知识经济时代的到来，分处不同领域、受教育水平高的个人或群体成为挖掘、应用、传递、创新知识的核心力量。这使得培养人才、促进知识提炼加工的教育成为知识经济发展的重要前提条件。现代和未来的国际竞争就是综合国力的竞争、人才的竞争，而教育正是影响这两种竞争的重要因素。

第五，高新技术产业发展为支柱产业。在知识经济时代，信息技术、生物技术、新材料技术等知识、技术密集型高新技术产业成为经济发展的支柱产业。以知识经济走在世界最前沿的美国为例，在 20 世纪末及 21 世纪初，其经济的快速增长主要得益于高新技术产业，尤其是软件制造业。

第六，知识经济促进可持续发展。作为以规模大、增长快、成本低的知识、信息资源为关键生产要素，以高新技术产业为主导产业，强调人才作用的新经济形态，知识经济本身就具备低失业、低通胀、低赤字、高增长的特点，是一种可持续发展的经济形态。与此同时，信息、知识又可以与其他产业融合，促进其他产业资源配置和产业结构优化，带动整个经济社会可持续发展。因而，发展知识经济对实现"可持续发展战略"具有重要作用。

2.3.4 平台经济

1. 平台经济的概念

从搜狐、百度等门户网站，到淘宝、京东等电商平台，再到腾讯、Steam 等社交、游戏平台，平台经济随着平台企业的发展而兴起。与此同时，关于平台经济相关理论的研究也逐步展开。

作为产业经济的分支，平台经济所依托的载体"平台"与传统只涉及买卖双方的单边交易市场不同，是一种能容纳两种或多种类型产销群体，并通过实现产销群体间博弈获取利润的双边或多边市场。Armstrong 提到："（双边市场是）两组参与者需要通过中间层或平台进行交易，而且一组参与者加入平台的收益取决于加入该平台另一组参与者的数量。"[①] 而 Rochet 和 Tirole 则从数量关系的角度给出了单边市场和双边市场的区分："假设一个平台，它对每笔交易分别向买方和卖方收取 a_B 和 a_S 的费用。如果在平台上实现的交易量 V 仅仅依赖于总的价格水平 $a=a_B+a_S$，也就是说，市场对于总价格在买方和卖方的重新分配不敏感时，该市场为单边市场。与此相反，如果当 a 保持不变时，V 随着 a_B 的变化而变化，则该市场是双边市场。"[②]

综上所述，平台经济是一种依托本身并不生产产品的"平台"，通过促成双方或多方供求之间的交易，收取恰当的费用或赚取差价而获得收益的商业模式；并且在平台经济中，平台的价格结构将影响交易量（即上文 V 与 a_B、a_S 间的关系），因此平台可以通过设置合理价格结构的形式调整交易量，提升竞争力。

2. 平台经济的特征

基于上述概念，结合李允尧等人的观点[③]，平台经济具有以下两个特征。

（1）外部性

平台经济具有以网络外部性为支点而产生的成员外部性（又称间接网络外部性）及用途外部性（又称直接网络外部性）。

网络外部性是指个人或团体连接入一个网络的价值取决于已经连接入该网络的其他人的数量。换言之，由于网络的连接性，所以网络内用户作为一个个节点被链式结构直接或间接地连接到了一起，连接在一起的节点越多，网络规模越大、信息越多、传播交换越频繁，个体可获取的资源、创造的价值也就越大。

视线回到平台经济上，平台经济的成员外部性，是指平台一类用户的数量将影响另一类用户的价值。例如，作为游戏交易平台，入驻的游戏开发商及其带来的游戏种类、款式越多，可供玩家选择的空间就越大，吸引玩家的数量越多；玩家数量变多，反过来又可以吸引更多的游戏开发商，形成良性循环或称"正外部性"。

用途外部性一般是指平台的价值与使用平台的消费者的交易相关，特别是与用户的产品使用数量有关。例如，共享软件、传真、电子邮件服务和电话服务主要用于用户之间的通信，因此其价值只与产品的用户数量和使用频率相关。同样地，平台依赖于买卖

---

① Armstrong M. Competition in Two-Sided Markets[J]. The RAND Journal of Economics, 2006,37(3): 668-691.

② Rochet JC, Tirole J. Two-Sided Markets: A Progress Report[J]. The RAND Journal of Economics, 2006,37(3):645-667.

③ 李允尧，刘海运，黄少坚. 平台经理理论研究动态[J]. 经济学动态，2013(7):123-129.

双方利用所提供的服务完成交易后，对双方交易行为定价收费。当然，第一阶段买卖双方通过平台相互认识，不排除在第二阶段绕过平台直接交易，但这种交易成本可能比平台收取的使用费高。

（2）多属行为

当前，多边平台市场结构主要包括相似平台（一些功能相似的双边平台在市场的同一侧提供同质市场，包括电子游戏、操作系统、银行卡、电信、网络门户网站等，这些平台之间有明显的竞争关系）、交叉平台（多个平台向多个市场提供可替代的产品和服务，平台之间也存在服务和被服务关系；例如，许多中小规模网站和专业网站经常在网页上相互提供超链接，这些交叉平台之间存在竞争关系）和垄断平台（在几乎所有市场的任何一方都不存在竞争对手平台，这样的平台在欧美等发达国家很少见，但在中国确实存在，比如中国银联、中国石油、中国石化等）。

由于存在许多功能可替代或互不相关的平台，所以市场内至少一方需采取与多个平台发生关联的行为，即多属行为策略。例如，对于应用软件开发者来说，在冲突但不兼容的软件平台之间，通常采用发布多个能在不兼容平台上运行的软件版本的方式。多属行为是平台业务开展过程中比较常见的现象，可以对平台的价格水平和价格设定结构产生重要影响。

2.3.5　共享经济

1．共享经济的概念

共享经济是指以获得一定报酬为主要目的，基于陌生人且存在物品使用权暂时转移的一种新的经济模式。第三方（商业机构、组织或政府等）基于信息技术创建市场平台，其他群体或个体依托此类平台，交换闲置物资，共享知识、经验，为企业、创新项目筹集资金。这种经济形式与商品及服务的需求方、供给方、共享经济平台 3 个主体有关。共享经济平台作为连接供需双方的纽带，通过构筑基于位置的服务（Location Based Services，LBS）应用、动态算法和定价、双方的相互评价系统等一系列机制，帮助供需双方进行交易。

早期这种共享受到空间和关系两个因素的限制。一方面，信息和实物的共享受到空间的限制，仅限于个人可以触摸到的空间；另一方面，共享需要双方的信赖关系。

进入 21 世纪，随着互联网的发展、第三方支付手段的兴起、中低收入人群对廉价服务需求的扩大、资源的过剩和闲置以及 LBS 应用、云计算、大数据等创新技术的发展，突破传统商业模式的共享经济，因其能够打破空间限制、借助科技手段重塑共享双方信任、降低交易成本、提升交易成功率、提高闲置资源利用率等作用而得到迅速发展。共享经济逐渐成为借助网络等第三方平台，将供给方闲置资源使用权暂时性转移，实现生产要素的社会化，通过提高存量资产的使用效率为需求方创造价值，促进社会经济的可持续发展的一种新经济模式。

2. 共享经济的特征

基于上述概念，结合郑志来的观点[①]，共享经济具有以下 3 个特征。

第一，共享经济涉及供需双方、共享经济平台等多参与主体。首先，从供给方来看，群体或个体具备闲置资源，希望暂时转移产品使用权以取得收益，成为产品和服务的供给方。因此，供给侧外延扩展潜力显著，市场容量巨大，能够形成容量巨大的"生产能力供给池"。其次，从需求方来看，任何群体或个体均能成为产品和服务的需求方。供给方产品和服务的价格优势，带来了需求方获得相同服务的相对收益，形成了共享经济庞大的"服务需要池"。共享经济在给予需求方参与权、选择权、主导权的同时，也基于共享经济平台的透明交易减少了需求方的费用支出。最后，从共享经济平台来看，共享经济平台通过有效整合诸如资源位置共享、大数据算法等技术，实现了供需双方的互助互惠。平台本身没有基于产品和服务的固定投入，其成本主要来源于维持共享经济平台运作的相关支出，属于轻资产运营。同时，基于交易提成获利模式的共享经济平台实现了固定成本支出降低和交易成功率提升，提高了供给方的闲置资源利用效率，满足了需求方的个性和定制化服务。

第二，共享经济是去中介化和再中介化过程。去中介化是指供需双方不依赖传统商业组织。共享经济包含这种去中介化，例如点对点（peer-to-peer，P2P）贷款，资金需方不再依赖银行等金融组织进行资金筹措，而是直接与供方匹配。同时，共享经济又进行着再中介化，即供需双方依赖共享经济平台。仍以 P2P 贷款为例，供需双方需要借助 P2P 网络贷款平台实现资金供求匹配，这使得共享经济平台成为供需双方的"新中介"。

第三，共享经济商业模式的核心基础是"闲置＋价值＋回报"。共享经济商业模式下，供给方拥有闲置资源或分段时间，愿意在特定时间内转让或提供资源使用权。需求方不是直接拥有资源所有权，而是通过共享方式使用物品、发挥使用价值，并向供给方返还一定回报。共享经济平台通过双向补贴和功能体验等方式吸引供需双方，以期拥有足够供给方为需求方提供多种选择；共享经济平台本身可以从买卖双方的交易中提取佣金，也可以利用掌握的顾客信息和交易信息等平台资源延长服务价值来获利。供需双方与共享经济平台三者共同形成了共享经济"闲置＋价值＋回报"的商业模式核心基础。

---

① 郑志来. 共享经济的成因、内涵与商业模式研究[J]. 现代经济探讨，2016(3):32-36.

练习与思考

1. 与数字经济 1.0 相比，数字经济 2.0 发生了哪些变化？
2. 简述数字经济的发展趋向特征。
3. 简述数字经济的特征及我国数字经济的新定义与新分类。
4. 简述知识经济的概念及其与信息经济的区别。
5. 除本章所述内容外，你还了解哪些数字经济的新概念或相关理论？

第 3 章　数字经济的兴起与发展

20 世纪 90 年代，美国的"新经济"现象让数字经济逐渐成为国际关注的焦点，也引发了世界范围内对其发展历程的深入研究。迈进 21 世纪，相比以往，数字经济又有了哪些新的发展现象？未来又将如何发展？

本章将从数字经济的诞生开始，顺沿国外数字经济发展和我国数字经济发展两条路线，对数字经济的产生背景、阶段情况及未来展望进行深入分析。

3.1　数字经济的产生背景

数字经济产生于 20 世纪 60 年代末。结合何枭吟的观点，伴随着数字经济的迅猛发展，20 世纪 90 年代末，美国提出了"数字经济"的概念[①]。该概念的提出并非偶然，而是具有知识社会到来、现代信息技术革新、美国"新经济"现象产生等深刻的历史背景。

3.1.1　知识社会

知识社会的到来是现代世界转变的重要特征之一。20 世纪 90 年代末是信息知识大爆发时代，知识作为核心生产要素的地位更加显著，同时知识特有的正循环增加效果也加速了知识社会的进程。

知识具有两个属性：一是需求导向的信息提炼，即应用性；二是知识本身的能动性，即创新性。知识的这两个属性之间具有普遍意义的循环增加效果。随着人类对信息技术的不断革新和广泛应用，知识的正循环增加效果得到了明显增强：一方面，计算机和相关软件极大地"扩展"了人脑，人们对数据和信息的处理和应用更加高效；另一方面，互联网的出现加强了人与人之间的交流与合作，降低了人们获得知识的成本，实现了资源共享，有利于知识的流动与创新。知识正循环效应的增强为数字经济创造了良好的知识化环境，具体表现在以下 3 个方面。

一是知识总量剧增。20 世纪 90 年代以来，世界知识总量平均每 5 年增长 1 倍，各种新知识不断地被生产和创造出来。例如，20 世纪初世界上约有 1 万种科学刊物，而

---

① 何枭吟．美国数字经济研究[D]．长春：吉林大学经济学院，2005.

90 年代则接近 10 万种。

二是知识效用提升。在知识社会，知识的存在周期虽然急剧缩短，但效用却在增加。依靠信息技术的快速发展，人类在知识的传输、获得、积累和分享上取得了巨大进步，这为人类社会向知识社会发展打下了坚实基础，加快了知识社会的到来。

三是知识型劳动者出现。由于信息技术为知识带来了更强的正循环效应，所以知识创新速度得到了极大提高。知识创新促使劳动者改变终身掌握一种生产方法的工作方式，让他们通过知识学习、工作技能培训而成为知识型劳动者。而整个社会中知识型劳动者的不断涌现则代表着社会对知识的重视和追求，这也是知识社会的重要表征。

3.1.2　现代信息技术

自 20 世纪 60 年代以来，信息技术革命给人类社会带来了日新月异的技术进步。随着信息技术趋近和融合趋势逐步加强，以微电子、计算机和通信为基础的现代信息技术驱动着数字经济的兴起与发展。现代信息技术已经成为数字技术的来源和支柱，其为数字经济奠定了必要的技术基础。

1．微电子技术

现代微电子技术是基于以集成电路为内核的各种半导体器件的新型电子技术。它是现代信息技术的基础，更是电子计算机技术的核心。历史上，微电子技术的革新发展体现在以下 3 个方面。

一是设备体积。微电子技术通过 5 个阶段（分立元件阶段、集成电路阶段、大规模集成电路阶段、超大规模集成电路阶段和巨大规模集成电路阶段）的革新发展，线路集成度显著提高，元件体积大大缩小。

二是存储容量。随着集成电路的发展，半导体存储器已广泛取代传统磁性存储器，成为计算机数字运算和信息处理过程中的信息存储器，大大提高了存储容量。

三是指令计算速度。中央处理器（Central Processing Unit，CPU）的运算和数据处理速度显著提升。20 世纪 60 年代初，最快的 CPU 每秒可执行约 100 万个指令（Million Instructions Per Second，MIPS）；而 90 年代末，高级微处理器指令执行速度可达每秒 5 000～8 000 万次。同时，持续提高 CPU 速度的精简命令系统技术和并行运算技术也得到了进一步发展。

2．计算机技术

计算机技术是现代信息技术的核心。电子计算机自 1945 年问世以来，在短短的 50 年内更新迭代迅速，历经电子管、晶体管、中小规模集成电路、大规模集成电路 4 代发展，应用范围逐步扩大。

20 世纪 70 年代初，美国开发出微型计算机，进一步缩小了计算机体积。1975 年生产的 F8 单片微型计算机的体积只有第一代电子数字积分计算机（Electronic Numerical Integrator and Computer，ENIAC）的三十万分之一不到，重量不到 0.5kg，耗电只有 2.5W，其主要功能与第一代 ENIAC 几乎相同。第一代计算机的价格超过了 100 万美元，而 F8 单片微型计算机只要 100 美元。微型计算机凭借其体积小、功能全、价格低的优势，逐渐渗透到各行各业，对社会经济发展产生了极大影响。

1981 年 8 月，世界最大的跨国计算机公司——美国国际商业机器公司（International Business Machines Corporation，IBM）的个人计算机 IBM PC 首次登场。IBM PC 上市后 10 年间，世界个人计算机总量达到数亿台，现在每年仍以数千万台的速度增加。而从 1946—1981 年的这 35 年间，世界上的计算机总数也不过才几十万台。

1990 年以后，计算机发展在硬件方面突出使用超大或特大集成电路和超导设备等；在软件方面，多使用多媒体软件、并行计算和用户导向软件等；在应用方面，则使用办公自动化、辅助设计和专家系统等。上述变革可以将计算机从办公、计算和设计工具转变为媒体工具，通过计算机通信网传播和交流信息，起到与广播、书籍和报纸相同的作用。同时，计算机技术发展的一个重要趋势是通过计算机之间的外部连接来构成互联网，并通过这个全球网络共享全世界的信息数据库。

3．通信技术

由现代通信装置构成的、覆盖全世界范围的信息网络是现代社会的"神经系统"。通信技术和网络技术则成为现代信息技术的支柱。

现代通信技术创新主要体现在两个方面。

（1）新的传输介质——光纤

1966 年英籍华裔高锟博士首次提出可用高透明玻璃光纤来实现大容量、长距离通信。此后，光纤通信快速发展，其通信容量达到了电通信的 10 亿倍。

（2）通信技术与计算机技术融合

光纤通信技术和计算机网络的融合发展可以综合利用各个时代的所有通信技术。其中，关键转化媒介是数字技术。数字技术可以将信息转换为二进制数字信号，帮助计算机识别语音、图形、图像、电影、照片和文字等，从而更准确地加以收集、加工和利用。

随着现代通信技术全面数字化，通信网络也实现了从低速到高速，从单语音通信到多媒体数据通信的转换。尤其是计算机网络技术的出现，使计算机、通信和多媒体技术相互渗透与融合，不仅使通信网络高度智能化，而且使通信网络和计算机的功能倍增，扩大了信息技术的应用范围。

4．现代信息技术革新的效果

现代信息技术的革新产生了两方面效果。一方面，信息技术的革新不断强化计算机的功能，缩小其成本和尺寸，推动个人计算机的蓬勃发展。根据国家统计局发布的《国际统计年鉴 2006》来看，1990 年世界个人计算机普及率约为 24.92 台/千人，而 2004 年约为 129.82 台/千人，20 多年间，个人计算机的普及率上升了 4 倍。另一方面，以计算机、通信技术和微电子技术为中心的互联网相互融合，将通信、商务交易、娱乐和信息服务整合到一个服务平台，改变了人类的时空观念。现代信息技术的不断革新改变了微观商务的运营基础，影响着宏观经济的发展，加速了数字经济时代的到来。因此，现代信息技术的革新是数字经济的源泉，它为数字经济的发展提供了必要的技术支持。

3.1.3 美国的"新经济"现象

20 世纪 90 年代，世界经济舞台上呈现出不同的景象。日本经济在"失去的十年"中停滞不前，亚洲金融危机进一步加剧与恶化；欧洲经济增长缓慢，高失业率成为各国政府的"痛点"；而美国经济却全面复苏，出现了经济持续高速增长与低失业率、低通货膨胀率共存的局面。对于这一美国历史上罕见的经济现象，传统经济理论无法做出令人信服的解释。美国编辑迈克尔·曼德尔在 1996 年 12 月 30 日《商业周刊》上刊登的《新经济的胜利》一文中提出"新经济"概念，认为美国经济进入"新经济"时代。根据具体现象和国内外研究人员的观点，美国"新经济"现象主要表现在以下几个方面。

第一，经济增长周期拉长。美国经济在 1990—1991 年的短暂衰退后持续增长。从 1991 年 4 月到 2000 年年末，美国经济持续增长 120 个月以上，打破了二战以后美国经济平均 50 个月连续增长的极限，成为二战以后美国最长的经济增长周期。

第二，失业率稳步下降。20 世纪 80 年代，美国进行了大规模的经济结构调整和企业重组，造成极为严重的结构性失业，平均失业率达 7.3%。即使进入 90 年代，1991 年和 1992 年的失业率仍高达 6.7% 和 7.4%。但从 1993 年起，美国的就业形势迅速改善，失业率稳步下降，1995 年下降至 5.6%，2000 年则仅为 4.1%，这是美国近 30 年来失业率的最低水平。

第三，物价增幅始终保持较低水平。美国的物价指数从 1992 年下降到 3% 后，很长一段时间没有明显增加。1996 年虽曾急剧增加到 3.6%，但之后的 3 年间维持在 1.7%、1.6% 和 2.7%。美国 GDP 紧缩指数则从 1990 年的 4.3% 逐渐下降到 1997 年的 1.5%，是 1965 年以来的最低点。

第四，财政赤字逐年减少。1993 年 1 月，克林顿当选美国总统，他把政府财政政策干预的重点放在了促进投资和削减财政赤字上，这迅速削减了美国当时居高不下的财政赤字。1992 年美国的财政赤字曾达到了 2 904 亿美元，但 1998 年便首次实现了 692 亿美元的财政盈余，1999 年和 2000 年的财政盈余更是分别达到了 1 227 亿美元和 2 370 亿美元。

第五，出口贸易增长势头强劲。自 20 世纪 90 年代以来，美国的劳动生产率显著提高。从 1991—1999 年，美国制造业劳动生产率增加了近 12 个百分点，超过其他发达国家的增长幅度。即使 2000 年第四季度国民生产总值（Gross National Product，GNP）只增加 1%，劳动生产率也以 2.2% 的速度增长。另外，在 20 世纪 90 年代劳动生产率迅速提高的同时，美国单位劳动成本的增加却十分缓慢，这使得美国产品的国际竞争力显著增强，出口贸易得到了恢复。

第六，证券市场发展迅猛。在 20 世纪 80 年代以前，美国仅有约 5.7%的家庭持有股票，而到了 2000 年，已有约 51%的美国家庭拥有股票，股票投资者累计突破 8 800 万人。与之相对应，道琼斯工业指数（Dow Jones Industrial Average，DJIA）从 1991 年的 3 000 点上升到 2000 年 1 月 14 日的最高点——11 722.98 点；纳斯达克（National Association of Securities Dealers Automated Quotation，NASDAQ）股价指数则从 1971 年 2 月 8 日开始交易时的 100 点基本指数，涨至 2000 年 3 月 9 日的 5 048.62 点。

总而言之，结合 20 世纪 90 年代末美国经济社会发展情况和国内外经济学界的观点，"数字经济"概念提出时，它就已经具备了以数据、信息和知识为核心生产要素，以现代信息技术为主要依托，以信息技术和高新技术产业为主导的特征。同时，数字经济以"新经济"为表现形式，以长经济增长周期、低失业率、低通胀率和低赤字率为特点，带动以高新技术产业、高端制造业和金融行业为主的经济迅猛且可持续发展的强劲势头而引发了极大关注，成为世界各国竞争的高地。随之，数字经济的内涵不断丰富，主体从消费互联网延伸到产业互联网，并引发产业的跨界融合，迎来了裂变式发展。

3.2　全球数字经济的兴起与发展

随着互联网技术的发展，世界数字经济勃兴，影响渗透至经济社会的各个方面，带动经济社会高水平发展。结合蓝庆新的论述[①]，数字经济兴起与发展的历史情况可以概括为以下几个方面。

3.2.1　国家顶层设计助力数字经济的兴起与发展

现阶段，国外大部分国家和地区均致力于发展数字经济，推进互联网基础设施建设，实现网络覆盖，颁布鼓励数字技术研发和数字产业发展的战略和政策。

1. 美国

1998 年 1 月，美国副总统阿尔·戈尔首次提出"数字地球"概念；1998 年 7 月，美国商务部发布报告《浮现中的数字经济》。由此，美国政府正式揭开了数字经济大幕。

2010 年，美国提出建立"数字国家"，随后又相继于 2011 年提出"云计算战略"与《创新战略 2011》，于 2015 年发布《数字经济议程》和《美国创新战略》，着眼现代信息技术的发展与创新；于 2013—2014 年先后发布"先进制造伙伴关系计划""先进制造业

---

① 蓝庆新. 数字经济是推动世界经济发展的重要动力[J]. 人民论坛·学术前沿，2020(8):80-85.

战略计划""国家制造业创新网络计划"等战略，并于 2018 年发布《先进创造力领导战略》，攻占高端制造业高地；于 2012 年提出"发展大数据战略和网络空间安全战略"、《数字政府战略》，并于 2018 年发布《美国国家网络战略》等文件，提升国家现代化治理能力、保障国家信息安全。

2．欧盟

自 2011 年起，欧盟在数字经济领域相继发布了《网络空间安全战略》《网络安全战略》《通用数据保护条例》《非个人数据在欧盟境内自由流动框架条例》等一系列推动政策，通过支持高新技术产业发展、保障数据信息安全流通，带动数字经济发展。

3．日本

自 2013 年以来，日本政府制定了包括《科学技术创新综合战略 2013》《工业价值链计划》、"超智能社会战略"和"超智能社会 5.0"等一系列战略促进数字经济的发展。这些战略旨在建设数字信息产业基础设施，发展数字先进技术，用政策引导和推动信息产业技术的应用，构建产业数字化发展基础设施平台，促进经济社会数字化及数字经济的发展。

4．英国

英国提出建立"数字国家"这一概念比美国还要早一年。2009 年，英国提出建设"数字英国"后，相继于 2013 年、2015 年、2017 年、2018 年发布《信息经济战略 2013》《2015—2018 数字经济战略》《英国数字化战略》及正式生效的《数字经济法案》和《数字宪章》，走上了战略与法律保障并行的道路。与此同时，2017 年，英国将文化、传媒和体育部（Department for Culture, Media and Sport）更名为数字、文化、传媒和体育部（Department for Digital, Culture, Media and Sport），加入 Digital，标志着数字化取得了与传统文化、体育等领域同等且更为突出的发展与决策地位。

5．俄罗斯

俄罗斯总统普京也在近些年的政策中多次强调促进数字经济发展，并于 2017 年发布《俄罗斯联邦数字经济规划》。在该规划的引领下，2018 年俄罗斯成立"政府信息技术运用委员会数字经济分委员会"，旨在建立与全球信息空间兼容的国家数字平台，加强制造业、物流业、金融业数字化，以及物流网和 5G 建设等。

3.2.2　具体措施助推数字经济繁荣

在顶层设计之下，国外各个国家和地区纷纷出台具体措施，助力数字经济繁荣发展。本书选取了具有代表性的美国、欧盟、英国和日本来详细阐述其助推数字经济发展的具体措施。

1．美国

美国的数字经济规模目前位居世界首位。20 多年来，美国出台了一系列政策法规和相关措施，引领数字经济发展潮流。相关举措具体表现为以下几个方面。

（1）"信息高速公路"建设

20 世纪 80 年代初，美国副总统阿尔·戈尔首次提出了"信息高速公路"和"数字地球"的概念。而到 90 年代，克林顿政府高度重视并大力推进信息基础设施建设和数字技术发展，力求全面进入数字时代。1993 年 9 月，美国政府发布"国家信息基础设施行动计划"，启动"信息高速公路"战略。该计划明确指出，国家信息基础设施发展有助于推动信息革命，改变人们的生活、工作、交流方式。

所谓"信息高速公路"，就是一个高速度、大容量、多媒体，具备多样化信息来源、内容和形式的信息传输网络。网络用户可以在任何时间、任何地点以多媒体方式（如语音、数据或图像）相互传递信息。该计划目的在于：一是使企业、研究机构和大学间计算机信息交换更为便捷；二是提高医疗诊断所代表的医疗服务水平；三是利用计算机辅助教育；四是广泛提供地震、火灾等灾害信息；五是带动电子出版、电子图书馆、家庭影院、在家购物等新业态发展；六是带动信息产业发展以提高综合国力。"信息高速公路"建设促进了美国互联网和信息技术发展，为美国数字经济的飞跃奠定了基础。

（2）完备政策体系构建

1998—2018 年，美国结合数字经济、数字国家总体战略研究和互联网、信息技术研究发表了 13 份重要报告，探讨数字经济发展的前沿问题，如表 3.1 所示。2015 年美国商务部宣布数字经济咨询委员会成立，并发布了《数字经济议程》。该议程着眼于自由开放的互联网、互联网信赖和安全、互联网接入和技能及互联网技术创新，旨在"为数字时代的经济成长与机遇提出建议"。

表 3.1　美国关于数字经济发展的重磅报告

序　号	时　间	名　称	发　布　机　构
1	1998年	《浮现中的数字经济》	美国商务部
2	1999年	《浮现中的数字经济（二）》	美国商务部
3	2000年	《数字经济2000》	美国商务部
4	2002年	《数字经济2002》	美国商务部经济和统计管理局
5	2003年	《数字经济2003》	美国商务部经济和统计管理局
6	2010年	《数字国家：21世纪美国通用互联网宽带接入进展》	美国商务部国家电信和信息管理局
7	2010年	《探索数字国家：美国家庭宽带互联网应用》	美国商务部经济和统计管理局 美国商务部国家电信和信息管理局

续表

序　号	时　　间	名　　称	发 布 机 构
8	2011年	《数字国家：扩大互联网使用》	美国商务部国家电信和信息管理局
9	2011年	《探索数字国家：计算机和互联网家庭应用》	美国商务部经济和统计管理局 美国商务部国家电信和信息管理局
10	2013年	《探索数字国家：美国新兴在线体验》	美国商务部经济和统计管理局 美国商务部国家电信和信息管理局
11	2014年	《探索数字国家：拥抱移动互联网》	美国商务部国家电信和信息管理局
12	2016年	《在数字经济中实现增长与创新》	美国商务部
13	2018年	《数字经济的定义和衡量》	美国商务部经济分析局

（3）自由数字贸易发展

在传统领域，美国贸易保护主义倾向明显，但在数字贸易领域，美国高举自由贸易旗帜，努力打破所谓"数字贸易壁垒"。近年来，美国在世界上积极普及数字贸易规则。2016年7月，美国贸易代表署（United States Trade Representative，USTR）成立了数字贸易工作组（Digital Trade Working Group，DTWG），旨在迅速识别数字贸易壁垒，制定相应政策规则。从2016年开始，USTR将美国在数字贸易中遇到的所谓"壁垒"作为"国家贸易评估报告"的重要内容，如表3.2所示。另外，美国相继发布了《数字经济与跨境贸易：数字化交付服务的价值》（2014年）和《北美数字贸易》（2018年）等报告，成为数字贸易的重要推动力。

表 3.2　美国在数字贸易中遇到的所谓"壁垒"

序　号	国家/地区	内　容
1	中国	对跨境数据流和数据本地化要求的限制
2	中国	对云计算的限制
3	中国	网络过滤、对合法网站的屏蔽
4	印度尼西亚	对数据本地化的要求
5	印度尼西亚	互联网服务壁垒
6	印度尼西亚	数字产品关税
7	越南	对在线广告的限制
8	越南	对数据本地化的要求
9	肯尼亚	对数据本地化的要求
10	韩国	对跨境数据流的限制
11	尼日利亚	对数据本地化的要求
12	俄罗斯	对数据本地化的要求
13	沙特阿拉伯	对数据本地化的要求
14	土耳其	对数据本地化的要求
15	印度	对跨境数据流和数据本地化的限制
16	欧盟及成员国	数字服务税

（4）数字政府建设与政府数据开放

美国的数字政府建设与政府数据开放有以下 3 个重要标志。

第一，2009 年 1 月，奥巴马签署《透明与开放政府备忘录》，明确开放政府活动透明、共享、合作的 3 大原则，标志着美国正式启动数字政府建设与政府数据开放。

第二，2012 年 5 月，美国白宫出台了《数字政府战略》，要求政府机关"构筑 21 世纪平台，更好地服务美国人民"。该战略提出了四个原则，即"以信息为中心，建设共享平台，以客户为中心，安全隐私平台"，标志着美国数字政府建设正式上升为国家战略。

第三，2013 年 6 月，奥巴马和七国集团（G7）国家领导人在《开放数据宪章》上签字，提出了 5 大战略原则，即默认开放数据、重视数据质量和数量、使所有人都可利用数据、为改进治理发布数据、为革新而发布数据，这进一步推进了政府开放数据的规范发展。随后，2014 年 5 月，美国政府开启了"美国开放数据行动计划"，标志着美国开始全面开放政府数据。

2．欧盟

欧盟的数字经济发展极其注重循序渐进的战略部署和系统科学的保障措施。

（1）4 步走的战略部署

欧盟数字经济战略部署分为 4 个阶段。

第一阶段：网络基础建设阶段（1993—1999 年）。以 1993 年《成长、竞争力与就业白皮书》发布为标志，突出强调了加快信息社会的网络基础建设的重要性。

第二阶段：信息社会发展阶段（2000—2004 年）。以 2000 年《里斯本战略》的发布为标志，提出要在 2010 年前成为"以知识为基础的、世界上最有活力和竞争力的经济体"，推动信息社会向前发展。

第三阶段：数字经济发展阶段（2005—2009 年）。以欧盟自 2005 年推进的建设欧盟信息社会 2006—2010 年 5 年战略计划《i2010——建立充满经济增长和就业机会的欧洲信息社会》（简称《i2010 战略》）为标志，开启了欧盟数字经济新发展阶段。

第四阶段：数字技术与经济融合发展阶段（2010 年至今）。2010 年出台的欧盟十年发展规划《欧盟 2020》中提出的"欧洲数字议程"和 2015 年的《数字单一市场战略》，进一步强调数字技术和经济深度融合，以及数字经济在整个欧盟的纵深发展。

（2）欧盟数字经济保障举措

欧盟高度重视出台数字经济发展相关保障举措，具体表现在 3 个方面。

一是高度重视数字经济评估。欧盟数字经济评估制度中包括数字记分牌（Digital Scoreboard）和欧洲数字经济与社会指数（Digital Economy and Society Index，DESI）。

其中，数字记分牌是欧盟发布的数字化监测框架之一，主要任务是监控欧洲数字化发展进程，让欧盟及其成员国充分了解欧洲数字化现状和最新动态，从而进一步加快欧洲产业数字化进程。同时，为了更好地检测工业数字化情况，欧盟于 2017 年 2 月发布了《工业数字化记分牌 2017》。

而欧洲数字经济与社会指数则是欧洲委员会为对欧盟及其成员国的经济社会数字化表现进行综合评价，从而在欧盟内部形成单一市场而制定的。

二是高度重视数据保护。2016 年 4 月欧盟通过的《通用数据保护条例》自 2018 年起实施，该条例调整了 1995 年的《数据保护指令》中的部分条款，使之符合数字时代的需求和特点，更好地保护了流通数据的产权和安全。

三是高度重视数字技能。虽然欧洲民众数字技能状况有所改善，但仍有很大的提高空间。因而，为推进数字革命，有必要变革教育体系和培训方式。为此，欧盟出台了一系列工作计划帮助各成员国提高数字化技能和资格认证，提高欧洲的 ICT 专业水平。

（3）欧盟数字税

征收数字税是欧盟数字经济发展的一大特点，也是欧盟保障数字经济发展的措施之一。欧盟征收数字税是建立在完备征收逻辑、健全征收方式基础上的，也为数字经济发展带来了巨大影响。

首先，欧盟数字税的征收逻辑。欧盟的税收规则是基于"物理存在"对利润征税，即企业向其实体所在地的税务部门纳税。这种传统的税收规则在征税时既不考虑用户对利润的贡献，也不考虑用户的价值创造。但欧盟认为数字经济改变了企业的价值创造方式，用户在价值创造中开始发挥重要作用。其突出表现于效果广告，即用户访问互联网、留下数据，而互联网平台则利用算法进行大数据分析，据此投放广告、进行精准推送，从而获取利润。用户在此过程中创造了价值，互联网平台理应向用户所在地交税，哪怕在该地没有"物理存在"。

其次，欧盟数字税的征收方式。欧盟数字税征收分为长期方案与短期方案。其中，长期方案旨在统一改革数字活动的税收规则，即使公司在该成员国并无"物理存在"，但若满足"在该欧盟成员国的年收入超过 700 万欧元""一个纳税年度内在该成员国的用户超过 10 万个""一个纳税年度内公司与用户签署的数字服务合同超过 3 000 项"3 个标准之一，数字平台将被认定为在成员国境内拥有应税的"数字存在"或"虚拟常设机构"，成员国有权对在其领土内创造的利润征税。而短期方案作为长期方案实现过程中的临时条款，则旨在对数字活动中全球年收入达到 7.5 亿欧元且在欧盟的收入达到 5 000 万欧元的公司征收 3% 的临时税。

最后，欧盟数字税的影响。欧盟数字税的征收对 Google、Amazon、Facebook、Apple 等大型科技公司影响较大，招致上述公司及其所在国美国的激烈反对。即使在欧盟内部，需要得到所有成员国一致同意的数字税方案，虽得到英国（原欧盟国家）、法国等大国的支持，却遭到了考虑到数字税可能会加重数字化企业负担、对脆弱数字经济造成打击的爱尔兰、卢森堡的反对。由于欧盟层面方案无法达成一致，所以英国和法国便开始在国内先期实行数字税征收，英国 2018 年决定，从 2020 年 4 月开始实施"数字服务税"，征收对象为全球营收超过 5 亿英镑且有盈利的搜索引擎、社交平台、在线市场等，按在英国收入的 2% 征收；法国则在 2019 年决定实施数字税征收，实施日期定于 2020 年 1 月 1 日，征收对象为约 30 家全球收入超过 7.5 亿欧元且法国本土收入超过 2 500 万欧元的公司，并按其收入的 3% 征收。另外，欧盟及其成员国的数字税征收也影响到了其他国家，例如韩国决定 2019 年 7 月起对外国公司的商对客电子商务模式（Business-to-Consumer，B2C）数字服务征收 10% 的增值税。

3. 英国

据前文所述，英国数字经济发展走的是战略与法律保障并行的道路。这条道路也成为英国数字经济发展的快车道。2016 年英国数字经济总量约为 1.43 万亿美元，约占 GDP 的 54.5%；2020 年英国数字经济总量约为 1.76 万亿美元，约占 GDP 的 62.3%，分列世界第 5 位和第 2 位。由此可见，英国数字经济的规模和数字经济对经济发展的贡献率都是极大的。

对于助推数字经济，除了要关注或借鉴英国法律保障措施外，还要看到英国战略政策中隐含的 5 大目标和 7 项任务。2015 年英国政府发布了《2015—2018 数字经济战略》，提出了 5 大目标：一是鼓励/扶持所有的数字化创新者；二是建设以用户需求为中心的数字化社会；三是为个人创新者提供一切可能的帮助；四是促进基础设施、各个平台以及各个生态系统的发展；五是确保数字经济创新发展的可持续性。2017 年英国发布的《英国数字化战略》则根据 5 大目标生发出 7 项具体任务：一是连接性任务，为英国建立世界一流的数字化基础设施；二是数字化技能与包容性任务，为每个人提供掌握其所需数字化技能的途径；三是数字化部门建设任务，使英国成为建立并发展数字化业务的最佳平台；四是宏观经济任务，帮助每一家英国企业顺利转化为数字化企业；五是安全网络空间任务，让英国提供全球最为安全的在线生活与工作环境；六是数字化政府任务，确保英国政府在全球为民众提供在线服务方面处于领先地位；七是数据任务，释放数据在英国经济中的重要力量，并提高公众对使用数据的信心。上述 5 大目标及 7 项任务，从数字经济数字产业化、产业数字化、数字化治理及数据价值化的内部构成及影响因素出发，构建起完备的数字经济发展体系，具有重要的推动作用和现实意义。

4. 日本

日本的数字经济发展着力于自上而下的政策引导，且主攻大数据方向，致力于打造世界先进信息技术国家。

2009 年日本政府制定了"i-Japan 战略 2015"后，数字化革新首先由政府部门开始。2012 年 7 月日本政府 IT 战略本部制定了"电子行政开放资料战略"，推行电子政务、开放政府数据。2013 年 6 月，日本政府发布了《创建最尖端 IT 国家宣言》，全面阐述了 2013—2020 年日本以开放公共数据资源、深化大数据应用为核心的信息化战略；该战略涉及数据开放、数字技术与产业结合、信息技术基础设施建设、数字化治理等多个领域，共包含 6 个方面：一是向民间开放公共数据；二是促进大数据广泛活用；三是活用信息技术，实现农业及其周边相关产业的高水平化；四是构筑医疗信息网络；五是用信息技术对基础设施进行维护管理；六是改革国家及地方的行政信息系统（云计算化）。在政府政策措施的引领下，日本日立、NEC、富士通、NTT DATA、电通等知名公司均开展了大数据应用。2015 年，日本大数据市场规模达到 947.76 亿日元，同比增幅达到 32.3%。

当然，日本政府并不满足于数字经济发展停步于大数据产业及农业、医疗数字化。2017 年，日本政府提出了"互联工业"，说明日本数字经济发展战略逐渐向工业数字化倾斜；日本于 2018 年和 2019 年相继发布《第 2 期战略性创新推进计划》、《科学技术综合创新 2019》，提出发展人工智能技术及建立"超智能社会"，推动数字经济向智能化发展。

3.2.3　全球数字经济的发展现状及未来

根据中国信息通信研究院发布的《全球数字经济白皮书——疫情冲击下的复苏新曙光》[①]，截至 2020 年，该报告所测算的全球 47 个国家数字经济增加值规模达到 32.6 万亿美元，同比名义增长 3.0%，占 GDP 比重为 43.7%。而数字经济的数字产业化和产业数字化两大产业构成中，产业数字化仍然是数字经济发展的主引擎，占数字经济比重为84.4%；其中、一、二、三产业数字经济占比分别为 8.0%、24.1%和 43.9%。

而数字经济具体发展现状包括以下几个方面。

1. 数字经济发展情况

从不同经济发展水平来看，发达国家（20 个）的数字经济规模约为 24.4 万亿美元，增长 3.0%，占 GDP 比重约为 54.3%，远优于数字经济规模仅约为 8.2 万亿美元的发展中国家（27 个）；从不同收入水平来看，高收入国家（34 个）的数字经济规模约为 25.3 万亿美元，增长 2.8%，占 GDP 比重约为 50.7%，远优于数字经济规模仅约为 6.6 万亿美元的中高收入国家（10 个）和数字经济规模仅约为 0.7 万亿美元的中低收入国家（3 个）。发达国家和高收入国家仍然占据数字经济发展主导地位。

从发展区域角度出发，主要位于北半球的欧洲、美洲、亚洲数字经济发展水平显著优于主要位于南半球的大洋洲和非洲。其中，美洲的数字经济规模达到约 14.7 万亿美元，GDP 占比为 58.6%，但增速较慢；亚洲的数字经济规模约为 10.0 万亿美元，同比增长5.2%，但 GDP 占比较低，为 34.8%；欧洲的数字经济规模位居第三，约为 7.5 万亿美元，GDP 占比和同比增长分别为 40.9%和 2.7%；而大洋洲和非洲的数字经济规模分别约为0.3 万亿美元和 0.065 万亿美元，GDP 占比和同比增长均较低。

而从具体国家来看，美国数字经济规模蝉联世界第一，2020 年规模达到约 13.6 万亿美元；中国位居世界第二，规模约为 5.4 万亿美元；德国、日本、英国位居第 3～5 位，规模分别约为 2.54、2.48 和 1.79 万亿美元。值得注意的是，虽然 2020 年中国数字经济同比增长 9.6%，位居全球第一，但中国数字经济 GDP 占比为 38.6%，低于数字经济在

---

① 全球数字经济白皮书——疫情冲击下的复苏新曙光[R]．北京：中国信息通信研究院，2021:10-24.

国民经济中占据主导地位，GDP 占比 60%左右的德国、英国和美国。

2．数字经济发展趋势

当下及未来，世界数字经济发展将存在以下 10 大发展趋势。

第一，数字化的知识和信息成为新的关键生产要素。当下，人类生产、生活和管理的数据基础和信息环境显著改善，移动互联网和物联网持续普及和配置，智能终端和传感器加快应用渗透，"人—机—物"逐渐融合；经济增长和社会发展有关的各项活动开启全面数字化进程，体现出从被动到主动、从碎片到连续、从单一分离到综合合作的 3 个转变趋势，显示出爆炸性增长态势的数据资源所包含的巨大价值和潜力。数据已经成为与资本和土地并驾齐驱的重要生产要素，并通过不断分析、挖掘、加工和运用，持续提高价值，有效促进各类生产要素生产率优化和提高，为国民经济社会的发展提供了充足的新动能。

第二，与实体经济深度融合发展是首要战略任务。当下，世界经济处于相对稳定的恢复阶段，以先进制造业为代表的实体经济将继续作为主要增长点，并在与数字经济的深入融合中不断发挥新的推动力。下一阶段，各主要国家和地区的数字经济相关战略将继续深入实施，并以运用互联网、大数据、人工智能等新一代信息技术培养先进制造业为重要措施，积极推进从生产要素到创新系统、从业态结构到组织形态、从发展理念到商业模式的全方位变革，推进个性化定制、智能化生产、网络化合作、服务型制造等新模式、新业态产生，引发数字经济与实体经济深入融合、物质与信息结合驱动的新型发展模式，从而大幅度提高各类要素生产率，有效推进世界经济增长的质量变革、效率变革、动力变革。

第三，平台化和共享化引领经济发展的新特征与新趋势。当下，企业间竞争的重心已从技术竞争、产品竞争和供应链竞争逐步进化为平台化的生态竞争，用户基数庞大、技术积累丰富和资金充足的行业领先企业率先借助开源系统供给、开放环境构建、跨境融合推促、结构变革组织、商业模式重构和创新团队孵化等多种方式，持续构建和完善资源集成和合作共赢的生态结构。同时，快速发展的新一代信息科技、高频在线社交和逐渐完善的信用评估系统为尚未完全有效配置的资源提供了成本接近零的共享平台和渠道，吸引共享数量的指数级增长，削弱了生产生活资料的"所有权"而强调"使用权"，逐步创造新的供需模式，从而促进共享经济的快速兴起。

第四，全球创新体系以开放协同为导向加快重塑。当下，创新仍然是推动经济数字化发展的原动力，在开源化和去中心化的双重作用下，知识传播壁垒持续被打破，创新研发成本显著下降，创造发明速度持续提升，集群性、流程化和多领域创新成果不断涌现，颠覆性和革命性与迭代式和渐进式创新并行。同时，创新主体、机制、过程和模型发生重大变革，不受既定组织边界束缚，资本运营方式和成果转化方式更多依靠互联网，跨区域、多元化和高效共享平台不断涌现，突出世界开放和高度合作的创新特质，支持建立以数据附加值为核心竞争力的数字经济生态系统。

第五，基础设施加速实现数字化、网络化和智能化升级。当下，持续提高数据获取的水平和频率，不断丰富数据传输的渠道和方式，扩大数据存储空间，强化数据加工能力，革新数据使用能力，是数字经济蓬勃发展的重要基础条件。万物互联和人机共融是网络架构的基本形态，各国信息基础设施的规划和部署也因此面临着跨区域、增容量、共享合作和智能升级的迫切需求。同时，电网、水运、公路、铁路和港口等传统基础设施也逐渐与互联网、大数据和人工智能等新一代信息技术深入融合，智能电网、智能水运和智能公路/铁路网的转型升级，显著提高了能源利用效率和资源调度能力，从而支持数字经济健康和可持续发展。

第六，国家和地区的核心竞争力延伸至信息空间。当下，世界各国和地区的核心竞争力构成要素呈现数字化发展趋势，传统产业纷纷趋向数字化、网络化和智能化转型升级，互联网、大数据、人工智能和实体经济融合日益深化。人类社会和物理世界的二元结构转变为人类社会、物理世界和信息空间的三元结构，国家和地区间的竞合重心逐渐从土地、人力和机械的数量与质量转移到数字化的发展水平上，从物理空间扩展到信息空间。而掌握信息空间核心竞争优势的国家和地区将在接下来的国际分工博弈中优先取得价值链制高点。

第七，数字技能和素养推动消费者的能力升级。目前，大量新兴数字化产品、应用和服务已经形成了规模巨大的消费市场。这对消费者提出了新的能力要求，必须具备一定数字技能和素质，才能更好地发掘数据价值，使用数字化产品，享受数字化服务。消费者所拥有的数字化资源的获取、理解、处理和利用能力是影响数字消费增长速度和水平的重要因素，直接关系到数字经济整体发展质量和收益。世界主要发达国家越来越重视公民数字素养的教育培养，将持续提高公民数字素养摆在提高国家新兴战略竞争力建设的高度，成为推动数字消费、扩大内需市场和加强内生动能的重要措施。

第八，社会福利水平依托数字化手段得到有效改善。满足人类对美好生活的向往和追求是发展数字经济的重要动力和目标。大幅度提高公共资源的供应效率，显著加强公共服务效果，进一步推进教育、医疗和慈善等公共事业的便利化、普遍化与均衡化，是数字经济革新生产方式、促进实体经济质量提高和效率提高以外的重要力量和突破口。例如，构建网络化和智能化的教育资源公共服务平台，持续扩大优质教育资源覆盖范围；引进人工智能助理有效提高诊疗精度，缓解全球医疗资源紧张难题；在慈善资金的募集和捐款过程中利用区块链技术，保障慈善事业的公正、透明和有效。

第九，数字城市与现实城市同步启动规划、建设和管理。现在，随着信息基础设施的规模扩展和功能升级，以及新一代信息技术在城市运行管理过程中的普及和应用，大量完整、连续、系统、一致、关联和有价值的城市数据持续获得，这为构建与现实物理城市精准映射、智能交互和虚实融合的数字孪生城市提供了可行基础。在世界范围内，部分具备主动数字化条件的现代化城市已率先尝试数字城市与现实城市的同步规划，并逐渐上升为两者同步建设和同步管理。为匹配海量数据的采集、传输、存储和计算，专门用于数字城市运行管理决策的系统级平台将得到持续的开发与完善，并逐渐形成可推广复制的标准体系。

第十，社会治理体系的数字化程度持续提升。在数字经济时代，政府构建和完善社会治理系统的一大特点是以更好的服务和管理为导向，以提高效率、完善功能为宗旨，大量采用以互联网、大数据和人工智能为代表的新一代信息技术，感知社会形势，保持信息传输通畅，支持科学决策，提高治理能力的现代化水平。网络化架构和理念已在政府治理领域深入应用，未来将在进一步优化办事流程的同时，提高政务服务的便利性和政府综合服务能力，建立统一共享的开放数据平台，加快各类网络化和智能化信息平台的建设，鼓励社会公众积极参与治理过程，逐步形成共谋共治的良好生态。

3.3　我国数字经济的发展情况和面临的挑战与对策

3.3.1　我国数字经济的发展阶段与成就

1. 我国数字经济的发展阶段

我国数字经济发展起步较晚，始于 20 世纪 90 年代，确切地说，官方使用数字经济概念相对较晚，但相关工作自 90 年代起便已持续推进。结合我国数字经济历史发展情况及相关政策措施，我国数字经济发展可分为四个阶段。

第一阶段：萌芽阶段（1994—2002 年）。1993 年，我国与美国"信息高速公路"战略几乎同步启动"金"工程。该工程最初包含金桥工程、金卡工程和金关工程 3 项子工程，后扩展为包含金信工程、金桥工程、金税工程、金智工程、金交工程、金旅工程、金盾工程、金卡工程、金农工程、金企工程、金宏工程、金关工程 12 项系列工程在内，旨在建设"中国信息准高速国道"、实现电子化政府的重大电子信息工程。随着时间推移，2002 年我国又出台了《国家信息化领导小组关于我国电子政务建设指导意见》，在已有电子化政府发展基础上开始全面推行电子政务，提高数字化治理能力。

伴随着国家层面对电子信息技术和信息互联网络的重视，我国也诞生了以新浪、搜狐、百度等为代表的一批以互联网应用为主的新闻网站、搜索引擎，催生了数字产业化，标志着我国数字经济开始萌芽。

第二阶段：高速发展阶段（2003—2014 年）。继电子政务之后，2005 年我国发布了《国务院办公厅关于加快电子商务发展的若干意见》，开始全面发展电子商务。随后，2006 年和 2007 年，我国又分别在《2006—2020 年国家信息化发展战略》和党的十七大报告提出了"信息化"和"两化融合"发展战略，着力于进一步发展数字产业，以及推动传统行业与数字技术结合，实现产业数字化。

在这一阶段，我国诞生了一批以微博、微信、淘宝网、京东商城等为代表的电子商务和社交网络平台,也催生了一系列传统行业与数字技术结合而成的产业数字化新模式、新业态,我国数字经济进入了高速发展阶段。

第三阶段:成熟阶段(2015 年至今)。2014 年,在中央网络安全和信息化领导小组第一次会议上,习近平总书记首次提出了"信息经济"。2015 年,我国发布了《国务院关于积极推进"互联网+"行动的指导意见》及《促进大数据发展行动纲要》,标志着我国已深刻意识到数字经济时代关键生产要素数据、互联网络载体及信息技术手段的重要作用,并已开启全面利用数据资源的大数据时代,以及全行业与互联网、信息技术深度融合的"互联网+"时代。

紧接着,2015 年 12 月,在第二届世界互联网大会开幕式上,中国国家主席习近平首次提出了"数字经济""数字中国"概念,标志着"信息经济"作为一个过渡提法迅速让位于"数字经济"。随后我国数字经济概念及发展战略、措施不断完善,2016 年二十国集团领导人杭州峰会上,我国正式确立数字经济的提法及定义;2016 年 11 月,中央网信办、国家发展改革委批复浙江省建设首个国家信息经济示范区;2017 年党的十九大报告及 2018 年的《政府工作报告》中进一步阐述了数字经济、数字中国发展思路和发展情况,并于 2018 年 8 月正式出台了《数字经济发展战略纲要》,标志着我国不论从发展实际还是发展理念上已全面进入数字经济发展时代。

在这一阶段,以滴滴、美团、饿了么等为代表的一批以"互联网+"、大数据、人工智能为主的共享经济平台蓬勃发展;同时,以高端制造业、数字农业、数字工业、数字服务业、数字医疗、数字交通、智慧物流、智慧教育为代表的全产业数字化也在迅猛发展,我国数字经济逐渐走向成熟。

2. 我国数字经济的发展成就

我国数字经济发展至今,已在规模、结构、"四化"、人才队伍建设、技术创新、发展环境优化等领域取得颇多成就。

(1)数字经济规模持续快速增长

根据《中国数字经济发展白皮书(2021 年)》[①],截至 2020 年,我国数字经济规模达到 39.2 万亿元,同比增长 3.3 万亿元,占 GDP 比重达 38.6%,同比上涨 2.4 个百分点,表现出我国数字经济快速增长的强劲势头。数字经济同比增速 9.7%,增速虽连续两年放缓,但仍高出同期 GDP 增速 6.7 个百分点,显示出数字经济带动经济发展的巨大活力与潜力。具体情况,如图 3.1、图 3.2 及图 3.3 所示。

(2)数字经济结构持续优化

另外,在数字经济两大产业构成中,数字产业化实力进一步增强,数字技术新业态层出不穷,一批大数据、云计算、人工智能企业创新发展,产业生产体系更加完备,正向全球产业链中高端跃进。2020 年,数字产业化的规模达到 7.5 万亿元,占 GDP 的比重

---

① 中国数字经济发展白皮书(2021 年)[R]. 北京:中国信息通信研究院,2021:4-33.

为 7.3%，同比名义增长 5.3%。

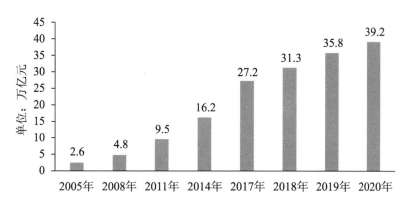

图 3.1　2005—2020 年我国数字经济的规模

资料来源：中国数字经济发展白皮书（2021 年）[R]. 北京：中国信息通信研究院，2021:4-33.

图 3.2　2015—2020 年我国数字经济与 GDP 的增速

资料来源：中国数字经济发展白皮书（2021 年）[R]. 北京：中国信息通信研究院，2021:4-33.

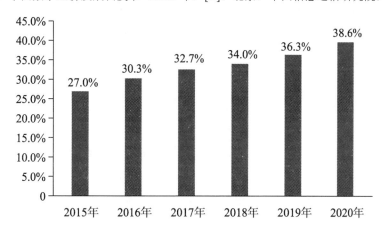

图 3.3　2015—2020 年我国数字经济占 GDP 的比重

资料来源：中国数字经济发展白皮书（2021 年）[R]. 北京：中国信息通信研究院，2021:4-33.

产业数字化保持领导地位，并获得深入发展新机遇，电子商务、平台经济、共享经济等数字化新模式接替涌现，服务业数字化升级前景广阔，工业互联网、智能制造等全面加速，工业数字化转型孕育广阔成长空间。2020 年，我国产业数字化规模达 31.7 万亿元，占 GDP 比重为 31.2%，同比名义增长 10.3%，占数字经济比重由 2015 年的 74.3% 提升至 2020 年的 80.9%，为数字经济持续健康发展输出强劲动力。

目前，在我国数字经济规模中，产业数字化占比远高于数字产业化占比，表明数字技术、产品、服务正在加速向各行各业融合渗透，对其他产业产出增长和效率提升的拉动作用不断增强。产业数字化成为数字经济增长主引擎，数字经济内部结构优化。具体情况，如图 3.4 所示。

图 3.4　2015—2020 年我国数字经济内部结构

资料来源：中国数字经济发展白皮书（2021 年）[R]. 北京：中国信息通信研究院，2021:4-33.

（3）各行业数字化快速发展

突如其来的新冠肺炎疫情在为社会经济发展带来挑战的同时也为数字经济发展带来了新机遇，在线办公、在线教育、网络视频等数字化新业态、新模式在疫情倒逼下蓬勃涌现，大量企业利用大数据、工业互联网等加强供需精准对接、高效生产和统筹调配，使疫情成为强劲的数字化加速器。2020 年，我国服务业、工业、农业数字经济占行业增加值比重分别为 40.7%、21.0% 和 8.9%，同比上涨 2.9、1.5、0.6 个百分点，产业数字化转型提速，融合发展向深层次演进。具体情况如图 3.5 所示。

（4）数字经济助力实现稳就业目标

2021 年中国信息通信研究院发布了《中国数字经济就业发展研究报告：新形态、新模式、新趋势（2021 年）》[1]，从数字经济就业结构来看，数字产业化领域招聘岗位占总招聘数的 32.6%，占总招聘人数比重达 24.2%，就业岗位占比显著高于同期数字产业化规模占比。产业数字化招聘占比仍然高于数字产业化，招聘岗位和招聘人数占比分别达

---

① 中国数字经济就业发展研究报告：新形态、新模式、新趋势（2021 年）[R]. 北京：中国信息通信研究院，2021:8-11.

到 67.5%和 75.8%，吸纳数字经济就业能力更强。由此可见，产业数字化是就业吸纳的主体。从产业数字化招聘岗位来看，第三产业数字经济就业岗位占比高达 60.2%，远高于第二产业的 7.1%和第一产业的 0.1%；从薪资方面看，第三产业的平均薪资为 8200.7 元/月，高于第二产业的 1256.7 元/月和第一产业的 1976 元/月。具体情况如图 3.6 所示。

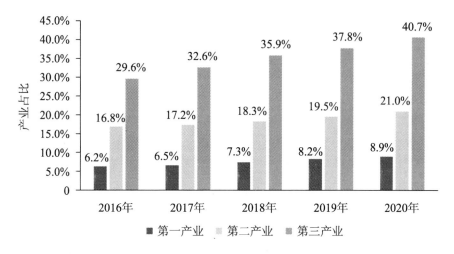

图 3.5　2016—2020 年我国数字经济的渗透率

资料来源：中国数字经济发展白皮书（2021 年）[R]．北京：中国信息通信研究院，2021:4-33.

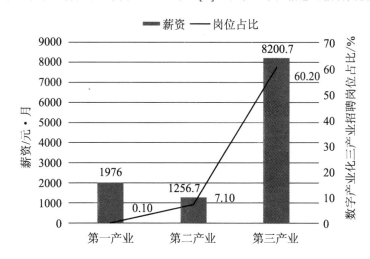

图 3.6　产业数字化三产业招聘岗位占比及薪资分布情况

资料来源：中国数字经济就业发展研究报告：新形态、新模式、新趋势（2021 年）[R]．

北京：中国信息通信研究院，2021：8-11.

相关就业数据证明了占据优势地位的产业数字化在吸纳就业上的强劲作用，以及三大产业构成中第三产业劳动力数字化转型难度最小，第二产业劳动力数字化转型难度最大的事实情况，为后续如何着力扩大数字经济吸纳就业人数、在哪些领域加速劳动力数字化转型提供了方向。

（5）数字人才队伍不断扩张

结合陈煜波等人的观点，数字人才指的是拥有 ICT 专业技能的人才，以及与 ICT 专业技能互补协同的跨界人才，包括数字战略管理人才、深度分析人才、产品研发人才、先进制造人才、数字化运营人才、数字营销人才等数字经济相关领域人才[①]，如图 3.7 所示。

图 3.7　数字人才价值链

资料来源：陈煜波，马晔风. 数字人才——中国经济数字化转型的核心驱动力[J].

清华管理评论，2018(Z1): 30-40.

过去，我国数字人才分布呈现明显的"南强北弱""东多西少"的区域特点。近年来，随着国家和社会对数字经济关注程度的提升和数字经济自身的深入发展，上述情况得以缓解，中西部数字人才竞争力凸显，我国也逐渐形成了中心城市聚集、分散辐射四周的总数 72 万以上的数字人才队伍。而在具体行业分布上，我国数字人才约 40%分布在互联网、电子通信等 ICT 行业中。与此同时，传统行业尤其是机械制造、房地产金融和消费品四大行业数字人才开始大规模渗透，四大行业数字人才总数约占总人数的 40%，具体情况如图 3.8 所示。

当然，我国数字人才队伍建设还存在着突出问题。按照陈煜波等人在《数字人才——中国经济数字化转型的核心驱动力》中给出的数据，在数字人才队伍的构成比例上，我国接近 87.5%的数字人才为产品研发人才，其他类型的数字人才占比较低，尤其是数字战略管理、深度分析和先进制造类人才之和占比不到 2%，相对缺乏，在后续数字经济

---

① 陈煜波，马晔风. 数字人才——中国经济数字化转型的核心驱动力[J]. 清华管理评论，2018(Z1): 30-40.

发展、数字人才建设中需要引起足够的重视，如图 3.8 所示。

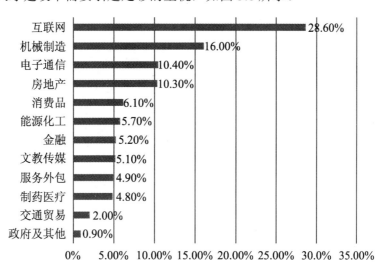

图 3.8　全国数字人才行业分布

资料来源：猎聘大数据研究院. 2021 年数字经济人才白皮书：智聚·融合·创变[R]. 2021:43-45.

（6）数字科技创新能力快速提升

当前，我国在人工智能、大数据、云计算、智慧城市、工业互联网、物联网、量子通信、5G 等领域，以及实体经济与数字经济融合发展方面，新技术、新产品、新业态层出不穷，实现了数字技术与应用从跟跑向并跑和部分领跑迈进的新格局，涌现出一批数字经济领域领军企业。

（7）数字经济发展环境不断完善

当前，我国已经基本形成了适应数字经济发展的政策体系。在国家层面，我国出台了《促进大数据发展行动纲要》《国家信息化发展战略纲要》《新一代人工智能发展规划》等一系列文件，明确提出实施加快培育经济发展新动能专项行动，启动数字经济重大工程，进一步提升信息通信业供给能力、补齐发展短板、优化发展环境。

在社会、市场层面，2017 年，我国出台了《国务院关于强化实施创新驱动发展战略进一步推进大众创业万众创新深入发展的意见》，旨在优化创新创业生态环境，充分释放全社会创新创业潜能，在更大范围、更高层次、更深程度上推进大众创业、万众创新；随后又发布了《数字经济发展战略纲要》等，强化系统性设计，打破制约数字生产力发展的制度障碍，推进市场化的生产资料分享，提升市场配置资源效率，加速数字化转型，引领和适应数字经济发展；2022 年印发了《"十四五"数字经济发展规划》，明确了"十四五"时期推动数字经济健康发展的指导思想、基本原则、发展目标、重点任务和保障措施。

而在国际层面，2017 年，在第四届世界互联网大会上，中国、老挝、沙特阿拉伯、塞尔维亚、泰国、土耳其、阿联酋等国家相关部门共同发起《"一带一路"数字经济国际合作倡议》，希望"本着互联互通、创新发展、开放合作、和谐包容、互利共赢的原则，探讨共同利用数字机遇、应对挑战，通过加强政策沟通、设施联通、贸易畅通、资金融通和民心相通，致力于实现互联互通的'数字丝绸之路'，打造互利共赢的'利益共同体'和共同发展繁荣的'命运共同体'"。

（8）国内外开放合作日益扩大

在国际上，近年来我国在世界互联网大会、世界人工智能大会、中国国际智能产业博览会等相关平台的影响逐渐扩大，成为全球数字经济高端对话、交流合作、成果展示的重要平台。同时，随着上文提到的《"一带一路"数字经济国际合作倡议》的发布，我国与"一带一路"沿线各国的数字经济战略合作与业务布局日益广泛。

而在国内，京津冀、长三角、粤港澳等区域数字经济协同联动、优势互补日益加深。上述区域在自身合作发展的同时，也在辐射带动周边地区及全国整体数字经济的快速发展。

总而言之，纵观我国数字经济发展历程，虽然起步较晚，但追赶迅速，取得了巨大的成就。1996 年数字经济规模仅为美国的 1/63，日本的 1/23，英国的 1/6，但今天我国数字经济规模仅次于美国，位居世界第二。互联网企业成为我国数字经济发展的最大亮点，在国内，以百度、阿里巴巴、特斯拉等为代表的互联网企业或互联网融合企业发展迅速，无论是收入还是市值都远超传统企业；而在国际上，2019 年发布的世界互联网公司市值排名中，我国有 7 家互联网公司进入世界前 30 强，分列第 6、7、17、18、19、22、29 位，仅次于美国的 18 家，成为世界第二。

当然，我国数字经济发展也不能止步于此。在未来数字经济发展过程中，如何推动传统企业的数字化转型以增加产业价值、市场价值，如何加速制造业"互联网+"发展以催生高端制造业，如何发展人工智能技术以抢占科技革命与产业变革的先机，成为摆在我国面前的重要问题。

3.3.2　我国数字经济发展面临的挑战与对策

1. 我国数字经济发展面临的挑战

长期以来，我国数字经济发展取得了巨大成就，但相较于以美国为代表的发达国家还存在着一定差距，面临着国际与国内的诸多挑战。

（1）对数字经济的发展还需进一步重视

结合前文世界数字经济发展情况和我国数字经济发展现状，2020 年，我国数字经济规模约为 5.4 万亿美元，而同期美国约为 13.6 万亿美元，我国数字经济规模与美国相比差距明显；我国数字经济 GDP 占比（38.6%）也要远低于美、英、德等发达国家（约 60%），反映出数字经济对 GDP 的贡献与发达国家相比还存在一定差距。同时，以美国为代表的发达国家凭借其在数字技术、产业融创方面所具备的领先优势，依旧领跑世界数字经济；近几年，我国虽逐渐成为数字经济创新策源地，但高新技术、数字技术与产业融合方面仍在一定程度上落后于领先发达国家。

另外，我国对数字经济范围的划分起步较晚、对其范围的认识也不够成熟，中国信息通信研究院在《中国数字经济发展白皮书（2017 年）》[①]中总结了我国对于数字经济的早期划分，即数字经济包含数字产业化（基础部分）和产业数字化（融合部分）；直到 2021 年，我国才在充分借鉴 OECD 和美国商务部经济分析局关于数字经济分类的方法的基础上，发布了具有国际可比性的数字经济产业统计分类《数字经济及其核心产业统计分类（2021）》。而英国、美国则早在 2015 年和 2018 年便已经完成数字经济范围划分，如表 3.3 所示。

表 3.3　中、美、英三国数字经济范围划分

国　　家	机　　构	数字经济范围
英国	国家统计局 （2015年）	电子商务（E-commerce/E-business） 支撑基础设施（Supporting Infrastructure）：硬件、软件、电信
美国	商务部经济分析局 （2018年）	数字使能基础设施（Digital-enabling Infrastructure）：硬件、软件、电信、相关支持服务 电子商务（E-commerce） 数字媒体（Digital Media）
中国	国家统计局 （2021年）	01数字产品制造业 02数字产品服务业 03数字技术应用业 04数字要素驱动业 05数字化效率提升业

（2）数字经济发展对国民收入核算体系带来新的挑战

在农业经济时代，经济衡量标准是人口；在工业经济时代，经济衡量标准是货币，是 GDP 和 GNP。但在数字经济时代，仅以市场价格记录交易的 GDP，完全无视人们可能获得的、由原有付费项目转变而来的免费产品、服务，以及以自助点餐、ATM 机、无人超市为代表的使消费者转变为“生产者”的自助服务；未能适应个性化定制、互联网包月服务、订阅服务等由技术进步带来的可比价格测度与单位价格核算难度提升；也暂未解决在分享经济中，如何使现行调查方法涵盖个人，以及 GDP 核算如何划分（或多大比例划分）消费品和投资品，如何处理居民关于闲置日用品交换等问题。可以说，数字经济对我国乃至世界国民收入核算体系都带来了巨大挑战。

（3）数字经济发展对政府监管方式带来新的挑战

目前，我国政府监管方式包含 3 个层面：一是属地管理、科层管理，即按行政区划分为国、省、市、县、乡 5 个属地、5 个层级，包括电信运营商、银行、烟草等大型国有企业也按省、市、县三级设立相应的分支机构，进行属地化运作，分区域管理；二是行业管理，我国行业管理呈现明显的条块划分，例如农业、工业、流通、金融、旅游等，行业管理相对独立、互不统属；三是准入管理，即事前设置门槛、发放牌照，事后出现问题、照章处罚，相对缺少事中管理。

---

① 中国数字经济发展白皮书（2017 年）[R]. 北京：中国信息通信研究院，2017:1-4.

互联网发展是无国界、无边界的。在数字经济时代，个人或团体借助一个平台即可突破空间制约、辐射全国，实现要素的高效流动。"互联网+"企业往往是跨行业的、需要时时监管的，例如盒马生鲜就涉足零售、餐饮、快递等多个行业，P2P公司也可能在一夜之间销声匿迹。互联网和"互联网+"企业特点为现有监管体系带来了巨大挑战，虽然目前国家已出台《关于促进互联网金融健康发展的指导意见》《关于鼓励和规范互联网租赁自行车发展的指导意见》等多项文件，但如何实现跨区域、全国家范围监管，如何完善事中监管，如何设置"互联网+"企业准入门槛仍然是尚未解决的问题。

（4）数字经济发展呼唤经济理论的新突破

当前，已有经济理论诸如马克思主义政治经济学和西方经济学，是适合工业经济发展需求的经济学理论体系，难以系统解释数字经济现象。而经济学家虽然已从计量经济学、新制度经济（互联网产权归属/数据产权归属）、市场营销学等角度对特定的新经济现象有所解释，但没有系统有效解释数字经济发展，数字经济领域亟待新理论的突破。

（5）产业互联网是数字经济发展的新方向

中美互联网的发展有一个共同的特点：在消费互联网领域，中美领先全球，共同拥有全球市值最高的13家公司，有"双子星"之说。但中美互联网的发展也有一个显著的区别：美国呈现消费互联网和产业互联网"双腿跳"的态势——从1994年开始，消费互联网在美国起步，到1999年，商对商（Business to Business，B2B）电商、供应链金融（Supply Chain Finance，SCF）和现代物流等产业互联网快速跟进，至2012年，通用电气公司（General Electric Company，GE）正式提出了产业互联网中最为重要的"工业互联网"的相关概念；而中国在较长的一段时间里呈现消费互联网"单脚跳"的态势——从1998年开始，消费互联网在我国起步，当时正处于我国人口红利的释放期，该领域相关企业的收益较高，吸引了更多企业进入和高研发投入，而进入产业互联网领域的企业相对较少，研发投入也不足，这导致B2B电商、供应链金融和现代物流等产业互联网的发展速度较慢，而作为产业互联网重中之重的工业互联网在当时的发展速度更慢，直到《2015年政府工作报告》发布后才逐渐被相关企业重视起来。

为什么产业互联网是未来数字经济发展的新方向？其原因在于：与消费互联网相比，产业互联网的服务对象由个人转变为企事业单位、政府和社会团体，由改变生活方式转变为改变生产方式；竞争主角与竞争关系由互联网公司间、互联网公司与传统行业间的此消彼长，转变为传统企业间、传统企业与互联网公司间的共赢共生；竞争重点与市场结构也从互联网公司间争夺"流量"和"赢者通吃"转变为互联网公司帮助传统行业企业洞悉行业、各类行业企业百花齐放。简言之，产业互联网能够带动数字经济发展居主导地位的产业数字化发展，必将成为未来全球数字经济发展的新方向。而我国产业互联网起步晚、发展慢的现实情况也要求我们未来必须加大投入力度，进一步加快其发展速度，从而赶上数字经济发展的潮流，让数字经济成为国民经济发展的有力支撑。产业互联网与消费互联网的区别如表3.4所示。

表 3.4　产业互联网与消费互联网的区别

项　　目	消费互联网	产业互联网
服务对象	个人 改变生活方式	组织：企业、事业单位、政府、社会团体等 改变生产方式
发展模式	C2C（个人—个人）/B2C（企业—个人）	C2B2B2C（个人—平台—企业—个人）/B2B（企业—企业）
主角	互联网公司 此消彼长：互联网公司颠覆传统产业	传统企业 共赢共生：互联网公司作为传统企业的数字化助手
竞争重点	流量：用户规模×打开频次×留驻时间 以用户体验为保障	对行业的洞悉，帮助企业成功
市场结构	市场集中度较高	具有较强的垂直细分特点，在未来很长的一段时间内很难形成寡头垄断的局面
增长速度	指数增长	线性增长

　　总而言之，虽然我国数字经济发展取得了长足的进步，但与发达国家相比，仍存在较大差距。同时，受外部环境不稳定、不确定因素影响，当前我国数字经济面临的风险挑战加大，包括：第一，基础软件、芯片、高端装备、材料仍是严重短板；第二，操作系统和工业软件等尚未完全实现自主可控；第三，我国数字人才 87.5%集中在产品研发领域，大数据分析和商业智能等深度分析人才缺口较大；第四，对经济发展具有较强支撑作用的互联网新型交换中心、大科学装置和测试试验平台等新型基础设施相对不足。

　　而美国在教育、文化和科研等领域拥有众多世界排名靠前的高等院校、智库和研究机构及其所吸纳的全球人才，中美人才竞争，我国处于不利境地。在数字经济理念上，美国现已形成包括人工智能、共享经济、电子政务、电子商务、数字地球、物联网、云计算、大数据和工业互联网等在内的完备数字经济理念；与之相比，我国数字经济理念起步晚，发展还不成熟，差距明显。而在信息技术和互联网领域，美国不但是第一台电子计算机和通用计算机的发明地，也是以摩尔定律为代表的一系列信息技术、互联网理论的发源地，更是现阶段世界互联网的中心；与之相比，我国信息技术和互联网不论是在理论上还是在实际发展上，都有很长的路要走。

2．我国数字经济发展对策

　　基于我国数字经济现状及面临的挑战，我国数字经济发展后续对策大致集中在以下6 个方面。

　　第一，统筹全国布局，发挥各地优势。统筹全国经济发展全局，充分发挥数字经济的优势。一是统筹京津冀、长三角和粤港澳等重点地区，发挥特色优势，形成新高地，在国际竞争中取得优势；二是协调创新主体和人才等要素，加快国家实验室的建设，培养和引进全球领先的创新团队，形成世界领先的研发实力；三是协调数字产业化和产业数字化，深化供给侧结构性改革，在核心技术突破、新兴产业发展、传统产业数字化、新型商业中心和新兴金融中心建设等方面提升综合效益和整体效益，并开放共享数据资源，构建创新生态，拓展开放合作；四是突出世界互联网大会和世界人工智能大会等全球性会议的特色主题，加强科技、产业和资金合作，打造高地，提升辐射能力。

第二，实施关键核心技术攻关计划。我国应充分发挥在中国共产党坚强领导下集中力量办大事的制度优势，统一组织实施关键核心技术攻关。具体包括：一是国家主管部门要从政府和企业两个层面组织并全面梳理数字经济领域的网络信息、高端设备技术和新材料等关键技术，形成科技突破清单；二是领军企业与大型科研平台发挥引领作用，利用全国相关领域的高校、科研院所和具有创新突破能力的研究平台等创新资源，以及产业链上下游企业等开展联合研究；三是加大基础研究投入，坚持短期与长期相结合，提升短期技术问题解决能力及长期基础研究能力；四是在国家、省、市、县和企业的共同支持下，建立国家重点科研开发项目，进行市场经济条件下国家科研体系的合力探索。

第三，打造国家数字科创生态系统。想要打造国家数字科创生态系统，需要坚持国家引领，加强基础设施建设，全面发挥科研组织、科研平台装备和科研人才的作用。具体表现：一是协调全国企业、高校、研发机构、用户、资金、人才、政府、环境和基础设施等创新促进要素，构建各方互联的创新生态系统；二是建设一批硬件条件一流的大型科学设施，吸引世界各地科学家来中国进行研究；三是建设和完善数字经济中的开源平台体系，如人工智能和工业互联网等；四是加强基础研究和应用研究，组织共性技术创新；五是引进和培养数字经济高端人才，突出"高精尖缺"方案，建立立体化人才培养体系，完善人才培养结构。

第四，构建安全可控的产业生态。要构建安全可控的产业生态，需突破关键技术，发挥企业作用，强化系统建设并加强政策规范和措施监管。具体包括：一是突出关键行业和关键技术，明确要求，落实责任，扩大新产品的应用；二是支持整机企业牵头，形成产业链上下游企业合作机制，组织材料、零部件、配套设备和整机等生产企业对接；三是鼓励领军企业推出拥有自主知识产权的操作系统，加快安全可控的软硬件生态系统建设；四是完善配套政策和监管措施，提供构建安全可控产业生态的环境保障。

第五，改革完善体制机制。欧盟和英国的经验表明，发展数字经济需要拥有顺应其发展形式的治理能力和完善的法律、法规保障。我国应具体做到：一是深化"放管服"改革，加快政府数字化转型，提升制度供给能力；二是强化安全保障，充分考虑国家数据安全与数字主权等问题；三是推动数字经济地方立法，加快清理修订不适应数字经济发展的相关法规政策；四是构建政府管平台、平台管企业、行业协会及公众共同参与的多方治理机制，建立政府、平台及用户互动的治理模式；五是建立包容审慎的监管机制，着力消除阻碍新业态和新模式发展的各种行业性、地区性和经营性的壁垒。

第六，保障相关资源要素。数据是数字经济发展最重要的生产要素，如何优化数据资源的利用，充分释放数据价值，是未来中国数字经济发展的重要课题；同时，数字经济的发展也与土地、能源和资本等传统要素资源密不可分，相关要素资源需要适当倾斜。特别要注意：一是政府和企业共同推动大数据的创新发展，促进数据资源的共享、开放及应用；二是优先考虑发展数字经济所需的土地、金融、能耗、排放和财政等资源要素，适当优先考虑优势地区；三是加强用地占补平衡的跨区域统筹力度，研究能源使用权和排放权的跨区域协调方式，突破现行管理体制；四是根据不同地区数字经济发展的需要，加快部署新型互联网交换中心，扩容国际出口信道、骨干直联点等信息基础设施，突破网络瓶颈限制。

练习与思考

1. 简述数字经济产生的基本条件及其产生初期的主要表现。
2. 简述欧盟数字经济的发展阶段及主要标志。
3. 简述我国数字经济发展各阶段的大致起止时间及产业发展情况。
4. 简述我国在数字人才队伍建设上面临的问题。
5. 除本章所述内容外，你还了解哪些国家的数字经济发展情况？

第 4 章　我国数字经济的政策体系

纵观中外数字经济的发展历程可以发现，数字经济的腾飞离不开国家层面的顶层设计，以及对数字产业化、产业数字化、数据价值化及数字化治理"四化"体系的支持政策。

我国数字经济政策体系的构建始于 1997 年。自此以后的 20 多年里，国家层面为营造适合数字经济发展的政策环境，累计出台了上百份与之相关的顶层设计文件及专项发展规划，为我国数字经济的快速腾飞奠定了良好的政策体系基础。而这一良好政策体系的构建过程，又可以结合几个五年规划的时间节点，顺沿数字经济"四化"体系而形成脉络，呈总分模式加以具体分析与阐述。

4.1　"九五"至"十二五"：信息化时期

4.1.1　"九五"时期的"中国信息准高速国道"

伴随美国"信息高速公路"战略的发展，我国意识到了信息化在未来国家竞争中的突出地位。从 1997 年开始，我国加快建设包括金桥工程、金卡工程和金关工程在内的"三金"工程，旨在依托现代信息技术及互联网络建立国家共用经济信息网、国家外贸企业信息系统实联网、货币电子化工程，建设"中国信息准高速国道"，为我国在信息化领域的国际竞争中抢得先机。

前文提到过，"三金"工程后来拓展成包含 12 项子工程的信息技术、信息基建系列工程"金字工程"，为我国数字经济发展打下了良好的信息化先期基础。

4.1.2　"十五"时期的"信息化发展重点专项规划"

基于"九五"时期及"十五"初期我国在信息化方面取得的成就、面临的问题及国际竞争局势，2002 年我国出台了《国民经济和社会发展第十个五年计划　信息化发展重点专项规划》，进一步认识到"信息化正在推进一场深刻的全球性产业革命""信息化仍是促进世界经济发展的重要推动力""推进信息化是我国社会主义现代化建设的重大战略举措"；提出了"电信运营业和电子信息产品制造业增加值占国内生产总值的 7%以上"
"网络规模、容量位居世界第一""信息服务业仍将保持快速增长势头""电子信息产品制
造业水平和规模进一步提高""信息化成为提高国民素质的重要手段""信息化人才队伍
不断壮大"等发展目标，以及"推广信息技术应用，提高信息化水平""加强现代信息基
础设施建设""加快发展电子信息产品制造业"等任务举措。该规划在继续强调信息技术、
信息基础设施建设重要性的同时，又把信息产业的稳步推进发展摆在了重要位置，具体
明确了信息产业的发展前景和 GDP 贡献度；同时，该规划也兼顾了数字经济的其他领域，
内容涉及数据要素供给市场情况、传统产业信息化与信息化新产业及政务信息化等。另
外，该规划还提到了数字经济发展的一项重要问题，即数字人才队伍建设，并提出以全
民信息化素质提高及专项信息化人才培养相结合的建设方略。

该规划出台先后，为配合规划目标任务达成，我国又发布了《关于促进我国国家空
间信息基础设施建设和应用的若干意见》《国家信息化领导小组关于我国电子政务建设指
导意见》《中共中央办公厅　国务院办公厅关于加强信息资源开发利用工作的若干意见》；
从数字产业化角度提出了发展以地理空间信息为代表的现代信息技术、基础设施及相关
产业，从数字化治理角度提出了以电子政务为代表的政务信息化发展策略，从数据价值
化角度提出了重视信息资源的供给与利用，扶持信息资源产业，保障信息资源安全，促
进信息资源市场繁荣和产业发展。

4.1.3　"十一五"期间的"信息产业科技发展"

2006—2008 年，国家先后发布了《2006—2020 年国家信息化发展战略》《信息产业
科技发展"十一五"规划和 2020 年中长期规划纲要》《国民经济和社会发展信息化"十
一五"规划》三项中长期规划。

其中，《2006—2020 年国家信息化发展战略》从总体上提出了我国当时信息化发展
存在"思想认识需要进一步提高""信息技术自主创新能力不足""信息技术应用水平不
高""信息安全问题仍比较突出""数字鸿沟有所扩大""体制机制改革相对滞后"共 6
项问题；明确了到 2020 年"综合信息基础设施基本普及，信息技术自主创新能力显著增
强，信息产业结构全面优化，国家信息安全保障水平大幅提高，国民经济和社会信息化
取得明显成效，新型工业化发展模式初步确立，国家信息化发展的制度环境和政策体系
基本完善，国民信息技术应用能力显著提高；为迈向信息社会奠定坚实基础"的长期战
略目标，提出了"推进国民经济信息化""推行电子政务""建设先进网络文化""推进社
会信息化""完善综合信息基础设施""加强信息资源的开发利用""提高信息产业竞争力"
"建设国家信息安全保障体系""提高国民信息技术应用能力，造就信息化人才队伍"共
9 项长期战略重点。

《信息产业科技发展"十一五"规划和 2020 年中长期规划纲要》则具体从信息产业
发展面临的信息技术难题入手，提出了"一体两翼"的信息产业科技发展思路。其中，

"一体"是指一个战略主体，即"自主创新，增强核心竞争力"，需要"以提升信息技术自主创新能力为目标，通过持久不懈的努力，持续突破核心技术，掌握关键技术，增强信息产业核心竞争力，引领产业由大到强"。具体包括 5 项内容：一是打造以企业为主体、市场为导向、应用为主线和"政产学研资"相结合的技术创新体系；二是建立和完善信息产业技术创新所需法律法规等制度环境，提供自主创新的制度保障；三是重视基础与前沿技术研究，加强原始性创新，努力获得更多的技术发明；四是以应用为导向，加快集成创新，大力促进以网络与系统为中心的多种相关技术的有机结合，形成有竞争力的产品或者产业；五是在引进消化吸收的基础上进行再创新，促进技术水平的不断提高。

"两翼"是指两大发展方向，即"面向发展瓶颈和重大应用两大方向实现技术突破"。具体包括两项内容：一是紧贴战略需求，突破制约发展的瓶颈，即紧贴国家战略需求，集全国之力攻关制约我国信息产业发展的集成电路、软件和关键电子元器件等重大战略性基础科技，超前谋划，以应用为导向，将研发和设计融入网络、装备、整机和系统的建设中，通过持续努力，逐步提高核心技术能力，最终突破发展瓶颈；二是面向重大应用，实现重点领域的技术突破，即根据数字化、网络化和智能化的总体趋势，面向宽带通信网、数字电视网和下一代互联网等信息基础设施建设和信息资源开发利用等国家信息化建设与重大应用，推进"三网融合"，在数字化音视频、新一代移动通信、高性能计算机及网络设备等领域，实现核心技术与关键产品的突破。

而《国民经济和社会发展信息化"十一五"规划》则具体明确了"十一五"期间的信息化发展重点，明确了"信息化应用目标""信息基础设施目标""信息产业目标""技术创新目标""国民信息素质目标"共 5 项主要目标，提出了"信息化加快转变经济发展方式""信息化促进和谐社会建设""信息化发展中国特色网络文化""做强做大信息产业""信息化发展创造更好的基础条件"等主要任务；指出了为达成任务而开展的"信息技术应用类""信息技术自主创新类""信息基础设施类""信息化人才及安全保障类" 4 类工程，以及"完善领导协调机制""深化电信和广电体制改革""健全信息化法律、法规和标准""加大信息产业自主创新支持力度""拓宽信息化投融资渠道""加强互联网管理""积极开展对外交流与合作""加强信息化战略研究和基础工作" 8 项政策措施。

综合上述政策内容，《2006—2020 年国家信息化发展战略》《信息产业科技发展"十一五"规划和 2020 年中长期规划纲要》《国民经济和社会发展信息化"十一五"规划》的关注点仍主要集中于信息时代的数字产业化上。《信息产业科技发展"十一五"规划和 2020 年中长期规划纲要》和《国民经济和社会发展信息化"十一五"规划》更为具体地指出了要以信息技术创新助力信息产业发展，以及要在"十一五"期间打牢信息技术、信息基础设施、信息人才基础，并做大做强信息产业的目标任务。

基于上述中长期规划，"十一五"期间，我国出台了大量与信息产业及上述文件中提到的信息技术密切相关的政策文件，例如《信息产业"十一五"规划》《集成电路产业"十一五"专项规划》《软件产业"十一五"专项规划》《电子基础材料和关键元器件"十一五"专项规划》《电子专用设备和仪器"十一五"专项规划》《国家金卡工程全国 IC

卡应用（2008—2013 年）发展规划》《电子信息产业调整振兴规划》。同时，也有部分文件涉及产业数字化及数字化治理相关政务信息化领域，例如《信息技术改造提升传统产业"十一五"专项规划》《国务院办公厅关于加强政府网站建设和管理工作的意见》《国家安全生产信息化"十一五"专项规划》《审计署 2008 至 2012 年信息化发展规划》。

4.1.4 "十二五"时期的"信息化发展规划"

承接"九五"至"十一五"时期的数字经济政策体系，尤其是《2006—2020 年国家信息化发展战略》，"十二五"时期的数字经济政策在进一步推动数字产业化及数字化治理的基础上，开始向产业数字化领域扩展。

2013 年工业和信息化部发布了《信息化发展规划》，提出到 2015 年我国数字产业化、产业数字化及数字化治理需实现的"下一代国家信息基础设施初步建成""国民经济信息化水平再上新台阶""电子政务促进政府职能转变和服务型政府建设的作用更加显著""社会事业信息化水平明显提升""信息安全保障能力显著增强"五大发展目标，明确了实现发展目标所需完成的"促进工业领域信息化深度应用""加快推进服务业信息化""积极提高中小企业信息化应用水平""协力推进农业农村信息化""全面深化电子政务应用""稳步提高社会事业信息化水平""统筹城镇化与信息化互动发展""加强信息资源开发利用""构建下一代国家综合信息基础设施""促进重要领域基础设施智能化改造升级""着力提高国民信息能力""加强网络与信息安全保障体系建设"共 12 项主要任务及发展重点，指出了多项政策保障及组织保障措施。

与此同时，为配合"十二五"期间的《信息化发展规划》，国家出台了《关于做好工业通信业和信息化"十二五"规划工作的意见》《物联网"十二五"发展规划》《国家宽带网络科技发展"十二五"专项规划》《国务院关于推进物联网有序健康发展的指导意见》《物联网发展专项行动计划》《工业和信息化部 2014 年物联网工作要点》《电子商务"十二五"发展规划》《软件和信息技术服务业"十二五"发展规划》《互联网行业"十二五"发展规划》《信息化和工业化深度融合专项行动计划（2013—2018 年）》，着力发展物联网技术、网络技术及电子商务、软件及信息技术服务业、互联网行业，推动工业数字化。

另外，国家还出台了《国务院关于大力推进信息化发展和切实保障信息安全的若干意见》《"十二五"国家政务信息化工程建设规划》《全国机构编制部门电子政务发展规划（2011—2015 年）》《人力资源和社会保障信息化建设"十二五"规划》《关于开展依托电子政务平台加强县级政府政务公开和政务服务试点工作的意见》《全国农业农村信息化发展"十二五"规划》《安全生产信息化"十二五"规划》《国土资源信息化"十二五"规划》《工商行政管理信息化发展"十二五"规划》《"十二五"国家政务信息化工程建设规划》《全国农村经营管理信息化发展规划（2013—2020 年）》《全国文化信息资源共享工程"十二五"规划纲要》《基于云计算的电子政务公共平台顶层设计指南》《文化部信息化发展纲要（2013—2020 年）》《2014 年教育信息化工作要点》《智慧社区建设指南（试行）》《关于促进智慧城市健康发展的指导意见》《全国林业信息化发展"十二五"规划（2011—2015 年）》《中医药信息化建设"十二五"规划》《全国地质环境信息化建设方案》等政策，从信息技术及网络平台、科教文卫、城乡治理等多角度、多领域、多区域推动全国范围内的数字化治理。

依托"九五"至"十二五"期间较为完备的数字经济支持政策体系，我国数字经济已在信息化时期打下了良好的发展基础。

2015 年，我国发布了《国务院关于积极推进"互联网+"行动的指导意见》，指出"我国在互联网技术、产业、应用以及跨界融合等方面取得了积极进展，已具备加快推进'互联网+'发展的坚实基础，但也存在传统企业运用互联网的意识和能力不足、互联网企业对传统产业理解不够深入、新业态发展面临体制机制障碍、跨界融合型人才严重匮乏等问题，亟待加以解决。因此，为加快推动互联网与各领域深入融合和创新发展，充分发挥"互联网+"对稳增长、促改革、调结构、惠民生、防风险等的重要作用，该指导意见提出了到 2018 年"经济发展进一步提质增效""社会服务进一步便捷普惠""基础支撑进一步夯实提升""发展环境进一步开放包容"，到 2025 年"网络化、智能化、服务化、协同化的'互联网+'产业生态体系基本完善，'互联网+'新经济形态初步形成，'互联网+'成为经济社会创新发展的重要驱动力量"的发展目标；明确了"互联网+"创业创新、"互联网+"协同制造、"互联网+"现代农业、"互联网+"智慧能源、"互联网+"普惠金融、"互联网+"益民服务、"互联网+"高效物流、"互联网+"电子商务、"互联网+"便捷交通、"互联网+"绿色生态、"互联网+"人工智能等多项重要行动，以及夯实发展基础、强化创新驱动、营造宽松环境、拓展海外合作、加强智力建设、加强引导支持、做好组织实施等保障机制。该指导意见的出台标志着我国数字经济发展正式进入"互联网+"时期。

同年，国务院又发布了《促进大数据发展行动纲要》，针对将在"互联网+"进一步发挥巨大价值的数据要素，指出了"信息技术与经济社会的交汇融合引发了数据迅猛增长，数据已成为国家基础性战略资源，大数据正日益对全球生产、流通、分配、消费活动以及经济运行机制、社会生活方式和国家治理能力产生重要影响"；提出了在未来 5～10 年，"打造精准治理、多方协作的社会治理新模式""建立运行平稳、安全高效的经济运行新机制""构建以人为本、惠及全民的民生服务新体系""开启大众创业、万众创新的创新驱动新格局""培育高端智能、新兴繁荣的产业发展新生态"等发展目标；明确了"加快政府数据开放共享，推动资源整合，提升治理能力""推动产业创新发展，培育新兴业态，助力经济转型""强化安全保障，提高管理水平，促进健康发展"等主要任务，以及"完善组织实施机制""加快法规制度建设""健全市场发展机制""建立标准规范体系""加大财政金融支持""加强专业人才培养""促进国际交流合作"等政策机制。

4.2 "十三五"："互联网+"时期

向"互联网+"时期迈进的同时，我国也没有忽视进一步巩固信息化所取得的成果，谋求更高水平信息化发展。2016 年，基于"九五"至"十二五"时期的信息化建设成就、问题及《2006—2020 年国家信息化发展战略》，中共中央办公厅、国务院办公厅印发了《国家信息化发展战略纲要》，提出了"到 2020 年，固定宽带家庭普及率达到中等发达国家水平，第三代移动通信（3G）、第四代移动通信（4G）网络覆盖城乡，第五代移动通信（5G）技术研发和标准取得突破性进展。信息消费总额达到 6 万亿元，电子商务交易规模达到 38 万亿元。核心关键技术部分领域达到国际先进水平，信息产业国际竞争力大幅提升，重点行业数字化、网络化、智能化取得明显进展，网络化协同创新体系全面形成，电子政务支撑国家治理体系和治理能力现代化坚实有力，信息化成为驱动现代化建设的先导力量""到 2025 年，新一代信息通信技术得到及时应用，固定宽带家庭普及率接近国际先进水平，建成国际领先的移动通信网络，实现宽带网络无缝覆盖。信息消费总额达到 12 万亿元，电子商务交易规模达到 67 万亿元。根本改变核心关键技术受制于人的局面，形成安全可控的信息技术产业体系，电子政务应用和信息惠民水平大幅提高。实现技术先进、产业发达、应用领先、网络安全坚不可摧""到本世纪中叶，信息化全面支撑富强民主文明和谐的社会主义现代化国家建设，网络强国地位日益巩固，在引领全球信息化发展方面有更大作为"等战略目标，明确了"大力增强信息化发展能力""着力提升经济社会信息化水平""不断优化信息化发展环境"、完善"体制保障和组织实施"等任务举措。

同年，国务院发布了《"十三五"国家信息化规划》，提出了"到 2020 年，'数字中国'建设取得显著成效，信息化发展水平大幅跃升，信息化能力跻身国际前列，具有国际竞争力、安全可控的信息产业生态体系基本建立。信息技术和经济社会发展深度融合，数字鸿沟明显缩小，数字红利充分释放。信息化全面支撑党和国家事业发展，促进经济社会均衡、包容和可持续发展，为国家治理体系和治理能力现代化提供坚实支撑"，以及"核心技术自主创新实现系统性突破""信息基础设施达到全球领先水平""信息经济全面发展""信息化发展环境日趋优化"等发展目标；明确了"引领创新驱动，培育发展新动能""促进均衡协调，优化发展新格局""支撑绿色低碳，构建发展新模式""深化开放合作，拓展发展新空间""推动共建共享，释放发展新红利""防范安全风险，夯实发展新基石"等主攻方向，以及"构建现代信息技术和产业生态体系""建设泛在先进的信息基础设施体系""建立统一开放的大数据体系""构筑融合创新的信息经济体系""支持善治高效的国家治理体系构建""形成普惠便捷的信息惠民体系""打造网信军民深度融合发展体系""拓展网信企业全球化发展服务体系""完善网络空间治理体系""健全网络安全保障体系"等重大任务及重点工程。

在"互联网+"发展背景下,"十三五"期间,我国连续出台了《国务院关于深化制造业与互联网融合发展的指导意见》《国务院关于深化"互联网+先进制造业"发展工业互联网的指导意见》《推进互联网协议第六版(IPv6)规模部署行动计划》《"互联网+"知识产权保护工作方案》《"5G+工业互联网"512工程推进方案》《"互联网+政务服务"技术体系建设指南》等与"互联网+"发展直接相关的政策文件;同时也出台了《国家发展改革委办公厅关于组织实施促进大数据发展重大工程的通知》《关于加快构建全国一体化大数据中心协同创新体系的指导意见》《大数据产业发展规划(2016—2020年)》《国家邮政局、商务部关于规范快递与电子商务数据互联共享的指导意见》等与"互联网+"发展部分相关的文件,共同促进"互联网+"时期数据要素的供给与开发利用发展,继续向数据价值化迈进。

同时,立足信息化发展基础,我国进一步出台了《云计算发展三年行动计划(2017—2019年)》《新一代人工智能发展规划》《工业互联网APP培育工程实施方案(2018—2020年)》《国家车联网产业标准体系建设指南(总体要求)》《科技部关于发布国家重点研发计划"智能机器人"等重点专项2018年度项目申报指南的通知》《科技部关于发布科技创新2030——"新一代人工智能"重大项目2018年度项目申报指南的通知》《科技部关于发布国家重点研发计划"宽带通信和新型网络"等重点专项2018年度项目申报指南的通知》《电子商务"十三五"发展规划》《促进新一代人工智能产业发展三年行动计划(2018—2020年)》《智能光伏产业发展行动计划(2018—2020年)》《国家发展和改革委员会、国家粮食和物资储备局、科技部关于"科技兴粮"的实施意见》《推动企业上云实施指南(2018—2020年)》《超高清视频产业发展行动计划(2019—2022年)》等继续推动信息化深入发展,促进数字产业化及产业数字化高速发展的重要政策文件;《交通运输信息化"十三五"发展规划》《教育信息化"十三五"规划》《2016—2020年建筑业信息化发展纲要》《"十三五"全国农业农村信息化发展规划》《国务院关于加快推进"互联网+政务服务"工作的指导意见》《国土资源信息化"十三五"规划》《"十三五"全国旅游信息化规划》《"十三五"全国司法行政信息化发展规划》《"十三五"国家政务信息化工程建设规划》《教育信息化2.0行动计划》等整体治理及领域内治理数字化的数字化治理政策文件。

与数字技术标准化、网络安全密切相关的多项政策文件也在"十三五"期间陆续发布,包括《工业互联网综合标准化体系建设指南》《区块链信息服务管理规定》《国家林业和草原局关于进一步加强网络安全和信息化工作的意见》《2018年农业部网络安全与信息化工作要点》《水利部办公厅关于开展2018年水利行业网络安全检查的通知》《海洋信息云计算服务平台安全规范》《国务院办公厅关于加强政府网站域名管理的通知》《工业和信息化部办公厅关于做好疫情防控期间信息通信行业网络安全保障工作的通知》等。

4.3　"十四五"：数字经济时期

随着我国"互联网+"时期数字经济的飞速发展，以及信息化不断深入带来的数字经济"四化"体系基础的持续打牢、政策体系的稳步构建，在"十四五"时期，我国逐步进入了全国数字经济协同发展、数字经济各领域统筹共进的数字经济时期。

截至目前，"十四五"期间，我国相继出台了《"双千兆"网络协同发展行动计划（2021—2023 年）》《全国一体化大数据中心协同创新体系算力枢纽实施方案》《新型数据中心发展三年行动计划（2021—2023 年）》《IPv6 流量提升三年专项行动计划（2021—2023 年）》《关于加快推进互联网协议第六版（IPv6）规模部署和应用工作的通知》《关于加强互联网信息服务算法综合治理的指导意见》等政策文件，在巩固"十三五"时期发展成果的基础上，继续在分类标准、区域数字化总体战略及数字经济发展规划上寻求突破。

2021 年，"为贯彻落实党中央、国务院关于数字经济和信息化发展战略的重大决策部署，科学界定数字经济及其核心产业统计范围，全面统计数字经济发展规模、速度、结构，满足各级党委、政府和社会各界对数字经济的统计需求"，我国出台了《数字经济及其核心产业统计分类（2021）》。该分类的编制原则为"以党中央、国务院有关文件为依据""以国内外相关统计分类标准为参考""以《国民经济行业分类》为基础""以满足数字经济统计监测为目的"，提出了"数字经济是指以数据资源作为关键生产要素、以现代信息网络作为重要载体、以信息通信技术的有效使用作为效率提升和经济结构优化的重要推动力的一系列经济活动""数字经济产业范围确定为：01 数字产品制造业、02 数字产品服务业、03 数字技术应用业、04 数字要素驱动业、05 数字化效率提升业等 5 个大类""数字经济核心产业是指为产业数字化发展提供数字技术、产品、服务、基础设施和解决方案，以及完全依赖于数字技术、数据要素的各类经济活动。本分类中 01～04 大类为数字经济核心产业"。

同年，又发布了《数字乡村建设指南 1.0》。该指南"根据《数字乡村发展战略纲要》的有关要求，结合国家数字乡村试点工作重点任务部署，提出了数字乡村建设的总体参考架构，具体包括信息基础设施、公共支撑平台、数字应用场景、建设运营管理和保障体系建设等内容"；提出了以网络基础设施、信息服务基础设施、传统基础设施数字化升级为主的信息基础设施，以公共数据平台、应用支撑平台为主的公共支撑平台，以智慧农业、农村电子商务、乡村新业态、农业科技创新供给、农村数字普惠金融为主的乡村数字经济，以农业绿色生产、乡村绿色生活、农村生态保护信息化为主的智慧绿色乡村，以农村网络文化阵地建设、乡村文化资源数字化、"三农"网络文化创作、乡村网络文化引导为主的乡村网络文化，以智慧党建、"互联网+政务服务"、网上村务管理、基层综合治理信息化、乡村智慧应急管理为主的乡村数字治理，以"互联网+教育"、"互联网+医疗健康"、智慧养老、乡村数字素养提升为主的信息惠民服务，以乡村分类建设、建设运营模式为主的建设发展模式等主要任务举措，以及建设过程管理及保障体系建设。

2022 年，国务院发布了《"十四五"数字经济发展规划》。该规划提出了"'十四五'时期，我国数字经济转向深化应用、规范发展、普惠共享的新阶段"；指出了我国数字经济发展面临的"发展数字经济是把握新一轮科技革命和产业变革新机遇的战略选择""数据要素是数字经济深化发展的核心引擎""数字化服务是满足人民美好生活需要的重要途径""规范健康可持续是数字经济高质量发展的迫切要求"的形势；指出了到 2025 年"数字经济迈向全面扩展期，数字经济核心产业增加值占 GDP 比重达到 10%，数字化创新引领发展能力大幅提升，智能化水平明显增强，数字技术与实体经济融合取得显著成效，数字经济治理体系更加完善，我国数字经济竞争力和影响力稳步提升"，以及"数据要素市场体系初步建立""产业数字化转型迈上新台阶""数字产业化水平显著提升""数字化公共服务更加普惠均等""数字经济治理体系更加完善"等数字经济时期发展目标；明确了"优化升级数字基础设施""充分发挥数据要素作用""大力推进产业数字化转型""加快推动数字产业化""持续提升公共服务数字化水平""健全完善数字经济治理体系""着力强化数字经济安全体系""有效拓展数字经济国际合作"等数字经济"四化"体系全面发展主要任务举措及保障措施。

练习与思考

1．简述"三金"工程的主要内容、目的及其对应的我国数字经济发展阶段。

2．简述"一体两翼"发展思路对应的政策文件及其含义。

3．简述我国"十三五"期间数字经济政策体系的代表性文件及侧重点。

4．简述我国《"十四五"数字经济发展规划》所提到的数字经济发展目标及任务举措。

第 5 章　数字产业化：
数字经济技术基础与基础设施

从 1760 年开始的第一次工业革命（蒸汽时代），标志着从农耕文明向工业文明的过渡；从 1840 年开始的第二次工业革命（电气时代），电力、钢铁、铁路、化工和汽车等重工业兴起；从 1950 年开始的第三次工业革命（信息时代），则使全球信息和资源交流变得更加方便和迅速。而当下，第四次工业革命已经到来，以云计算、物联网、大数据、人工智能和区块链等为代表的新一代信息技术产生并迅速发展和应用，标志着从工业时代全面迈向数字化的数字经济时代。

纵观历次工业革命，它们所带来的文明变革和产业变革都离不开科学技术的革新。一方面，科学技术能够应用于生产过程中，能够渗透到生产力诸要素中而转化为实际的生产能力；另一方面，基于科学技术的发明创造会引起劳动资料、劳动对象和劳动者素质的深刻变革和巨大进步。

我国非常重视科学技术的发展和创新。1988 年 9 月，时任中央军委主席的邓小平在会见来华访问的捷克斯洛伐克总统胡萨克时提出了"科学技术是第一生产力"的论断。邓小平的这一论断，体现了马克思主义的生产力理论和科学观。"科学技术是第一生产力"，既是现代科学技术发展的重要特点，也是科学技术发展的必然结果。

进入随第四次工业革命而来的数字经济时代，2012 年党的十八大做出了实施创新驱动发展战略的重大部署，强调科技创新是提高社会生产力和综合国力的战略支撑，必须摆在国家发展全局的核心位置。这是党中央综合分析国内外大势，立足国家发展全局做出的重大战略抉择，具有十分重大的意义。2018 年世界公众科学素质促进大会在北京召开，中国国家主席习近平向大会致贺信时再次指出，科学技术是第一生产力，创新是引领发展的第一动力。2013—2020 年，中共中央政治局多次召开学习会，就创新驱动发展战略、网络强国战略、国家大数据战略、人工智能发展、区块链技术发展及量子科技研究和应用前景等与数字经济发展息息相关的战略与科技开展学习讨论。习近平总书记也在主持学习时强调，实施创新驱动发展战略决定着中华民族前途命运，全党全社会都要充分认识科技创新的巨大作用，敏锐把握世界科技创新发展趋势，紧紧抓住和用好新一轮科技革命和产业变革的机遇，把创新驱动发展作为面向未来的一项重大战略，常抓不懈。

"科技兴则民族兴，科技强则国家强！"即将出现的新一轮科技革命和产业变革必将与我国加快转变经济发展方式的战略抉择形成历史性交汇，为我国实施创新驱动发展战略提供难得的重大机遇。机会稍纵即逝，抓住了就是机遇，抓不住就是挑战。我们必须增强忧患意识，紧紧抓住和用好新一轮科技革命和产业变革的机遇，不能等待，不能观望，不能懈怠。

本章将紧紧围绕数字时代的科学技术这条主线，从数字经济的整体技术架构及其包含的具体技术基础入手，讲解伴随第四次工业革命蓬勃发展的现代科学技术。

5.1 数字经济整体技术架构

5.1.1 基于工业数字化视角的数字经济技术架构

数字经济的整体技术架构来源于其所依托的数字技术及数字基础设施，是数字产业化重要的先期构想、经验总结和发展指引。栾世栋等人提出了信息技术与工业融合的信息物理系统（Cyber-Physical System，CPS）的 5 层技术架构[①]。董小英等人则将 CPS 技术架构延伸至数字经济领域[②]。结合上述观点，数字经济的技术架构应分为五层。

第一层是连接层。连接层将物理空间要素（如设备、工厂、流程和服务等供应链节点）及流程数字化，并允许它们在万物互联的网络空间中自由流动和交换。该层的发展与物联网关系密切。

第二层是转换层。转换层立足于连接层中大量数字化的要素和过程，进一步促进数据增值。数据增值是指使用计算工具和算法对连接层收集的数据进行整合、处理、分析和挖掘，以完成由零散数据到系统化信息的转换过程。因此，该层与数据挖掘和知识发现关系密切。

第三层是网络层。网络层借助云计算和移动互联网等技术，将多类和多源数据集聚到网络空间，异构数字资源通过标准化连接和异构计算方式相互作用，形成广域数据分析基础。网络层的大数据聚合打破了物理对象间的信息孤岛，成为"互联网+"发展的重要基础。

第四层是认知层。认知层是指利用人工智能等技术开发出类似人类反应方式的智能设备或系统，包括语言识别、图像识别、自然语言处理、专业系统和深度学习等，以收集和处理海量数据，通过用户画像、模型库、体验库、模式库、算法库和工具库等高价

---

① 栾世栋，戴亦舒，余艳，等. 数字化时代的区域卫生信息平台顶层设计研究[J]. 管理科学，2017,30(1): 15-30.

② 董小英，胡燕妮，戴亦舒，等. 基于 CPS 架构的数字化战略能力构建——德国工业 4.0 的管理体系与转型实践[J]. 重庆邮电大学学报（社会科学版），2019,31(5):85-98.

值知识资源，为用户提供高度个性化的服务。

第五层是配置层。在配置层中，信息从网络空间反馈至物理空间，并指导系统进行与市场、客户和实景的双向互动。配置层起着弹性控制系统的作用，利用预设规则和语义规范等控制技术，将认知层做出的纠正和预防决策应用于受监控系统，引导知识资源灵活、动态地配置并操作底层工业设备和机器部件，使机器获得自适应和自配置的能力。

5.1.2　基于技术视角的数字经济技术架构

随着近几年数字经济的深入发展和现代信息技术的不断进步，数字经济的整体技术架构有了由纯粹技术角度出发细化的层级划分，具体分为 7 层。

第一层是网络层。网络层的主要功能是利用新兴的 5G 网络增加区块的传播速度和质量，增加价值互联网的性能和安全。

第二层是数字身份层。数字身份（Digital Identity）是指真实身份信息浓缩成数字代码，形成可通过网络与相关设备等查询和识别的公共秘钥。因此，数字身份层的主要功能是将数字身份作为底层的核心技术模块和生态模块来架构价值互联网，有利于在确权前提下实现通证经济和数据共享，建立起立足于信誉机制的数字经济。

第三层是分布式数据层。要理解分布式数据层，首先就要理解分布式数据库系统。所谓分布式数据库系统，是指使用较小的计算机系统，每台计算机均可放置于单独位置，均可保有数据库系统的完整或部分副本以及自己的本地数据库；处于不同位置的大量计算机通过网络互联，以创建一个完整的、全局的、逻辑上集中的、物理上分布的大型数据库。建立在分布式数据库系统之上，该技术层的主要功能是在去中心化的数字身份层基础上搭建可互相连通的分布式数据存放层，可以在确权的情况下提供可信和有效的数据。

第四层是分布式智慧层。单体智慧进行互联可以涌现出更高智慧，以往互联网正是沿用分布式思维而发展，在没有任何中心指导发展路径的基础上，以每个节点智慧的相互连接推进互联网进程。当该思维成为数字经济的一个技术架构层级时，分布式智慧层的主要功能是利用区块链的激励机制为多节点上能够深度学习和智能分析的人工智能提供有效数据，利用多节点人工智能分布式计算及汇总合并为区块链提供优化的计算结果。

第五层是共识层。共识层的主要功能是利用具有不可伪造、全程留痕、可以追溯、公开透明和集体维护等特点的区块链技术，对数字经济活动中产生的流程、数据和数字资产的来源、内容和状态转变进行共识。

第六层是智能合约层。智能合约层的主要功能是利用分布式数据层提供的可信数据，调用分布式智慧层的人工智能和机器学习算法，指导商业流程和工作流程的合理调配。

第七层是数字经济层。数字经济层的主要功能是价值互联网的实现和产生用户使用的数字经济应用程序（Application，App）。该 App 可以是中心化或者去中心化的，借助网络多节点的和线上线下的融合，驱动资源的优化配置。

5.2 数字技术及相关基础设施建设

数字技术及相关基础设施的产生、发展及创新是数字产业化的先决条件。根据上述整体技术架构要求，数字技术及相关基础设施建设至少包含现代计算机技术、网络技术、移动通信技术，在上述 3 项技术基础上形成的新一代数字技术，以及数字技术及相关基础设施所代表的数字产业化的重要保障手段——信息技术标准化。

5.2.1 计算机技术

1. 计算机技术历史发展历程

历史上，计算机技术的发展分为 5 个阶段。

第一阶段：电子管计算机（20 世纪 40 年代）。电子管计算机，主要特点是采用电子管作为基本电子元器件，体积大、耗电量大、寿命短、可靠性低、成本高；存储器采用水银延迟线。在这一时期，由于没有系统软件，采用的是机器语言和汇编语言编程。该类计算机只能在少数尖端领域得到运用，一般用于科学、军事和财务等方面的计算。

第一台电子管计算机诞生于美国。1946 年，美国宾夕法尼亚大学诞生第一台数字式计算机 ENIAC。该计算机使用了 17 468 个真空电子管，耗电 174kW，占地 170m^2，重达 30t，每秒钟可进行 5 000 次加法运算。该计算机奠定了电子计算机的发展基础。

第二阶段：晶体管计算机（20 世纪 50 年代）。晶体管计算机是指 20 世纪 50 年代末到 60 年代的计算机。主机采用晶体管等半导体器件，以磁鼓和磁盘为辅助存储器，采用算法语言（高级语言）编程，并开始出现操作系统。

1956 年，晶体管开始在计算机中使用，晶体管和磁芯存储器催生了第二代计算机。相比于第一代计算机，第二代计算机体积小、速度快、功耗低、性能更稳定，因此第二代计算机的应用范围更广。

第三阶段：中小规模集成电路计算机（20 世纪 60 年代）。第三代计算机的特征是以中、小规模集成电路（每片上集成 1000 个以内逻辑门）来构成计算机的主要功能部件；主存储器采用半导体存储器。第三代计算机的运算速度可达每秒几十万次至几百万次基本运算；而且在软件方面，第三代计算机操作系统也日趋完善。

1958 年美国德州仪器工程师杰克·基尔比发明了集成电路，将三种电子元件结合到一片小小的硅片上。随着集成电路技术的后续发展，更多元件被集成到单一半导体芯片上，使得计算机体积更小、功耗更低、速度更快。计算机操作系统使计算机在中心程序的控制协调下能够同时运行许多不同的程序。1964 年，美国 IBM 公司在当时技术成就的基础上研制成功了第一个采用集成电路的通用电子计算机系列 IBM360 系统。

第四阶段：大规模集成电路计算机（20 世纪 70 年代）。第四代计算机指的是逻辑元件和主存储器都采用了大规模集成电路的计算机。所谓大规模集成电路，是指在单片硅片上集成 1 000～2 000 个以上晶体管的集成电路，其集成度比中、小规模的集成电路提高了 1～2 个以上数量级。

大规模集成电路促使计算机向微型化、低功耗阶段发展，并在军事工业、空间技术、原子能技术领域广泛应用。值得一提的是，1946 年世界上第一台通用计算机诞生；而到 20 世纪 80 年代，超大规模集成电路在芯片上已能容纳几十万个元件。上述发展现象及技术革新，推动着计算机向私人化及更高阶段快速发展。

第五阶段：智能计算机（20 世纪 80 年代至今）。智能计算机指的是类似人工智能，能像人一样思考，并且运算速度极快，硬件系统支持高度并行和推理，软件系统能够处理知识信息的计算机。神经网络计算机就是智能计算机的重要代表。

1981 年，第五代计算机研讨会在日本东京召开，制订研制第五代计算机的长期计划。由此，以美、日为代表的发达国家开始了智能计算机技术探索。目前，智能计算机已经成为一个动态发展概念，始终处于计算机技术最前沿，这种压力迫使从事智能计算机研究的人员必须不断提出新概念、新方法，不断攻克新的技术难关，带动计算机技术不断向前发展。

2. 数字经济时代的计算机技术——超级计算机

（1）超级计算机的概念

超级计算机（Super Computer）是指能够执行一般个人计算机无法处理的大量数据与高速运算的计算机。就超级计算机和普通计算机的组成而言，二者构成组件基本相同，但在性能和规模方面却有较大差异。超级计算机主要特点有二，即极大数据存储容量和极高数据处理速度。因此它可以在多种领域进行一些人类或者普通计算机无法进行的工作。

超级计算有一个与之类似的概念，即高性能计算（High Performance Computing，HPC），其是指高性能计算机（传统超高速计算机和多个 CPU 组成的并行计算机）连同计算机的有效应用。可以说高性能计算蕴含着"超级计算"概念而且比"超级计算"词义更为广泛，但在实际使用上一般不太区分这两个词。

值得强调的是，上述说法中把高性能（或超级）计算机和有效应用两件事摆在同样重要的位置。一方面，如果没有高性能计算无其不可的应用需求，发展高性能计算机就会没有依据和市场。美国于 1991 年制订的"高性能计算与通信"（High-Performance Computing and Communications，HPCC）计划的核心正是确认和研究一组"重大挑战"应用课题，这类课题涉及气候与气象、污染、材料、分子与原子、流体、燃烧等，难以一一列举，它们需要具备每秒万亿次计算能力的计算机。而日本政府也于 1992 年颁布"真实世界计算"（Real World Computing，RWC）计划，旨在模仿人类凭直觉判断问题的方式，处理真实世界中那些模糊的、复杂的、不确定的信息，形成信息处理新风范。该计划目标中便包含 100 万个处理机并行的计算机和有 100 万个单元的神经网络系统。

另一方面，即便有了高性能计算机和重大课题，也未必就能用好计算机有效解决课题。事实上，多数高性能计算机是因为好造但不好用而匆匆被载入史册的。因此，发展高性能计算，不能重硬（机器）轻软（应用），必须加大应用领域研发投入。

（2）超级计算机应用产业

超级计算机是计算机中功能最强、运算速度最快、存储容量最大的一类计算机，多用于国家高科技领域和尖端技术研究，是国家科技发展水平和综合国力的重要标志。一个国家的高性能超级计算机，直接关系到国计民生、关系到国家的安全。几乎在国计民生的所有领域，超级计算机都起到了举足轻重的关键作用。当前，超级计算机的应用主要集中在以下 3 个领域。

一是科学领域。超级计算机凭借其强大的数据处理能力，可以帮助人们改变了解自然世界的方式，为社会带来极大的利益和保障。其可以通过模拟大气、气候和海洋运动，精准预测地震和海啸，描述龙卷风和飓风路径，破译地磁暴产生源头，更好地保护公众生命财产安全。同时，超级计算机的快速数据处理能力，也可用于复杂气象分析及全球气象卫星数据处理，从而预知全球气象，为人类的生产生活提供帮助和预警。

二是生产领域。超级计算机凭借其强大的计算密度，可在一些事故发生率较高、数据处理量大的行业里，通过先期和过程数据分析处理进行勘探预测、提高生产安全、辅助工程进程，如地下采煤、高空作业、爆破工作和石油勘探等。这里的计算密度指的是超级计算机在一定体积和面积内的计算能力，这是计算精度和计算能力的体现。例如，2007 年曙光 4000L 超级计算机就曾在发现储量高达 10 亿 t 的渤海湾冀东南堡油田的过程中发挥了关键作用，而其后的曙光 5000A 超级计算机的应用，则进一步达到了地下数千米的勘探深度。

三是医学制药、先进制造、人工智能等新兴领域。在医学领域，超级计算机可被用来模拟人体各个器官的工作机理及人体内各种生化反应等。延伸到医学制药上，过去开发一种新药，从研制到试验再到投产要经过很多步骤，大约需要 15 年；而利用超级计算机则可以对药物研制、治疗效果和不良反应等进行模拟试验，从而将新药的研发周期缩短 3～5 年且可显著降低研发成本。除此之外，在超级计算机的支撑之下，人类逐渐解决了重大科学与应用领域的部分关键问题，促进了相关领域的快速发展，诸如人工智能、深入学习、生物信息、金融分析等新兴领域随着超级计算技术的运用而蓬勃发展。

（3）我国超级计算机发展建设情况

20 世纪 70 年代初，美国率先研制出每秒运行 1 亿次的超级计算机（当时称为"巨型计算机"）。超级计算机以其强大的数据处理能力引发计算机领域的颠覆性变革，也带动其他生产领域的生产方式和生产效率的显著提高。

我国超级计算机发展建设始于 20 世纪 70 年代。1972 年秋，原国防科工委提出了研制巨型计算机的计划；1978 年，邓小平指出中国要搞四个现代化，不能没有巨型机；1983 年，经过 5 年多的艰苦奋斗，我国自主研发出了能够在石油、地质勘探、卫星图像处理、计算大型科研课题和国防建设等领域广泛运用的银河系列第一代巨型计算机"银河-Ⅰ"，也成为继美国、日本之后第三个具有自主研发巨型计算机能力的国家。20 世纪 90 年代，我国又成功研发了面向大型科学、工程计算和大规模数据处理的通用 10 亿次并行巨型电子计算机"银河-Ⅱ"，以及采用了可扩展多处理机并行体系结构、每秒运算速度为 130 亿次的"银河-Ⅲ"，不但使中国超级计算机实现了运行速度由亿到十亿再到百亿的跃进，也使中国成为当时世界上少数几个能研制和生产大规模并行计算机系统的国家之一。

进入 21 世纪，截至目前，我国已有国防科技大学的银河、天河，中国科学院的曙光，联想的深腾，无锡江南计算技术研究所的神威等多个超级计算机研制系列；神威、天河三号和曙光 3 个不同技术路线的 E 级（即每秒可进行百亿亿次运算）原型机系统完成交付。以神威系列为例，"神威蓝光"具备 8.5 个计算机仓、8 704 个处理器、139 264 核心、每秒 1000 万亿次的浮点运算（Peta Floating Point Operations Per Second，PFlops），也是我国首台采用自主处理器构建的千万亿次超级计算机；"神威 E 级原型系统"具备 512 个节点、3 PFlops，且处理器、网络、存储等核心部件完全自主，为百亿亿次超算研制进行了全面技术验证。上述系列超级计算机所带来的巨大成就，也使我国超级计算机技术长期处于世界领先水平。

5.2.2　网络技术

1. 网络技术历史发展历程

世界网络技术的发展经历了由诞生到高速发展的 4 个历史阶段。

第一阶段：诞生阶段（20 世纪 50—60 年代）。第一代网络技术诞生于 20 世纪 50 年代的美国，是以单个计算机为中心的远程联机系统。典型应用是由一台计算机和大概 2 000 多个终端组成的飞机订票系统。

第二阶段：形成阶段（20 世纪 60—70 年代）。第二代网络技术由单个计算机为中心进入以分组交换网为中心。典型代表是 1969 年美国国防部高级研究计划局开始建立的仅包含 4 个节点的网络——阿帕网（ARPAnet）。

第三阶段：互联互通阶段（20 世纪 80—90 年代）。ARPAnet 兴起之后，不同厂商产品之间互联互通的迫切需求推动了传输控制协议/网际协议（Transmission Control Protocol/Internet Protocol，TCP/IP）体系结构和国际标准化组织（International Organization for Standardization，ISO）的开放系统互连（Open System Interconnection，OSI）体系结构的发展和应用，也标志着第三代互联网络的形成。

第四阶段：高速发展阶段（20 世纪 90 年代至今）。第四代计算机网络以快速分组交换技术、光纤分布式数字接口、千兆以太网、移动通信技术、互联网协议第六版（Internet Protocol Version 6，IPv6）等一系列新型网络技术的广泛应用为标志，推动互联网空前发展。

2. 数字经济时代的网络技术——工业互联网

（1）工业互联网相关概念

第一，工业互联网概念。"工业互联网（Industrial Internet）"的概念最早由美国通用电气公司于 2012 年提出，随后美国 5 家企业联手组建了工业互联网联盟（Industrial Internet Consortium，IIC），将这一概念大力推广开来。除了通用电气公司这样的制造业巨头，加入该联盟的还有 IBM、思科、英特尔和 AT&T 等 IT 企业。

总而言之，工业互联网是物联网与以制造业为代表的工业经济深度融合的新型基础设施、应用模式和工业生态，通过全面连接人、机、物、系统等，构建起覆盖全产业链、全价值链的全新制造和服务体系，为工业乃至产业数字化、网络化、自动化、智能化发展提供实现途径，是第四次工业革命的重要基石。

工业互联网不是互联网或者物联网在工业上的简单应用，而是具有更为丰富的内涵和外延。它以网络为基础，以平台为中枢，以数据为要素，以安全为保障，既是工业数字化、网络化、智能化转型的基础设施，也是互联网、大数据、人工智能与实体经济深度融合的应用模式，同时也是一种新业态、新产业，将重塑企业形态、供应链和产业链。工业互联网的本质是通过开放的、全球化的工业级网络平台把设备、生产线、工厂、供应商、产品和客户紧密地连接和融合起来，高效共享工业经济中的各种要素资源，从而通过自动化、智能化的生产方式降低成本、增加效率，帮助制造业延长产业链，推动制造业转型发展。

当前，工业互联网融合应用向国民经济重点行业广泛拓展，形成平台化设计、智能化制造、网络化协同、个性化定制、服务化延伸、数字化管理 6 大新模式，赋能、赋智、赋值作用不断显现，有力地促进了实体经济提质、增效、降本、绿色、安全发展。

第二，工业互联网体系框架。工业互联网体系框架由 3 部分构成，如图 5.1 所示。

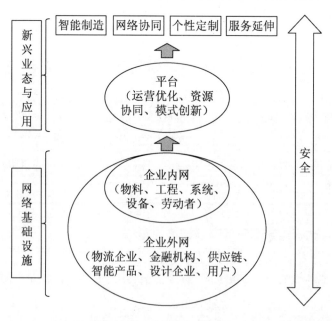

图 5.1　工业互联网体系框架

一是网络。网络体系是构建工业互联网的基础，分为企业内网和企业外网。工业互联网把连接对象从人延伸到工业系统的全要素，包括产业链、价值链等，实现人、物料、设备、工厂及企业等生产要素，这是企业内网；企业外网是将工业系统当中的设计、研发、生产管理、服务等环节深度互联，利用射频识别（Radio Frequency Identification，RFID）技术来实现机器、物料的标识、定位、信息查询等，将全球工业系统和企业生产系统互联，实现企业产品全生命周期管理等系列解决方案。

二是平台。平台体系被认为是工业互联网的核心。工业互联网平台可以实现海量数据的整理与分析，同时可以实现工业制造能力的标准化服务，将工业经验与知识在平台上实现软件化和模块化。同时，基于平台体系，平台内的企业还可以开发多种工业应用APP，实现深度互联。因此，工业互联网平台被视为全要素连接枢纽、资源的配置中心，体现智能制造的大脑功能。

三是安全。工业互联网的第三个体系是安全体系。安全体系是工业互联网的保障，其能通过系统提升设备、网络、控制、应用和数据五个方面的安全保障能力来识别、抵御安全威胁，化解安全风险。

第三，工业互联网生态体系。基于上述工业互联网体系框架，实际上，整个工业互联网体系主要是围绕数据的采集、传输、存储和处理以及分析与应用来搭建整个生态体系的，如图 5.2 所示。

因此，区别于物联网，在工业互联网发展过程中，数据变得格外重要。随着远距离无线电（Long Range Radio，LoRa）和窄带物联网（Narrow Band Internet of Things，NB-IoT）两项技术的推广，物联网领域通信技术问题获得重大突破，解决了长久掣肘物联网发展的问题，行业迅速由概念向应用落地。而随着工业互联网的实际应用与蓬勃发展，供应商对更复杂的设备和机械以及构建它们所需要的电子元器件的需求与日俱增，这是当今制造业普遍存在的趋势。

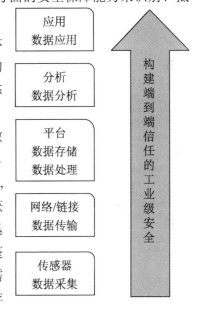

图 5.2　工业互联网生态体系

第四，工业互联网平台解决方案。要想理解工业互联网平台解决方案的特点与优势，就要将其与传统工业 IT 架构解决方案进行对比。

从技术架构角度出发，传统工业 IT 架构采用的是封闭大系统、垂直紧耦合架构及专用接口或中间件，会出现系统开发周期长、整体升级成本高、只能本地部署等问题；而工业互联网平台采用的是"大平台+小 App"、分层/微服务架构及开放应用程序接口（Application Programming Interface，API），具备系统开发敏捷、可小范围升级业务逻辑、"边缘+云端部署"等优势。从工业数据角度出发，传统架构存在数据获取来源有限、独立系统等问题，容易形成"信息孤岛"；而工业互联网平台则可利用更具广度和深度的数据采集及在线实时管理和应用等优势，整合和集成数据资源。从工业应用角度出发，传统架构存在工业知识依靠老师傅经验、工业知识空白、工业知识被封装在工业软件里无法复用、只能开发面向流程的共用软件系统等问题；而工业互联网平台则可将经验知识固化成平台核心资源，将应用解耦成工业机理模型并灵活组合和管理，同时基于数据和新技术也易于形成新知识、面向独特角色的专用 App。从价值模式角度出发，传统架构存在线性价值链导致的资源自用、技术创新周期长等问题；而工业互联网平台则依托互联互通的价值网络更便于资源开放共享、技术创新快速迭代。

（2）工业互联网应用

因其无可替代的优势，工业互联网目前已延伸至 40 个国民经济大类，涉及原材料、装备、消费品、电子信息等制造业各大领域，以及采矿、电力、建筑等实体经济重点产业，实现更大范围、更高水平、更深程度发展，形成了千姿百态的融合应用实践。

一是钢铁行业。钢铁行业是国民经济支柱产业，制造流程长、工序多、生产分段连续，并且面临生产运营增效难、产能严重过剩、节能绿色低碳压力大、本质安全水平较低等痛点。为此，中国宝武、鞍钢集团、马钢集团等企业应用工业互联网积极探索生产工艺优化、多工序协同优化、多基地协同、产融结合等典型应用场景，一方面通过数据深度分析带动生产效率、质量和效益提升，另一方面实现多区域、多环节、多业务系统的协同响应与综合决策，通过模式创新实现新价值创造和新动能培育。

二是工程机械行业。工程机械行业作为国民经济的重要行业，为建筑、制造、采矿等行业提供生产所需机械装备和基础工具，具有产品多样、生产过程离散、供应链复杂的特征，同时也面临着生产效率不高、产品运维能力弱和行业同质化竞争严重等行业痛点。三一重工、徐工集团和中联重科等工程机械龙头企业积极应用工业互联网加快企业数字化转型。通过工业互联网进行设备预测性维护、远程可视化管理，不仅降低了设备运维成本，提高了生产资源的动态配置效率，而且在此基础上延伸出供应链金融、融资租赁等服务模式，实现"制造+服务"，带来新的增长空间。

三是家电行业。家电行业具有技术更新速度快、产品研发周期短、产品同质化程度高等特点，当前主要面临个性化需求较难满足、生产精度效率要求高、订单交付周期长、质量管控力度不足、库存周转压力大等核心需求痛点。格力、海尔、美的、TCL 等轻工家电企业依托工业互联网开展规模化定制、产品设计优化、质量管理、生产监控分析及设备管理等应用探索，提升用户交互体验、品质一次合格率与生产效率，节省设备运维成本，满足客户个性化需求。

四是电子信息行业。电子信息行业属于知识、技术密集型产业，产品细分种类多、生产周期短、迭代速度快，对品质管控、标准化操作与规范化管理、市场敏捷化响应等要求较高。中国电子、华为、中兴等企业通过工业互联网开展设备可视化管理、产品合格率提升、库存管理优化、全流程调度优化和多工厂协同等典型应用探索，一方面通过机器视觉、大数据分析等新技术提升质量管理、设备故障诊断、产品库存管理等环节效率，另一方面通过建设互联工厂实现企业级决策优化和需求敏捷响应。

五是采矿行业。采矿行业是采掘、开发自然界能源或将自然资源加工转换为燃料、动力的工业，当前主要面临资源紧缺、安全监管与环保压力大、设备实时监管与精细化管理要求高等痛点。山西潞安新元煤矿、陕煤集团小保当煤矿、山东黄金三山岛金矿、内蒙古白云鄂博稀土矿等矿产开采充分利用"5G+工业互联网"，开展智能采掘与生产控制、环境监测与安全防护、井下巡检等，把人从危险繁重的工作环境中解放出来，促进了采矿行业绿色、安全生产。

六是电力行业。电力行业利用"5G+工业互联网"与发、输、变、配、用全环节融合，形成新型控制监测网络，优化流程工艺，大幅减少碳排放，降低了清洁能源并网的不确定性，同时提升电动汽车和微电网等主体的接入能力，降低了上下游企业和用能客户的成本。中国华能、南方电网、国家电网、正泰集团、特变电工等发电侧、电网侧和用电侧企业及机构纷纷开展探索，形成发电侧设备预警与节能增效、电网侧调度优化与全流程集成管控、用电侧服务提质与用电策略优化等典型应用模式，分别实现设备故障提前预测和主动维修、电能量数据可测和用电成本降低。

七是建筑行业。建筑行业具有项目建设周期长、资金投入大、项目关联方管理复杂、人员流动性强等特点，未来将走向以工业互联网、建筑信息模型（Building Information Modeling，BIM）等技术综合应用支撑下的工业化、智能化、绿色化。中建科工、广联达、三一筑工、北京建谊等企业利用工业互联网，探索数字化协同设计与集成交付、虚实融合的施工协同管理、装配式建筑智能制造等应用，实现建设项目全过程的虚拟执行和优化调整，大幅提升设计效率、施工质量、成本进度控制和安全施工水平。另外，面向建筑本身能耗优化、安全应急和访问控制等需求，部分建筑企业通过工业互联网开展能耗管理、资产监测运维、虚拟演练等应用探索，实现智能化安全化运行。

（3）我国工业互联网发展建设情况

现阶段我国工业互联网发展建设情况包括 3 个方面。

第一，我国工业互联网发展建设顶层设计。我国高度重视工业互联网建设，自 2015 年国务院发布《中国制造 2025》以来，我国接连发布多份有关工业互联网发展建设的政策文件，如表 5.1 所示。

表 5.1　2015—2019 年我国发布的工业互联网相关政策文件

发 布 时 间	发 布 单 位	政策文件名称
2015-05-19	国务院	《中国制造2025》
2015-12-30	工业和信息化部、国家标准化管理委员会	《国家智能制造标准体系建设指南（2015年版）》
2016-03-21	工业和信息化部	《制造业单项冠军企业培育提升专项行动实施方案》
2016-05-20	国务院	《国务院关于深化制造业与互联网融合发展的指导意见》
2016-11-03	工业和信息化部	《信息化和工业化融合发展规划（2016—2020）》
2017-10-27	工业和信息化部等16部委	《关于发挥民间投资作用推进实施制造强国战略的指导意见》
2017-11-27	国务院	《国务院关于深化"互联网+先进制造业"发展工业互联网的指导意见》
2017-12-29	工业和信息化部	《工业控制系统信息安全行动计划（2018—2020年）》

发 布 时 间	发 布 单 位	政策文件名称
2018-02-24	工业和信息化部	《国家制造强国建设领导小组关于设立工业互联网专项工作组的通知》
2018-05-11	工业和信息化部	《工业互联网APP培育工程实施方案（2018—2020年）》
2018-06-07	工业和信息化部	《工业互联网发展行动计划（2018—2020年）》
2018-06-07	工业和信息化部	《工业互联网专项工作组2018年工作计划》
2018-07-19	工业和信息化部	《工业互联网平台建设及推广指南》
2018-07-19	工业和信息化部	《工业互联网平台评价方法》
2018-08-14	工业和信息化部、国家标准化管理委员会	《国家智能制造标准体系建设指南（2018年版）》
2019-01-18	工业和信息化部	《工业互联网网络建设与推广指南》
2020-03-20	工业和信息化部	《工业和信息化部办公厅关于推动工业互联网加快发展的通知》
2021-01-13	工业和信息化部	《工业互联网创新发展行动计划（2021—2023年）》
2021-11-17	工业和信息化部、国家标准化管理委员会	《国家智能制造标准体系建设指南（2021年版）》

尤其是 2017 年发布的《国务院关于深化"互联网+先进制造业"发展工业互联网的指导意见》，对工业互联网建设目标提出了"三步走"的战略规划。

第一步，到 2025 年，基本形成具备国际竞争力的基础设施和产业体系。覆盖各地区、各行业的工业互联网网络基础设施基本建成。工业互联网标识解析体系不断健全并规模化推广。形成 3～5 个达到国际水准的工业互联网平台。产业体系较为健全，掌握关键核心技术，供给能力显著增强，形成一批具有国际竞争力的龙头企业。基本建立起较为完备可靠的工业互联网安全保障体系。新技术、新模式、新业态大规模推广应用，推动两化融合迈上新台阶。

第二步，到 2035 年，建成国际领先的工业互联网网络基础设施和平台，形成国际先进的技术与产业体系，工业互联网全面深度应用并在优势行业形成创新引领能力，安全保障能力全面提升，重点领域实现国际领先。

第三步，到 21 世纪中叶，工业互联网网络基础设施全面支撑经济社会发展，工业互联网创新发展能力、技术产业体系以及融合应用等全面达到国际先进水平，综合实力进入世界前列。

紧随战略规划，2020 年印发的《工业和信息化部办公厅关于推动工业互联网加快发展的通知》，要求各有关单位要加快新型基础设施建设、加快拓展融合创新应用、加快健全安全保障体系、加快壮大创新发展动能、加快完善产业生态布局、加大政策支持力度；"深入贯彻习近平总书记在统筹推进新冠肺炎疫情防控和经济社会发展工作部署会议上的重要讲话精神，落实中央关于推动工业互联网加快发展的决策部署，统筹发展与安全，推动工业互联网在更广范围、更深程度、更高水平上融合创新，培植壮大经济发展新动能，支撑实现高质量发展"。

2021 年，工业和信息化部印发的《工业互联网创新发展行动计划（2021—2023 年）》提出，到 2023 年，我国工业互联网新型基础设施建设量质并进，新模式、新业态大范围推广，产业综合实力显著提升；新型基础设施进一步完善，融合应用成效进一步彰显，技术创新能力进一步提升，产业发展生态进一步健全，安全保障能力进一步增强。该行动计划明确将开展网络体系强基行动、标识解析增强行动、平台体系壮大行动、数据汇聚赋能行动、新型模式培育行动、融通应用深化行动、关键标准建设行动、技术能力提升行动、产业协同发展行动、安全保障强化行动、开放合作深化行动共 11 项重点任务。

上述政策文件的出台，标志着我国在工业互联网领域已经形成了有目标、有规划、有阶段实施步骤、有阶段具体举措的发展顶层设计。

第二，国家顶级节点支撑工业互联互通。工业互联网相关节点分为国际根节点、国家顶级节点、二级标识解析节点及公共递归解析节点。其中，国际根节点能够面向全球范围不同国家、不同地区提供根区数据管理和根解析服务；二级标识解析节点能够面向行业提供注册和解析服务；公共递归解析节点能够面向企业、大众提供注册和解析服务。建立在这 3 个节点基础上，国家顶级节点是我国工业互联网标识解析体系的关键，既是对外互联的国际关口，也是对内统筹的核心枢纽。未来，我国国家顶级节点对外将逐步引入和完善多种工业互联网标识解析国际根节点；对内将在二级标识解析节点层面选择汽车、机械制造、航天、传播、电子、食品等优势行业逐步构建一批行业性二级节点，在公共递归解析节点层面通过缓存等手段提升服务性能。通过内外并进，发挥国家顶级节点作用，支撑工业互联互通。

第三，5G 助力工业互联网发展建设。过去，由于工业界采用的无线通信协议众多且各有不足、相对封闭，所以设备间互联互通非常困难，严重制约设备上云。上述问题结合工业行业所呈现的"大行业+小企业"的分布特点，导致工业行业内企业信息化水平参差不齐，急需行业内的广泛合作实现互联互通、提高整个行业信息化水平，从而实现整个行业的转型升级。

而随着 5G 时代的到来，5G 凭借其感知泛在、连接泛在、智能泛在的特点，低时延、高可靠、高峰值速率、高连接数等优势逐渐成为工业互联网的网络基石。我国紧紧抓住了 5G 发展的契机，通过 5G 技术与人工智能、图像分析、自动控制、增强现实（Augmented Reality，AR）/虚拟现实（Virtual Reality，VR）等技术的结合运用，创新出包括机器视觉、远程控制、远程现场三大类工业应用场景，有效提升了工业设备的感知力，加快了工业行业生产速率，加强了对生产场景的现场控制，极大地助力了工业腾飞。

而在未来，我国工业互联网发展将呈现 7 大趋势：一是工业数据从信息割据到无边界流通；二是信息化工具从单机软件到工业 App；三是基于工业互联网平台实现协同研发设计模式；四是通过工业互联网变革管理模式；五是通过工业互联网手段实现数字孪生；六是基于工业互联网平台实现工业产品远程运维模式；七是开启产融合作创新模式。

3．网络技术的重要支撑——宽带技术

（1）宽带的概念

宽带是一种在基本电子和电子通信上使用多种频率同时发送大量电子消息的互联网接入技术；也是一种与窄带相对的描述方式，是指频率范围愈大（带宽愈高）时，能够发送的数据也相对增加。同样是以电话线作为信号传递的介质，窄带的调制解调器只能够每秒钟发送 64 kbps 的数据，而宽带的非对称数字用户线路（Asymmetric Digital Subscriber Line，ADSL）和光纤调制解调器则能够提供更高的发送速率。

（2）我国宽带发展建设情况

数字经济的全面爆发在使宽带网络支撑能力日渐凸显的同时，也使宽带成为当前经济和社会发展中不可或缺的战略性基础设施。同时，随着光纤宽带接入技术的进步及高带宽业务的应用，千兆宽带成为全球宽带发展的焦点。截至 2021 年 3 月底，全球已有 64 个国家或地区的 154 家网络运营商开始提供 5G 商用服务，5G 网络覆盖人口达到 15.62%。固定宽带方面，千兆光纤升级是发展重点，全球已有超过 57 个国家的 234 家运营商发布了千兆宽带服务。

我国在 2011 年"宽带中国"战略的基础上，2019 年在《政府工作报告》中明确提出，将逐步开展城市千兆带宽入户示范，改造提升远程教育、远程医疗网络，让用户切实感受到网速更快更稳定。2019 年国务院常务会议上进一步提出了当年度"实现光纤到户接入端口占比超过 90%，在 300 个以上城市部署千兆宽带接入网络，推动固定和移动宽带迈入千兆时代"。2021 年工业和信息化部发布的《"双千兆"网络协同发展行动计划（2021—2023 年）》，进一步明确"用三年时间，基本建成全面覆盖城市地区和有条件乡镇的双千兆网络基础设施，实现固定和移动网络普遍具备'千兆到户'能力。千兆光网和 5G 用户加快发展，用户体验持续提升"；到 2021 年底"千兆光纤网络具备覆盖 2 亿户家庭的能力，万兆无源光网络（10G-PON）及以上端口规模超过 500 万个，千兆宽带用户突破 1 000 万户""建成 20 个以上千兆城市"等千兆网发展具体目标。

截至目前，中国已经有 70 家省级电信运营商推出了千兆宽带商用套餐，千兆用户数达到 643 万户，宽带基础设施建设稳步推进。以千兆网为代表的宽带网络基础设施在拉动有效投资、促进信息消费等方面发挥重要作用，并带动智慧家庭、游戏、社交网络、云桌面、平安城市、企业上云、在线教育、远程医疗、智能制造、智能交通、智能配电等数字产业迅猛发展、传统产业数字化高速发展。

5.2.3　移动通信技术

1．移动通信技术历史发展进程

（1）第一代移动通信技术（20 世纪 80 年代）

第一代移动通信技术（The 1st Generation Mobile Communication Technology，1G）是指最初的模拟、仅限语音的蜂窝电话技术，产生于 20 世纪 80 年代。1G 主要采用的是模拟技术和频分多址技术，由于受到传输带宽的限制，不能进行移动通信的长途漫游，只能实现区域性的移动通信系统。

1G 有多种制式，我国主要采用的是 TACS。除此之外，还有应用于东欧及俄罗斯的 Nordic 移动电话（Nordic Mobile Telephone，NMT）、美国的高级移动电话系统（Advanced Mobile Phone System，AMPS）、英国的总访问通信系统（Total Access Communications System，TACS）等。由于容量有限、制式太多、互不兼容、保密性差、通话质量不高、不能提供数据业务和不能提供自动漫游等问题，1G 已被淘汰。

（2）第二代、第三代移动通信技术（20 世纪 90 年代）

第二代、第三代移动通信技术均诞生于 20 世纪 90 年代。其中，第二代移动通信技术（2G）是以数字语音传输技术为核心，无法直接传送如电子邮件、软件等信息，只具备通话和短信等简单传送功能的手机通信技术，具体包括全球移动通信系统（Global System for Mobile Communications，GSM）、数字先进移动电话服务（D-AMPS）、日本数字蜂窝系统（Japan Digital Cellular System，JDCS）和基于码分多址（Code Division Multiple Access，CDMA）的 IS-95 CDMA 等窄带系统。

相对 2G，第三代移动通信技术（3G）是指将无线通信与国际互联网等多媒体通信结合的新一代移动通信技术。它能够处理图像、音乐、视频流等多种媒体形式，提供包括网页浏览、电话会议、电子商务等多种信息服务，主要包括中国的时分同步码分多址（Time Division-Synchronous Code Division Multiple Access，TD-SCDMA）技术、欧洲的宽带码分多址（Wideband Code Division Multiple Access，WCDMA）技术和美国的 CDMA 2000 技术。

（3）第四代移动通信技术（21 世纪）

第四代移动通信技术（4G）是在 3G 技术基础上的一次改良，其相较于 3G 来说具备一个更大的优势，就是将无线局域网（Wireless Local Area Network，WLAN）与 3G 相结合，使图像的传输速度更快、质量更好，上网速度更加迅速。其主要包括正交频分复用（Orthogonal Frequency Division Multiplexing，OFDM）技术、多进多出（Multiple-In Multiple-Out，MIMO）技术、智能天线技术及软件定义无线电（Software Defined Radio，SDR）技术。

2. 数字经济时代的移动通信技术——5G

（1）5G 的概念

5G 是具有高速率、低时延和大连接特点的新一代宽带移动通信技术，是实现人、机、物互联的网络基础设施。

国际电信联盟（International Telecommunication Union，ITU）定义了 5G 的 3 大类应用场景，即增强移动宽带（enhanced Mobile Broadband，eMBB）、超高可靠低时延通信

（ultra-Reliable and Low-Latency Communication，uRLLC）和海量机器类通信（massive Machine Type of Communication，mMTC）。增强移动宽带主要面向移动互联网流量爆炸式增长，为移动互联网用户提供更加极致的应用体验；超高可靠低时延通信主要面向工业控制、远程医疗、自动驾驶等对时延和可靠性具有极高要求的垂直行业应用需求；海量机器类通信主要面向智慧城市、智能家居、环境监测等以传感和数据采集为目标的应用需求。

为满足 5G 多样化的应用场景需求，5G 的关键性能指标更加多元化。ITU 定义了 5G 的八大关键性能指标，其中高速率、低时延、大连接成为 5G 最突出的特征，用户体验速率达 1Gbps，时延低至 1 毫秒，用户连接能力达 100 万连接/平方千米。

（2）5G 应用

当前，5G 被广泛应用于社会生产生活中，至少具有 9 个应用领域。

一是工业领域。以 5G 为代表的新一代移动通信技术与工业经济深度融合，为工业乃至产业数字化、网络化、智能化发展提供了新的实现途径。5G 在工业领域的应用涵盖研发设计、生产制造、运营管理及产品服务 4 个大的工业环节，主要包括 16 类应用场景，分别为 AR/VR 研发实验协同、AR/VR 远程协同设计、远程控制、AR 辅助装配、机器视觉、AGV 物流、自动驾驶、超高清视频、设备感知、物料信息采集、环境信息采集、AR 产品需求导入、远程售后、产品状态监测、设备预测性维护、AR/VR 远程培训。当前，机器视觉、AGV、超高清视频等场景已取得了规模化复制的效果，实现"机器换人"，大幅降低了人工成本，有效提高了产品检测准确率，达到了生产效率提升的目的。未来，远程控制、设备预测性维护等场景预计将会产生较高的商业价值。

以钢铁行业为例，5G 技术赋能钢铁制造，实现钢铁行业智能化生产、智慧化运营及绿色发展。在智能化生产方面，5G 网络的低时延特性可实现远程实时控制机械设备，在提高运维效率的同时，促进厂区无人化转型；借助 5G+AR 眼镜，专家可在后台对传回的 AR 图像进行文字、图片等多种形式的标注，实现对现场运维人员的实时指导，提高运维效率；5G+大数据，可对钢铁生产过程的数据进行采集，实现钢铁制造主要工艺参数在线监控、在线自动质量判定，实现生产工艺质量的实时掌控。在智慧化运营方面，5G+超高清视频可实现钢铁生产流程及人员生产行为的智能监管，及时判断生产环境及人员操作是否存在异常，提高生产安全性。在绿色发展方面，借助 5G 大连接特性来采集钢铁行业各生产环节的能源消耗和污染物排放数据，可协助钢铁企业找出问题严重的环节并进行工艺优化和设备升级，降低能耗成本和环保成本，实现清洁低碳的绿色化生产。

5G 在工业领域丰富的融合应用场景将为工业体系变革带来极大潜力，使能工业智能化、绿色化发展。"5G+工业互联网"工程实施以来，行业应用水平不断提升，从生产外围环节逐步延伸至研发设计、生产制造、质量检测、故障运维、物流运输、安全管理等核心环节，在电子设备制造、装备制造、钢铁、采矿、电力 5 个行业率先发展，培育形成协同研发设计、远程设备操控、设备协同作业、柔性生产制造、现场辅助装配、机器视觉质检、设备故障诊断、厂区智能物流、无人智能巡检、生产现场监测 10 个典型应用场景，助力企业降本提质和安全生产。

二是车联网与自动驾驶领域。5G+车联网助力汽车、交通应用服务的智能化升级。5G 网络的大带宽、低时延等特性，支持实现车载 VR 视频通话、实景导航等实时业务。借助于蜂窝车联网（Cellular Vehicle-to-Everything，C-V2X）的低时延、高可靠和广播传输特性，车辆可实时对外广播自身定位、运行状态等基本安全消息，交通灯或电子标志标识等可广播交通管理与指示信息，支持实现路口碰撞预警、红绿灯诱导通行等应用，显著提升车辆行驶安全和出行效率，后续还将支持实现更高等级、更复杂场景的自动驾驶服务，如远程遥控驾驶、车辆编队行驶等。5G 网络可支持港口岸桥区的自动远程控制、装卸区的自动码货以及港区的车辆无人驾驶应用，显著降低 AGV 控制信号的时延以保障无线通信质量与作业可靠性，可使智能理货数据传输系统实现全天候全流程的实时在线监控。

三是能源领域。在电力领域，能源电力生产包括发电、输电、变电、配电、用电 5 个环节，目前 5G 在电力领域的应用主要面向输电、变电、配电、用电四个环节，应用场景主要涵盖采集监控类业务及实时控制类业务，包括输电线无人机巡检、变电站机器人巡检、电能质量监测、配电自动化、配网差动保护、分布式能源控制、高级计量、精准负荷控制、电力充电桩等。当前，基于 5G 大带宽特性的移动巡检类业务较为成熟，可实现应用复制推广，通过无人机巡检、机器人巡检等新型运维业务的应用，促进监控、作业、安防向智能化、可视化、高清化升级，大幅提升输电线路与变电站的巡检效率；配网差动保护、配电自动化等控制类业务现处于探索验证阶段，未来随着网络安全架构、终端模组等问题的逐渐成熟，控制类业务将会进入高速发展期，提升配电环节故障定位精准度和处理效率。

在煤矿领域，5G 应用涉及井下生产与安全保障两大部分，应用场景主要包括作业场所视频监控、环境信息采集、设备数据传输、移动巡检、作业设备远程控制等。例如，煤矿利用 5G 实现地面操作中心对井下综采面采煤机、液压支架、掘进机等设备的远程控制，可以大幅减少原有线缆维护量及井下作业人员；在井下机电硐室等场景部署 5G 智能巡检机器人，实现机房硐室自动巡检，可以极大提高检修效率；在井下关键场所部署 5G 超高清摄像头，可以实现环境与人员的精准实时管控。相关应用实践经验已逐步开始规模推广。

四是教育领域。5G 在教育领域的应用主要围绕智慧课堂及智慧校园两方面开展。5G+智慧课堂，凭借 5G 低时延、高速率特性，结合 VR/AR/全息影像等技术，可实现实时传输影像信息，为两地提供全息、互动的教学服务，提升教学体验；5G 智能终端可通过 5G 网络收集教学过程中的全场景数据，结合大数据及人工智能技术，构建学生的学情画像，为教学等提供全面、客观的数据分析，提升教育教学精准度。5G+智慧校园，基于超高清视频的安防监控可为校园提供远程巡考、校园人员管理、学生作息管理、门禁管理等应用，解决校园陌生人进校、危险探测不及时等安全问题，提高校园管理效率和水平；基于人工智能图像分析、地理信息系统（Geographic Information System，GIS）等技术，可对学生出行、活动、饮食安全等环节提供全面的安全保障服务，让家长及时了解学生的在校位置及表现，打造安全的学习环境。

五是医疗领域。5G 通过赋能现有智慧医疗服务体系，提升远程医疗、应急救护等服务能力和管理效率，并催生 5G+远程超声检查、5G+重症监护等新型应用场景。

5G+超高清远程会诊、5G+远程影像诊断、5G+移动医护等应用为现有智慧医疗服务体系增加了 5G 网络能力，可以极大提升远程会诊、医学影像、电子病历等数据传输速度和服务保障能力。在 2020 年抗击新冠肺炎疫情期间，中国人民解放军总医院联合相关单位快速搭建 5G 远程医疗系统，提供远程超高清视频多学科会诊、远程阅片、床旁远程会诊、远程查房等应用，支援湖北新冠肺炎危重症患者救治，有效缓解抗疫一线医疗资源紧缺问题。

5G+应急救护等应用能够在急救人员、救护车、应急指挥中心、医院之间快速构建 5G 应急救援网络，在救护车接到患者的第一时间，将病患体征数据、病情图像、急症病情记录等以毫秒级速度，无损实时传输到医院，帮助院内医生做出正确指导并提前制订抢救方案，实现患者"上车即入院"的愿景。

5G+远程手术、5G+重症监护等治疗类应用正在探索攻关，由于其容错率极低，并涉及医疗质量、患者安全、社会伦理等复杂问题，其技术应用的安全性、可靠性需进一步研究和验证，预计短期内难以在医疗领域实际应用。

六是文旅领域。5G 在文旅领域的创新应用将助力文化和旅游行业步入数字化转型的快车道。5G+智慧文旅应用场景主要包括景区管理、游客服务、文博展览、线上演播等环节。5G+智慧景区可实现景区实时监控、安防巡检和应急救援，同时可提供 VR 直播观景、沉浸式导览及 AI 智慧游记等创新体验。可以大幅提升景区管理和服务水平，解决景区同质化发展等痛点问题。5G+智慧文博可支持文物全息展示、5G+VR 文物修复、沉浸式教学等应用，赋能文物数字化发展，深刻阐释文物的多元价值，推动人才团队建设。5G+云演播融合 4K/8K、VR/AR 等技术，实现传统曲目线上线下高清直播，支持多屏多角度沉浸式观赏体验。5G 云演播打破了传统艺术演艺方式，让传统演艺产业焕发了新生。

七是智慧城市领域。5G 助力智慧城市在安防、巡检、救援等方面提升管理与服务水平。在城市安防监控方面，结合大数据及人工智能技术，5G+超高清视频监控可实现对人脸、行为、特殊物品、车等的精确识别，形成对潜在危险的预判能力和对紧急事件的快速响应能力。在城市安全巡检方面，5G 结合无人机、无人车、机器人等安防巡检终端，可实现城市立体化智能巡检，提高城市日常巡查的效率；在城市应急救援方面，5G 通信保障车与卫星回传技术可实现建立救援区域海陆空一体化的 5G 网络覆盖。5G+VR/AR 可协助中台应急调度指挥人员能够直观、及时了解现场情况，更快速、更科学地制订应急救援方案，提高应急救援效率。目前公共安全和社区治安成为城市治理的热点领域，以远程巡检应用为代表的环境监测也将成为城市发展的关注重点。未来，城市全域感知和精细管理成为必然发展趋势，仍需长期持续探索。

八是信息消费领域。5G 在给垂直行业带来变革与创新的同时，也孕育了新兴信息产品和服务，改变了人们的生活方式。在 5G+云游戏方面，5G 可实现将云端服务器上渲染压缩后的视频和音频传送至用户终端，解决了云端算力下发与本地算力不足的问题，解除了游戏优质内容对终端硬件的束缚和依赖，对于消费端成本控制和产业链降本增效起到了积极的推动作用。在 5G+4K/8K VR 直播方面，5G 技术可解决网线组网烦琐、传统无线网络带宽不足、专线开通成本高等问题，可满足大型活动现场海量终端的连接需求，并带给观众超高清、沉浸式的视听体验；5G+多视角视频，可实现同时向用户推送多个独立的视角画面，用户可自行选择视角观看，带来更自由的观看体验。在智慧商业综合体领域，5G+AI 智慧导航、5G+AR 数字景观、5G+VR 电竞娱乐空间、5G+VR/AR 全景直播、5G+VR/AR 导购及互动营销等应用已开始在商圈及购物中心落地应用，并逐步规模化推广。未来随着 5G 网络的全面覆盖以及网络能力的提升，5G+沉浸式云扩展现实（Extended Reality，XR）、5G+数字孪生等应用场景也将实现，让购物消费更具活力。

九是金融领域。金融科技相关机构正积极推进 5G 在金融领域的应用探索，应用场景多样化。银行业是 5G 在金融领域落地应用的先行军，5G 可为银行提供整体的改造。前台方面，综合运用 5G 及多种新技术，实现了智慧网点建设、机器人全程服务客户、远程业务办理等；中后台方面，通过 5G 可实现"万物互联"，从而为数据分析和决策提供辅助。除银行业外，证券、保险和其他金融领域也在积极推动"5G+"发展，5G 开创的远程服务等新交互方式为客户带来全方位数字化体验，线上即可完成证券开户核审、保险查勘定损和理赔，使金融服务不断走向便捷化、多元化，带动了金融行业的创新变革。

（3）我国 5G 发展建设情况

在 4G 时代，根据 OpenSignalMaps 的相关数据，截至 2017 年底，韩国、日本、挪威、美国及中国香港地区的 4G 网络覆盖率达到 95%。为赶超世界互联网发展的步伐，2018 年我国在基础设施建设方面实现了全国光纤用户占比达 88%、4G 网络覆盖率达 95%的巨大成就。

成就并未让我国停滞不前。当今是数字经济的时代，也是 5G 的时代。和 4G 相比，5G 具有更强的功能、更高的速率、更高的可靠性和更低的时延，在带给消费者 VR、超高清视频等更佳网络体验的同时，也将更好地支撑各类数字产业及产业数字化转型，提供质量更好的通信服务，并实现万物互联。虽然对于移动通信领域来说，我国是后来者，但在 5G 技术上，我国是世界先行者，并取得了比 4G 时代更大、更全面的基础设施建设成就。

2015 年初，我国正式启动 5G 研发技术实验；2016 年，华为极化码方案纳入 5G 国际标准。2021 年，工业和信息化部发布了《"双千兆"网络协同发展行动计划（2021—2023 年）》，提出了"5G 用户加快发展，用户体验持续提升"；到 2021 年年底"5G 网络基本实现县级以上区域、部分重点乡镇覆盖，新增 5G 基站超过 60 万个"等具体目标。

截至 2021 年底，我国已累计建成并开通 5G 基站 142.5 万个，占全球 60%以上，每万人拥有 5G 基站数达到 10.1 个；5G 网络已覆盖所有地级市城区、超过 98%的县城城区和 80%的乡镇镇区，5G 移动电话用户已达到 3.55 亿户；5G 直接带动经济总产出 1.3 万亿元，直接带动经济增加值约 3 000 亿元。

5.2.4　新一代数字技术及其基础设施建设

随着数字产业化深入发展，作为数字产业化基础的数字技术也迎来了变革性进步，基于计算机技术、网络技术及移动通信技术诞生了新一代数字技术——云计算、边缘计算、物联网、人工智能、区块链及大数据。

1．云计算技术

（1）云计算相关概念

第一，云计算的概念。随着计算机的普及和大数据时代的来临，政府、企业和个人对计算量、数据分析、系统快速构建和资源快速分配的要求越来越高。与此同时，由于计算机更新速度的提高，不同业务间计算需求的差异及双机安全保障的需要，个人或社会团体若独立安装计算服务器，成本巨大。为解决上述问题，云计算应运而生。

云计算（Cloud Computing）是分布式计算的一种，指的是通过网络"云"将巨大的数据计算处理程序分解成无数个小程序，然后，通过多部服务器组成的系统对这些小程序进行处理和分析，得到结果并返回给用户。云计算早期就是简单的分布式计算，包括解决任务分发计算及计算结果合并两部分，因而又称为网格计算。通过这项技术，可以在很短的时间内（几秒钟）完成对数以万计数据的处理，实现强大的网络服务。现阶段所说的云计算已不单单是一种分布式计算，而是分布式计算、效用计算、负载均衡、并行计算、网络存储、热备份冗杂和虚拟化等计算机技术混合演进并跃升的结果。

第二，云计算的服务模式。目前，云计算的服务模式可分为以下 3 类。

一是基础设施即服务（Infrastructure as a Service，IaaS）。IaaS 位于云服务的底部，提供基本的计算和存储功能。云计算提供商拥有数万台服务器，用户可通过互联网"租用"服务器以满足他们的需求。

采用这种方式，非 IT 公司不必花大量资金来购买更新淘汰速度极快的服务器，也不必雇用大量 IT 员工。同时，通过使用自动化技术，云服务还可以根据用户的业务量自动分配相应数量的服务器。用户无须因扩展或收缩业务考虑 IT 资源数量是否适当，也无须担心设备的折旧，只需根据自己的服务器使用情况按月支付租金。此外，用户不必担心传统商业模式中峰值分配和独立部署造成的资源共享困难和设备损坏。云计算拥有一个由许多互联设备组成的云计算中心，可以轻松实现资源共享；即使设备出现故障，相关应用程序和服务也不会受到影响。

二是平台即服务（Platform as a Service，PaaS）。PaaS 位于云计算的中间层。它主要是为软件开发者提供一个基于互联网的软件开发和测试平台。软件开发者可以使用全球广域网（World Wide Web，web）和其他技术直接在云端编写自己的应用程序，并在该平台上托管自己的应用程序。例如，Google App Engine 是一个可扩展的 web 应用程序开发和托管平台。开发者可以在该平台上开发并发布自己的 web 应用程序，也不必担心他们的服务器是否能够承受未知流量。毫无疑问，这样一个平台将受到一些小型创业企业的青睐。

此外，这样的云平台还提供了大量的 API 或中间件供程序开发者使用，缩短了程序开发周期；同时，将程序代码存储在云端也能使联合开发更加方便。最重要的是，用户不必担心所发布应用程序的硬件支撑问题，云可以满足相关需求。

三是软件即服务（Software as a service，SaaS）。SaaS 位于云计算的高层，几乎很多软件都有 web 版，例如微信、QQ 等都有 web 版，通过 web 不必下载相应的软件就可以使用相应的服务，同时不必担心软件的更新和维护等问题。对于那些中小型企业来说，SaaS 非常重要，因为：首先，企业不必花费巨额资金购买软件的使用权；其次，企业不必花费资金构建机房和雇用人员；最后，不必考虑机器折旧和软件升级维护问题。

总而言之，云计算是涵盖运用资源调度技术实现按需购买计算、基于资源调度实现服务模式创新、计算基础设施建设等内容的现代科学技术，具有"大规模/分布式""高可用性/扩展性""安全""虚拟化""按需服务，更加经济"等特点。

第三，云计算的经济形态。云计算重在资源共享调度以及通过云计算平台为用户提供按需服务，因而其经济形态属于平台经济、共享经济。云计算通过 CPU 共享，将 CPU 利用率显著提升；通过硬盘共享，对保存的重复数据进行查重清理；通过网络共享，提供具备公网 IP、不限制上行带宽、多运营商接入、故障率极低的互联网络；提供安全共享，保障云计算服务器中的数据安全，提供突发情况下的应急备份；提供数据共享，帮助用户获取、分析、处理海量数据资源。

（2）云计算应用产业

基于云计算服务模式及模式优势，云计算的应用领域十分广泛，涉及与政府上云、企业上云、个人上云相关的新兴行业、传统行业、民生服务、社交沟通、社会管理等多个领域。

一是金融云。金融云利用云计算的模型组合原理，将金融产品、信息和服务分发到由大型分支机构组成的云网络中，提高金融机构快速发现和解决问题的能力，提高整体工作效率，改进流程，降低运营成本。

二是制造云。制造云是云计算向制造业信息化领域延伸与发展后的落地与实现，用户通过网络和终端就能随时按需获取制造资源与能力服务，进而智慧地完成其制造全生命周期各类活动。

三是教育云。教育云是云计算技术在教育领域的应用，包括教育信息化所需的所有计算资源。虚拟化后，这些资源为教育机构、从业者和学习者提供了良好的云服务平台。

四是医疗云。医疗云是基于云计算、物联网、大数据、5G、移动技术、多媒体等新技术，结合医疗技术和"云计算"的概念，构建医疗保健服务云平台。

五是云游戏。云游戏是一种基于云计算的游戏模式。在云游戏的运行模式下，所有游戏都在服务器上运行，渲染的游戏图像被压缩并通过网络传输给用户。

六是云会议。云会议是一种基于云计算技术的高效、便捷、经济的会议形式。用户只需通过互联网界面即可与世界各地的团队和客户快速高效地共享语音、数据和视频。

七是云社交。云社交是物联网、云计算和移动互联网交互应用的虚拟社交应用模型。它的目标是建立一个"资源共享关系图谱"，然后进行在线社交网络。

八是云存储。云存储是指通过集群应用、网格技术或分布式文件系统等功能，通过应用软件将大量不同类型的存储设备集成到网络中，共同提供数据存储和业务访问能力的一种模式。

九是云安全。云安全是指大量 mesh 客户端对网络上的软件行为进行异常监控，从互联网上接收木马等恶意软件的新信息，推送到服务器进行自动分析和处理，然后将解决方案分发到每个客户端的云计算应用分支。

（3）世界云计算发展情况

云计算自 2006 年提出至今，大致经历了形成阶段、发展阶段和应用阶段。尤其是过去 10 年，云计算发展突飞猛进，各国纷纷出台云计算发展战略，全球云计算市场规模也增长数倍。

当前，云计算服务正日益成为新型信息基础设施并备受世界各国关注，世界各国政府近年来纷纷制定以澳大利亚《云优先采用》策略、智利《云优先》行政命令、美国"云敏捷"战略为代表的国家战略和行动计划，鼓励政府部门在进行 IT 基础设施建设时优先采用云服务，意图通过政府的先导示范作用，培育和拉动国内市场。

同时，目前全球云计算市场保持稳定增长态势。2019 年，以 IaaS、PaaS 和 SaaS 为代表的全球云计算市场规模达到 1 883 亿美元，增速为 20.86%。预计到 2023 年，市场规模将超过 3 500 亿美元。

（4）中国云计算发展建设情况

面对世界范围内云计算的勃兴，我国云计算技术的发展也日益受到国家和社会各界的关注。

第一，我国云计算发展建设顶层设计。2015 年发布的《国务院关于促进云计算创新发展培育信息产业新业态的意见》，从云计算自身服务能力，创新能力，基础设施，政府上云，政府、企业对云计算、大数据的应用，以及利用法律、法规保障云计算、大数据环境下企业、个人信息安全 6 个方面指出了我国云计算建设方向。

一是增强云计算服务能力。大力发展公共云计算服务，实施云计算工程，支持信息技术企业加快向云计算产品和服务提供商转型。大力发展计算、存储资源租用和应用软件开发部署平台服务，以及企业经营管理、研发设计等在线应用服务，降低企业信息化门槛和创新成本，支持中小微企业发展和创业活动。积极发展基于云计算的个人信息存储、在线工具、学习娱乐等服务，培育信息消费。发展安全可信的云计算外包服务，推动政府业务外包。支持云计算与物联网、移动互联网、互联网金融、电子商务等技术和服务的融合发展与创新应用，积极培育新业态、新模式。鼓励大企业开放平台资源，打造协作共赢的云计算服务生态环境。引导专有云有序发展，鼓励企业创新信息化建设思路，在充分利用公共云计算服务资源的基础上，立足自身需求，利用安全可靠的专有云解决方案，整合信息资源，优化业务流程，提升经营管理水平。大力发展面向云计算的信息系统规划咨询、方案设计、系统集成和测试评估等服务。

二是提升云计算自主创新能力。加强云计算相关基础研究、应用研究、技术研发、市场培育和产业政策的紧密衔接与统筹协调。发挥企业创新主体作用，以服务创新带动技术创新，增强原始创新能力，着力突破云计算平台大规模资源管理与调度、运行监控与安全保障、艾字节级数据存储与处理、大数据挖掘分析等关键技术，提高相关软硬件产品研发及产业化水平。加强核心电子器件、高端通用芯片及基础软件产品等科技专项成果与云计算产业需求对接，积极推动安全可靠的云计算产品和解决方案在各领域的应用。充分整合利用国内外创新资源，加强云计算相关技术研发实验室、工程中心和企业技术中心建设。建立产业创新联盟，发挥骨干企业的引领作用，培育一批特色鲜明的创新型中小企业，健全产业生态系统。完善云计算公共支撑体系，加强知识产权保护利用、标准制定和相关评估测评等工作，促进协同创新。

三是探索电子政务云计算发展新模式。鼓励应用云计算技术整合改造现有电子政务信息系统，实现各领域政务信息系统整体部署和共建共用，大幅减少政府自建数据中心的数量。新建电子政务系统须经严格论证并按程序进行审批。政府部门要加大采购云计算服务的力度，积极开展试点示范，探索基于云计算的政务信息化建设运行新机制，推动政务信息资源共享和业务协同，促进简政放权，加强事中事后监管，为云计算创造更大市场空间，带动云计算产业快速发展。

四是加强大数据开发与利用。充分发挥云计算对数据资源的集聚作用，实现数据资源的融合共享，推动大数据挖掘、分析、应用和服务。开展公共数据开放利用改革试点工作，出台政府机构数据开放管理规定，在保障信息安全和个人隐私的前提下，积极探索地理、人口、知识产权及其他有关管理机构数据资源向社会开放，推动政府部门间数据共享，提升社会管理和公共服务能力。重点在公共安全、疾病防治、灾害预防、就业和社会保障、交通物流、教育科研、电子商务等领域，开展基于云计算的大数据应用示范，支持政府机构和企业创新大数据服务模式。充分发挥云计算、大数据在智慧城市建设中的服务支撑作用，加强推广应用，挖掘市场潜力，服务城市经济社会发展。

五是统筹布局云计算基础设施。加强全国数据中心建设的统筹规划，引导大型云计算数据中心优先在能源充足、气候适宜、自然灾害较少的地区部署，以实时应用为主的中小型数据中心在靠近用户所在地、电力保障稳定的地区灵活部署。地方政府和有关企业要合理确定云计算发展定位，杜绝盲目建设数据中心和相关园区。加快推进实施"宽带中国"战略，结合云计算发展布局优化网络结构，加快网络基础设施建设升级，优化互联网网间互联架构，提升互联互通质量，降低带宽租费水平。支持采用可再生能源和节能减排技术建设绿色云计算中心。

六是提升安全保障能力。研究完善云计算和大数据环境下个人和企业信息保护、网络信息安全相关法规与制度，制定信息收集、存储、转移、删除、跨境流动等管理规则，加快信息安全立法进程。加强云计算服务网络安全防护管理，加大云计算服务安全评估力度，建立完善党政机关云计算服务安全管理制度。落实国家信息安全等级保护制度，开展定级备案和测评等工作。完善云计算安全态势感知、安全事件预警预防及应急处置机制，加强对党政机关和金融、交通、能源等重要信息系统的安全评估和监测。支持云计算安全软硬件技术产品的研发生产、试点示范和推广应用，加快云计算安全专业化服务队伍建设。

2018 年工业和信息化部发布《推动企业上云实施指南（2018—2020 年）》，2020 年国家发展改革委员会和中央网信办发布《关于推进"上云用数赋智"行动　培育新经济发展实施方案》，分别从企业上云和云技术发展两个方面，明确"工业和信息化部统筹协调企业上云工作，组织制定完善企业上云效果评价等相关标准，指导各地工业和信息化主管部门、第三方机构等协同开展工作。各地工业和信息化主管部门要结合本地实际，以强化云计算平台服务和运营能力为基础，以加快推动重点行业领域企业上云为着力点，以完善支撑配套服务为保障，制定工作方案和推进措施，组织开展宣传培训，推动云平台服务商和行业企业加强供需对接，有序推进企业上云进程"，以及"加快数字化转型共性技术、关键技术研发应用。支持在具备条件的行业领域和企业范围探索大数据、人工智能、云计算、数字孪生、5G、物联网和区块链等新一代数字技术应用和集成创新。加大对共性开发平台、开源社区、共性解决方案、基础软硬件支持力度，鼓励相关代码、标准、平台开源发展"。

第二，我国云计算发展建设现状。与政策重视相对应的是我国云计算发展建设的持续推进，尤其是市场的快速增长。结合中国信息通信研究院《云计算发展白皮书（2020 年）》[①]中的观点，中国的云计算市场已经从最初的 10 亿元人民币的起点增长到目前的几千亿元人民币的规模，云计算政策环境显著改善，云计算技术发展成熟，云计算应用正在加速从互联网产业向政务、金融、工业、医疗等传统产业的渗透。2019 年我国云计算整体市场规模达 1 334 亿元人民币，增速为 38.6%。其中，公有云市场规模首次超过私有云，达到 689 亿元人民币，相比 2018 年增长 57.6%。同时，结合《云计算白皮书（2022 年）》[②]，2020—2022 年我国云计算市场仍处于快速增长阶段，2021 年我国云计算市场规模达到 3229 亿元人民币，较 2020 年增长约 54.4%。其中，公有云市场规模同比增长 70.8%，至 2181 亿元人民币；私有云市场规模同比增长 28.7%，至 1048 亿元人民币。

2020 年以后，云计算迎来下一个黄金 10 年，进入普惠发展期，其发展将具体包含 6 大趋势：一是云技术从粗放向精细转型，使资源可调度颗粒度越来越细、管理越来越

---

① 云计算发展白皮书（2020 年）[R]. 北京：中国信息通信研究院，2020:1-9.
② 云计算白皮书（2022 年）[R]．北京：中国信息通信研究院，2022:1-7.

方便、效能越来越高；二是云需求从 IaaS 向 SaaS 上移，期望通过应用软件层服务实现企业管理和业务系统的全面云化；三是更接近物及需求端的边缘计算将更受关注；四是云安全从外延向原生转变，安全与云将实现深度融合；五是云应用从互联网向行业生产渗透，帮助传统企业实现由电子化到信息化再到数字化；六是云定位从基础资源向基建操作系统扩展，云计算将成为一种普惠、灵活的基础资源。

2．边缘计算技术

（1）边缘计算的概念

边缘计算，是指在靠近物或数据源头的一侧，采用网络、计算、存储、应用核心能力为一体的开放平台，就近提供最近端服务。由于其应用程序在边缘侧发起，所以可产生更快的网络服务响应，满足行业在实时业务、应用智能、安全与隐私保护等方面的基本需求。边缘计算处于物理实体和工业连接之间，或处于物理实体的顶端。而云计算，仍然可以访问边缘计算的历史数据。

简言之，边缘计算可以理解为处于数据云边缘、更靠近物和数据源头端的计算技术，可以结合数据云中与物或数据源头更加相关的数据信息，配合平台能力网络、计算、存储、运用能力，快速对物或数据源头端传递而来的信息快速做出反应。

（2）边缘计算应用

从概念中我们可以发现，边缘计算更具备解决实际问题的能力，因而该技术被广泛应用于医疗设备、本地零售、VR、数据分析、智能制造、数据传输、安保系统、数据收集、运营存储、诊断治疗等领域。

一是医疗设备。在医疗场景下，边缘计算可以辅助完善医疗保健体系的 IT 基础架构。具体来说，就是防止医疗设备管理的应用程序发生延迟。在边缘计算的支持下，无须构建集中的数据中心，即可对关键数据进行本地化分析与处理，因而可以使医疗设备在安全性、响应速度和有效性方面有更佳表现。

二是本地零售。边缘计算的主要目的，是让运算尽可能接近数据源。在零售场景中，以往企业采取的是各分支数据汇总到中心位置进行分析，再进行决策和行动的方式。而通过边缘计算，零售店铺可以在本地进行数据处理和优化，信息反馈就能更快更及时。

三是 VR。在边缘计算技术的支持下，本地设备计算效率大幅提高，因而可以提升用户的参与程度，用户也可以有更生动、更即时的 VR 体验。

四是数据分析。相较于运算精准度较低、数据分析时间过长的云计算，边缘计算可以在数据分析早期引入高智能水平的运算，使数据更为清晰、准确，从而加快企业的分析和决策速度。

五是智能制造。边缘计算在智能制造方面属于基础层面的构架。例如，在生产车间进行"近实时"分析，可以提升运营效率，并增加边际效益从而提高利润。此外，利用边缘计算系统收集数据可在制造智能化工具过程中，及时识别异常情况，尽量避免产线停顿。

六是数据传输。传统的云计算架构不可避免地会导致多余数据堆积在云存储里，比如物联网的感应数据等。这些数据大多无用，对企业来说花费成本去存储这些数据基本是不必要的。而边缘计算则可做到只向云端传输有效数据，让流程更为优化。

七是安保系统。对于建有庞大又复杂安保系统的企业来说，边缘计算可以有效筛选出关键信息，防止带宽浪费。例如，动作捕捉摄像机如具备运算能力，就可以只上传有价值的信息。

八是数据收集。在零售环境下，物联网、数字标签都是实现边缘计算的基础配置。未来零售业务将依赖规模在万亿（TB）级别的数据挖掘和集成。而边缘计算可通过本地设备和传感器，协同云端一起收集现实数据，做到万亿（TB）量级的数据聚合。

九是运营存储。在边缘计算的支持下，收集到的数据无须在本地和中央服务器之间穿梭，就可以让本地设备知道要执行哪项功能，节省了运营成本和存储设备投入。

十是诊断治疗。这也是医疗场景应用，但这里的边缘计算更专注提升病患的康复体验，医疗物联网设备在边缘计算应用下，可以更快更早地检测出患者的异常健康数据，就可以让医生的诊断措施和医疗干预来得更及时。此外，随着可穿戴系统的普及，存储设备及传感器的成本也会不断下降，在边缘计算技术的帮助下，看病就医将从"被动治疗"转变为人工智能辅助下的实时的、预测性的保健式医疗。

3. 物联网技术

（1）物联网的概念

物联网（Internet of Things，IOT）是指通过各种信息传感器、射频识别技术、全球定位系统（Global Positioning System，GPS）、红外感应器、激光扫描器等各种装置与技术，实时采集任何需要监控、连接、互动的物体或过程，采集其声、光、热、电、力学、化学、生物、位置等各种需要的信息，通过各类可能的网络接入，实现物与物、物与人的泛在连接，实现对物品和过程的智能化感知、识别和管理的一种网络。物联网是一个基于互联网、传统电信网等的信息承载体，它让所有能够被独立寻址的普通物理对象形成互联互通的网络。

物联网大致可以分为以下 4 个层面，即感知层、网络层、平台层及应用层，如图 5.3 所示。感知层是物联网整体架构的基础，是物理世界和信息世界融合的重要一环。在感知层，我们可以通过传感器感知物体本身及周围的信息，让物体也具备了"开口说话，发布信息"的能力，比如声音传感器、压力传感器、光强传感器等。感知层负责为物联网采集和获取信息。在物联网中，位于感知层的用于识别目标的"射频识别技术"、用于数据采集的"传感器技术"与实现包括近程通信技术和远程通信技术的"网络与通信技术"是其 3 大技术核心；而借助这 3 大核心技术，物联网能够满足处理各种个体数据的设备精细化管理需求，以及对信息快速获取、分析与控制的要求。网络层在整个物联网架构中起到承上启下的作用，它负责向上层传输感知信息和向下层传输命令。网络层把感知层采集而来的信息传输给物联云平台，也负责把物联云平台下达的指令传输给应用层，具有纽带作用。网络层主要是通过物联网、互联网及移动通信网络等传输海量信息。平台层是物联网整体架构的核心，它主要解决数据如何存储、如何检索、如何使用以及数据安全与隐私保护等问题。平台层负责把感知层收集到的信息通过大数据、云计算等技术进行有效地整合和利用，为人们应用到具体领域提供科学有效的指导。物联网最终要应用到各个行业中去，物体传输的信息在物联云平台处理后，挖掘出来的有价值的信息会通过应用层被应用到实际生活和工作中，比如智慧物流、智慧医疗、食品安全、智慧园区等。

　　基于上述概念，物联网具有三大特点：第一，全面感知，即每个传感器都是一个信息源，且传感器获得的数据具有实时性；第二，可靠传递，即其与互联网融合，能在适应各种异构网络和协议的基础上，实时而准确地传递信息；第三，智能处理，即其能扩充应用领域，适应不同用户的不同需求。

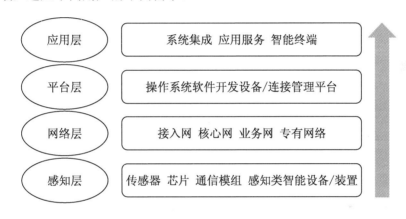

图 5.3　物联网体系架构

（2）物联网应用

　　物联网的应用涉及方方面面，尤其是在工业、农业、环境、交通、物流、安全等基础设施领域，有效地促进了上述领域的智能化发展，使有限的资源得到更合理的配置和使用，提高行业的效率和收益。同时，物联网在家居、医药卫生、教育、金融服务、旅游等生活相关领域的应用，极大地拓展了服务范围、优化了服务模式、提升了服务质量，提高了人们的生活质量。在国防和军事领域，虽然仍处于研究和探索阶段，但应用物联网的影响不可低估，从卫星、导弹、飞机和潜艇等设备系统到作战设备，物联网技术的引入，有效地提高了军事智能化、信息化和准确性，极大地提高了军事作战效能，是未来军事改革的关键。

　　当下及未来，物联网应用正从简单监控向高级远程控制升级。远程控制类物联网应用解决方案越来越多，核心是"联网设备+智能控制器+电机"，如正在逐步推广应用的园区、家居远程控制，就是利用统一的物联网平台控制来达到节能目的。更进一步的远程控制就是全面取代人工作业。目前，无人挖掘机、无人测绘船、无人消防机等生产工具逐步进入工业作业流程中，来取代较为危险、辛苦的人工作业场景，后续有望进一步取代机械式人工作业流程。

介绍完其整体应用情况后，下面再来看几个物联网在不同领域内的应用实例。

一是智能交通。物联网技术在道路交通中的应用相对成熟。随着车辆的普及，交通拥堵甚至瘫痪已经成为城市"痛点"，物联网可以更好地解决这个问题。例如，实时监控道路交通状况，并及时向驾驶员传输信息，以便驾驶员能够及时调整行程；在高速公路交叉口建立自动电子收费（Electronic Toll Collection，ETC）系统，提高车辆通行效率；公交车上安装定位系统，以便了解公交车的线路和到达时间，辅助乘客做出选择。此外，社会车辆的增加不仅会给交通带来压力，停车难问题也日益突出。为此，许多城市推出了基于云计算平台的智能道路停车管理系统，结合物联网技术和移动支付技术，共享停车位资源，提高停车位利用率和用户便利性。该系统可以兼容手机模式和射频识别模式，通过手机应用软件实现实时车位信息推送、提前预约、提前缴费等，在很大程度上解决了"停车难、难停车"的问题。

二是智能家居。智能家居是物联网在家庭中的基本应用，涉及家庭生活的方方面面。例如，可以使用远程客户端操作智能空调来调节室温，也可以让智能家居记忆使用习惯，实现全自动温控。又如，智能手表可以监测锻炼效果，如果再内置传感器来监测血压和脂肪，内部程序便可根据身体状况提出健康建议。此外，智能摄像头、窗口传感器、智能门铃、烟雾探测器和智能报警器等都是家庭不可缺少的安全监控设备。即使你离开家，也可以在任何时间、任何地点实时观察家里任何角落的情况，发现潜在安全风险。

三是公共安全。近年来，全球气候异常频繁发生，灾害变得更具突发性和危害性。物联网可以实时监测环境安全状况，实时预警，提前预防，减少灾害对人类生命财产的威胁。早在 2013 年，美国纽约州立大学布法罗分校就提出研究深水域互联网项目。通过在深海中放置特殊处理检测设备，分析水下环境，帮助预防和控制海洋污染，探测海底资源，并提供可靠的海啸预报。总之，利用物联网技术可以智能感知大气、土壤、森林和水资源的指标数据，对改善人类生活环境起到了巨大作用。

（3）我国物联网发展建设情况

① 我国物联网发展建设政策

第一，建设物联网发展示范区。2009 年时任国务院总理的温家宝在无锡视察时指出，要在激烈的国际竞争中迅速建立中国的传感信息中心，或者说"感知中国"中心。随后，由无锡市委、市政府牵头建设的国家传感网创新示范区（国家传感信息中心）相关工作迅速开展，标志着我国物联网及相关产业起步发展。

第二，出台物联网发展规划。2017 年工业和信息化部发布了《信息通信行业发展规划物联网分册（2016—2020 年）》，提出了我国物联网发展的五年目标："到 2020 年，具有国际竞争力的物联网产业体系基本形成，包含感知制造、网络传输、智能信息服务在内的总体产业规模突破 1.5 万亿元，智能信息服务的比重大幅提升。推进物联网感知设施规划布局，公众网络 M2M 连接数突破 17 亿。物联网技术研发水平和创新能力显著提高，适应产业发展的标准体系初步形成，物联网规模应用不断拓展，泛在安全的物联网体系基本成型。"该规划还包含五个具体目标：一是技术创新，即产学研用结合的技术创新体系基本形成，企业研发投入不断加大，物联网架构、感知技术、操作系统和安全技术取得明显突破，网络通信领域与信息处理领域的关键技术达到国际先进水平，核心专利授权数量明显增加；二是标准完善，即研究制定 200 项以上国家和行业标准，满足物联网规模应用和产业化需求的标准体系逐步完善，物联网基础共性标准、关键技术标准和重点应用标准基本确立，我国在物联网国际标准领域话语权逐步提升；三是应用推广，即在工业制造和现代农业等行业领域、智能家居和健康服务等消费领域推广一批集成应用解决方案，形成一批规模化特色应用，在智慧城市建设和管理领域形成跨领域的数据开放和共享机制，发展物联网开环应用；四是产业升级，即打造 10 个具有特色的产业集聚区，培育和发展 200 家左右产值超过 10 亿元的骨干企业，以及一批"专精特新"的中小企业和创新载体，建设一批覆盖面广、支撑力强的公共服务平台，构建具有国际竞争力的产业体系；五是安全保障，即在物联网核心安全技术、专用安全产品研发方面取得重要突破，制定一批国家和行业标准，物联网安全测评、风险评估、安全防范、应急响应等机制基本建立，物联网基础设施、重大系统、重要信息的安保能力大大增强。

第三，推动物联网与 5G 技术融合。2020 年，在我国物联网发展已基本达成《信息通信行业发展规划物联网分册（2016—2020 年）》目标的基础上，工业和信息化部相继发布了《工业和信息化部关于推动 5G 加快发展的通知》及《工业和信息化部办公厅关于深入推进移动物联网全面发展的通知》，着力推动物联网及相关产业与 5G 技术融合。

其中，在《工业和信息化部办公厅关于深入推进移动物联网全面发展的通知》中提出"准确把握全球移动物联网技术标准和产业格局的演进趋势，推动 2G/3G 物联网业务迁移转网，建立 NB-IoT（窄带物联网）、4G（含 LTE-Cat1，即速率类别 1 的 4G 网络）和 5G 协同发展的移动物联网综合生态体系，在深化 4G 网络覆盖、加快 5G 网络建设的基础上，以 NB-IoT 满足大部分低速率场景需求，以 LTE-Cat1（简称 Cat1）满足中等速率物联需求和话音需求，以 5G 技术满足更高速率、低时延联网需求"，要求"到 2020 年底，NB-IoT 网络实现县级以上城市主城区普遍覆盖，重点区域深度覆盖；移动物联网连接数达到 12 亿；推动 NB-IoT 模组价格与 2G 模组趋同，引导新增物联网终端向 NB-IoT 和 Cat1 迁移；打造一批 NB-IoT 应用标杆工程和 NB-IoT 百万级连接规模应用场景"。

在《工业和信息化部关于推动 5G 加快发展的通知》中提出"构建 5G 应用生态系统。通过 5G 应用产业方阵等平台，汇聚应用需求、研发、集成、资本等各方，畅通 5G 应用推广关键环节。组织第三届'绽放杯'5G 应用征集大赛，突出应用落地实施，培育 5G 应用创新企业。推动 5G 物联网发展。以创新中心、联合研发基地、孵化平台、示范园区等为载体，推动 5G 在各行业各领域的融合应用创新"。

② 我国物联网发展建设现状

第一，我国物联网连接数持续上升，产业物联网后来居上。当前，全球物联网仍保持高速增长。其中，我国物联网连接数全球占比高达 30%，"十三五"期间物联网总体产业规模保持 20%的年均增长率。与此同时，由于全球新冠肺炎疫情加速物联网应用及新基建快速发展、物联网投资加大，国内以 5G 为代表的物联网网络基础设施建设加速及行业需求倒逼加速物联网支撑技术商用化进程，我国物联网连接数结构将发生变化，以 5G 为代表的蜂窝物联网和非蜂窝物联网连接数将迅速提升。

第二，物联网长期发展呈现 3 大态势。当前及未来，我国物联网长期发展呈现 3 大趋势：一是产业融合促进物联网形成"链式效应"；二是智能化促进物联网部分环节价值凸显；三是互动化促进物联网向"可定义基础设施"迈进，与上层应用形成闭环迭代。

第三，物联网面向不同应用场景的基础设施不断进行整合探索。当前，我国物联网基础设施整合探索进入新阶段，物联网基础设施整合向空、天、地一体化演进，蜂窝物联网协同发展成为网络整合先行工作。

第四，物联网互联互通从企业侧利益互补向用户价值核心转变。当前，我国物联网互联互通已走过"国际巨头和联盟主导的互通协议"及"互联生态下的跨品类互联"两个发展阶段，正向"用户价值为竞争主体"的发展阶段迈进。

第五，物联网群体智能、开源模型两种生态拓展方式齐头并进。当前，我国物联网发展已出现抱团发展、群体智能生态融合，联合开源、开放模型方式显著增强。而在具体产业实践方面，中国电信、中国移动、阿里等已构建自身体系的物模型生态及应用，主要集中在智慧人居、智慧城市、智慧园区等领域。

③ 我国物联网未来发展建设趋势

未来，互联网发展趋势将包含物联网行业应用深化、物联网协议共享增进、物联网统一管理加强、物联网安全性提升及物联网基础设施与数据获取、分析成本下降等。

尤其物联网安全领域，发展潜力巨大。近年来，物联网安全事件频发，智能家居、摄像头乃至电网等重要基础设施遭受攻击，影响扩大化，导致企业生产和社会运行瘫痪，带来巨大经济损失，如图 5.4 所示。

图 5.4　全球物联网安全事件举例

上述问题使物联网安全成为各国关注的焦点，也使得全球物联网安全市场需求暴增。据市场调研机构 MarketsandMarkets 发布的"物联网安全市场"预测数据，全球物联网安全市场规模预计将从 2020 年的 125 亿美元增长到 2025 年的 366 亿美元，预测期内的复合年增长率为 23.9%。同时，美国、英国等国家纷纷出台类似《物联网网络安全改进法案》（美国）、《消费类物联网设备行为安全准则》（英国）等物联网安全相关法律法规，日本等国家则开展"面向物联网清洁环境的国家行动"等物联网安全保障活动，力求维护物联网领域安全。

4．人工智能技术

（1）人工智能相关概念

人工智能是研究、开发用于模拟、延伸和扩展人类智能的理论、方法、技术及应用系统的一门新的技术科学。

人工智能是计算机科学的一个分支，它企图了解智能的实质，并生产出一种能以人类智能相似方式做出反应的智能机器。该领域的研究包括机器人、语言识别、图像识别、自然语言处理和专家系统等。人工智能自诞生以来，理论和技术日益成熟，应用领域也不断扩大。可以设想，未来人工智能带来的科技产品，将会是人类智慧的"容器"。人工智能可以对人的意识、思维进行模拟。人工智能不是人的智能，但能像人一样思考，也可能超过人的智能，胜任一些通常需要人类智能才能完成的复杂工作。

目前，对于人工智能，大致有 3 类观点。

观点一：弱人工智能。该观点认为人类不能制造出真正地推理和解决问题的智能机器，这些机器只擅长单一领域，但是并不真正拥有智能，也不会有自主意识，例如目前已经制造出的 AlphaGo 等。

观点二：强人工智能。该观点认为有可能制造出与人类匹敌的、真正能推理和解决问题的智能机器，并且这样的机器将被认为是有知觉的、有自我意识的、有生存本能的，能独立思考问题并制订解决问题的最优方案，有自己的价值观和世界观体系，甚至可以被视作是一种全新的文明，例如科幻电影中常见的拥有独立意识的机器人。

观点三：超人工智能。该观点认为有可能制造出"在几乎所有领域都比最聪明的人类大脑都聪明很多，包括科技创新、通识和社交技能"的智能机器。超人工智能目前同样只存在于电影当中，其对人类社会所带来的影响目前也仅存于想象。

从人工智能概念及已有人工智能技术出发，人工智能至少具备 3 个特征：一是由人类设计，为人类服务，本质为计算，基础为数据；二是能感知环境，能产生反应，能与人交互，能与人互补；三是有适应特征，有学习能力，可演化迭代，可连接扩展。

（2）人工智能发展历程

在人工智能的发展历程上，曾经历过多个高峰和低谷。

1955—1982 年，是第一个高峰与低谷。1955 年达特茅斯会议上，人工智能正式诞生；随后 1957 年，罗森布拉特发明了第一款神经网络"感知器算法"（Perception Approach），将人工智能推向第一个高峰。

然而，直至 1970 年，在人工智能领域，相关算法带来的计算能力也未能使机器完成大规模数据训练和复杂任务处理，人工智能发展随之进入第一个低谷。

1983—2005 年，是第二个高峰与低谷。1982 年霍普菲尔德神经网络被提出；1986 年，BP（Back-propagation）算法的出现使得大规模神经网络的训练成为可能，并将人工智能推向第二个黄金期。

然而，1990 年，人工智能计算机没能实现预期目标，以美国为代表的各国政府纷纷缩减人工智能领域的政府资金投入，人工智能发展进入第二个低谷。

2006 年至今，是第三个高峰。正在世界人工智能研究热情渐熄时，2006 年，杰弗里·辛顿提出的"深度学习"神经网络使得人工智能性能获得了突破性发展。2013 年，深度学习算法在语音和视觉识别上取得成功，识别率分别超过 99% 和 95%。上述技术突破，不仅标志着人工智能发展迎来了第三个高峰，也标志着人类进入了感知智能阶段。

（3）人工智能应用及局限性

第一，人工智能应用。人工智能对人类意识、思维的模拟、延伸、拓展，使其能够像人类一样或者超越人类完成复杂工作，显著提升其所应用领域的工作效率，扩展工作及数据获取、分析结果的应用面，提高相关工作或所获数据信息的附加值。目前人工智能已在多个领域内广泛应用。

一是深度学习。深度学习是基于现有数据，进行操作学习的一种学习形式。深度学习是机器学习中的新领域，人工智能能够模仿人脑的机制来解释数据，完成对声音、文本等多种数据信息的解析。

二是自然语言处理。自然语言处理是用自然语言同计算机进行通信的一种技术。自然语言处理是人们日常生活接触较多的技术，例如淘宝及移动通信运营商的客服中心就采用人工智能客服。此外，人工智能还可以代替人类进行资料查询、问题解答、文摘摘录、汇编资料、语言翻译等工作。

三是计算机视觉。简单来说，计算机视觉就是用摄像机和计算机代替人眼对目标进行识别、跟踪、测量的一项技术。计算机视觉的实际应用例子也很多，比如人脸识别、人脸检测、人脸支付、人脸打卡等。

四是智能机器人。智能机器人的发展方向就是给机器装上"大脑芯片"，拥有与人类感官相似的外部传感器，如听觉、触觉和嗅觉等。"大脑芯片"可以使机器人在认知学习、自动组织模糊信息等方面取得更大的进步。

五是自动程序设计。自动程序设计的任务是根据程序要求及实现目标的高级描述，自动生成一个具体的程序。人工智能可以借助其搭载的人类智能模拟系统和录入的或经过学习获得的程序设计知识完成对要求、目标的理解，然后根据理解自动完成程序设计。

六是数据挖掘。数据挖掘一般是指从大量的数据中通过算法搜索隐藏于其中的信息的过程。人工智能可以通过统计、在线分析处理、情报检索、机器学习、专家系统（依靠过去的经验法则）和模式识别等诸多方法来实现上述目标。

七是智能医疗。目前，人工智能在医疗领域的应用非常广泛，类似公共卫生、医院管理、医疗机器人、药物研发、精准医疗、医疗支付、医学影像及健康管理等医疗场景中都能看到人工智能的影子。

尤其在新冠肺炎疫情期间，AI 医疗为战"疫"提供了坚实的技术后盾，例如，利用阿里巴巴达摩院研发的 AI 算法，浙江省疾病预防控制中心上线自动化全基因组检测分析平台，可将原来耗时数小时的疑似病例基因分析缩短至半小时，大幅缩短确诊时间；

百度 AI 多人体温快速检测解决方案使用了基于人脸关键点检测及图像红外温度点阵温度分析算法，可以在一定面积范围内对人流区域多人额头温度进行快速筛选及预警，解决了佩戴口罩及帽子造成的面部识别特征较少问题，方便对人流聚集处的快速筛选；科大讯飞的智医助理及智能语音外呼助手，能够协助进行新冠肺炎重点人群的筛查、防控、随访与宣教，有效地减轻了基层防疫压力。

八是智慧校园。在中国高等院校里，能够越来越多地看到人工智能的影子。人工智能在助力学校后勤管理和教学科研方面发挥着重要作用。例如，北京大学家园食堂送餐机器人"花生"，中国人民大学、武汉大学、山东大学校园后勤管理、校园门禁采购人脸识别系统，北京航空航天大学采购时空可视化软件开发环境支持教学与科学研究工作，有效地助力国内高校揭开了智慧校园新篇章。

九是自动驾驶。自 20 世纪 80 年代以来，人类对人工智能运用于自动驾驶领域的探索便一直没有中断。2005 年，DARPA 挑战赛上，斯坦福大学队夺冠的车辆便已搭载了激光测距仪、摄像识别系统、雷达、全球定位系统等设备。2009—2017 年，Google、优步及百度启动自动驾驶研发计划，尤其是 Google 的相关计划，截至 2016 年底共进行了320 万千米自动驾驶路测，积累了大量的经验和数据。而世界知名汽车制造公司特斯拉则于 2017 年发布能够自动驾驶的"Semi 电动卡车"，迈出自动驾驶技术商业化的关键一步。

第二，人工智能的局限性。当下人工智能的广泛研发应用并不代表相关技术已完全成熟，相反，该技术还存在着至少 4 点问题：一是应用环境问题，当前每一个任务的性能都是在封闭测试的环境下得到的，如果在开放环境下，人工智能的性能会有显著下降；二是噪声敏感问题，当前人工智能对噪声的敏感度极高，尤其是在语音识别任务中；三是意义理解问题，当前所有人工智能的本质都是模式识别，而不是真正意义上的理解；四是数据依赖严重问题，目前成功的算法大都严重依赖标记语料集合，换言之，没有数据就没有智能。

（4）世界人工智能发展政策

面对世界范围内蓬勃发展的人工智能技术及产业，以发达国家为代表的世界各个国家和地区纷纷出台相关政策助力人工智能的发展。

欧盟于 2013 年启动了"人脑计划"（Human Brain Project，HBP），美国白宫于 2016年发布了《为人工智能的未来做好准备》和《国家人工智能研发战略计划》，提出全面发展人工智能。英国政府于 2017 年在《英国数字化战略》中发表名为《英国发展人工智能产业》的报告，并于同年 10 月正式发布《在英国发展人工智能》，着力于人工智能相关产业发展。欧盟议会法律事务委员会则早在 2015 年便成立了一个工作小组，专门研究与机器人和人工智能发展相关的法律问题，并于 2016 年相继发布《就机器人民事法律规则向欧盟委员会提出立法建议的报告草案》及《欧盟机器人民事法律规则》。日本文部科学省则于 2016 年确定了"人工智能/大数据/物联网/网络安全综合项目"（AIP 项目）2016年度战略目标，并召开人工智能技术战略会议，从多种技术、应用角度出发发展人工智能。

（5）我国人工智能发展建设情况

第一，我国人工智能发展建设政策。我国支持人工智能发展建设相关政策自 2016 以来持续加码。2016 年工业和信息化部、国家发展改革委、财政部联合发布《机器人产业发展规划（2016—2020 年）》，对工业机器人、服务机器人领域智能化发展做出部署。2017 年，国务院在《新一代人工智能发展规划》中强调要发展人工智能新兴产业，加强人工智能领域军民融合，构建智能化基础设施体系；同年，工业和信息化部针对国务院的要求，在《促进新一代人工智能产业发展三年行动计划（2018—2020 年）》中明确了要建设人工智能产业标准规范体系，建立并完善基础共性、互联互通、安全隐私、行业应用等技术标准，构建人工智能产品评估评测体系等人工智能发展目标。随后 2018 年，习近平总书记在中共中央政治局第九次集体学习时正式明确了人工智能的战略地位，强调"人工智能是新一轮科技革命和产业变革的重要驱动力量，加快发展新一代人工智能是事关我国能否抓住新一轮科技革命和产业变革机遇的战略问题"。

到 2020 年，随着全球新冠肺炎疫情的暴发，以及人工智能技术在疫情管控中的应用，工业和信息化部发布了《充分发挥人工智能赋能效用　协力抗击新型冠状病毒感染的肺炎疫情倡议书》，提出在疫情管控、诊疗、办公、教育、疫苗研发等多方面充分利用人工智能技术。国家发展改革委则于同年首次明确新型基础设施的范围，并将人工智能列为新基建的一大主要领域。

综上所述，在国家的设计、扶持下，我国人工智能经历了"单点发展—体系完善—广泛应用"的发展历程，确定了面向时代和未来的战略地位，成为一项目标明确、广泛参与、持续发展的重大事业。

第二，我国人工智能未来发展建设趋势。未来，从技术角度出发，人工智能发展趋势包括 4 个方面。一是智能芯片。人工智能所搭载的智能芯片将从传统芯片向定制化芯片、类脑芯片、量子芯片发展；二是开源学习平台。人工智能开源学习框架开发效率将显著提高，并可通过扩大技术规模，整合技术和应用，有效布局人工智能全产业链。三是通用智能。目前的人工智能主要是专用人工智能，具有领域局限性，而开发具有任务处理普适性的通用人工智能，将是今后的发展方向。四是智能认知。当前大数据时代的人工智能是感知智能，而随着类脑科技的发展，人工智能必然向认知智能时代迈进。

从产业角度出发，人工智能发展则将呈现 3 个趋势：一是智能服务呈现线下和线上的无缝结合；二是智能化实现应用从单一到复杂；三是智能应用范围从传统 IT 领域扩展到传统行业。

5．区块链技术

（1）区块链相关概念

第一，区块链的概念。区块链技术起源于中本聪在 2008 年发表的奠基性论文《比特币：一种点对点的电子现金系统》。

狭义来讲，区块链是一种按照时间顺序将数据区块以顺序相连的方式组合成链式数据结构，并以密码学方式保证其不可篡改和不可伪造的分布式账本。

广义来讲，区块链技术是利用块链式数据结构来验证与存储数据、利用分布式节点共识算法来生成和更新数据、利用密码学的方式保证数据传输和访问安全、利用由自动化脚本代码组成的智能合约来编程和操作数据的一种全新的分布式基础架构与计算范式。

第二，区块链的技术演进及核心技术。如同云计算、大数据、物联网等新一代信息技术，区块链技术并不是单一信息技术，而是依托于现有技术，加以组合及创新，从而实现前所未有的功能。区块链技术的演进分为三个阶段。

第一阶段为技术起源阶段。区块链的起源技术包括 P2P 网络技术、加密技术、数据库技术和电子现金。

第二阶段为区块链 1.0 阶段。在这一阶段里，区块链在起源技术的组合创新基础上，形成了能在网络成员之间共享、复制和同步的分布式账本，能够快速归纳和校验区块数据的存在性和完整性的块链式、梅克尔树式数据结构，以及加密货币主流共识机制之一的工作量证明。

第三阶段为区块链 2.0 阶段。区块链在起源技术和 1.0 阶段的组合创新基础上，进一步形成了旨在以信息化方式传播、验证或执行合同的智能合约技术，通过软件模拟具有完整硬件系统功能的、运行在一个完全隔离环境中的完整计算机系统的虚拟机技术，以及运行在分布式网络上的、参与者信息被安全保护的去中心应用。

经过三个阶段的技术演进，截至目前，区块链包含四大核心技术：一是分布式账本，即交易核算由分布在不同地方的多个节点共同完成，每个节点记录完整账目，使它们能够参与监督交易的合法性，并共同为交易作证；二是非对称加密，即区块链上存储的交易信息是公开的，但账户身份信息高度加密，只有在数据所有者授权的情况下才能访问，以确保数据安全和个人隐私；三是共识机制，即所有记录节点如何达成共识来识别记录的有效性，这不仅是一种识别手段，也是一种避免篡改的手段，区块链提出了四种不同的共识机制，适用于不同的应用场景，在效率和安全性之间建立平衡；四是智能合约，即基于可靠且防篡改的数据，可以自动执行一些预设规则或条款。

第三，区块链的特征。基于区块链的概念及其技术演进、现阶段核心技术，区块链至少具有以下 5 大特征：

一是去中心化。区块链技术不依赖于额外的第三方管理机构或硬件设施，也没有中央控制。除了区块链本身，其余信息通过分布式核算、存储在每个节点上进行自我验证、传输和管理。

二是开放性。区块链技术的基础是开源。除了交易方的私人信息被加密外，区块链数据对所有人开放，任何人都可以通过开放界面查询区块链数据并开发相关应用。因此，整个系统的信息是高度透明的。

三是独立性。基于约定的规范和协议（类似于比特币），整个区块链系统不依赖其他第三方，所有节点都可以在系统中自动、安全地检查和交换数据，无须任何人工干预。

四是安全性。只要不能掌控全部数据节点的 51%，就无法肆意操控修改网络数据，这使区块链本身变得相对安全，避免了主观人为的数据变更。

五是匿名性。若无法律法规要求，单从技术上讲，每个块节点的身份信息不需要公开或验证，并且可以匿名传输。

第四，区块链的分类。区块链按其接入范围可分为公有链、联盟链、专有链。

公有链指的是任何人都可以加入网络及写入和访问数据，任何人在任何地理位置都能参与共识，每秒数据写入 3～20 次的一种区块链。公有链的各个节点可以自由加入和退出网络，并参加链上数据的读写，运行时以扁平的拓扑结构互联互通，网络中不存在任何中心化的服务端节点。

联盟链指的是具有授权公司和组织才能加入的网络，参与共识、写入及查询数据都可通过授权控制，可实名参与过程，可满足用户实名认证和反洗钱监管，且每秒数据写入 1 000 次以上的区块链。联盟链的各个节点通常有与之对应的实体机构组织，通过授权后才能加入或退出网络；各机构组织组成利益相关的联盟，共同维护区块链的健康运转。

专有链指的是使用范围控制于一个公司范围内，改善可审计性但不完全解决信任问题，每秒数据写入 1 000 次以上的区块链。专有链的各个节点的写入权限收归内部控制，而读取权限可视需求有选择性地对外开放。专有链仍然具备区块链多节点运行的通用结构，适用于特定机构的内部数据管理与审计。

（2）区块链应用及带来的监管挑战

第一，区块链应用。作为诞生于金融领域（比特币）的一项支持技术，区块链凭借其去中心化、开放性、独立性、安全性、匿名性等特点，应用范围随着数字经济的发展而不断拓展。在金融领域内，区块链应用已由比特币向支付方式、贸易清结算体系及全球货币发行机制扩展；而在金融领域外，区块链应用将延伸至物联与物流、公共服务、版权维护、保险服务、公益事业等多个领域，构建上述领域诚信体系。需要注意的是，除金融服务行业的应用相对成熟外，区块链在其他行业的应用还处于探索起步阶段。

一是金融领域。区块链在国际交易、信用证、证券登记、证券交易等金融领域具有巨大的潜在应用价值。区块链技术在金融领域的应用可以消除第三方中间环节，实现点对点直接对接，从而大幅降低成本，快速完成交易支付。

例如，Visa 推出了基于区块链技术的 Visa B2B Connect，它可以为机构提供更快捷、更安全、成本更低的跨境支付方式（传统的跨境支付需要等待 3～5 天，支付 1%～3% 的交易费用），以处理世界各地的商业交易。Visa 还与 Coinbase 联合推出了第一张比特币借记卡，而花旗银行则在区块链上测试并运行加密货币"CitiCoin"。

二是物流领域。区块链可以降低物流成本，跟踪货物的生产和运输过程，提高供应链管理效率。物流领域被认为是一个较有前途的应用方向。

通过节点连接散状网络分层结构，区块链可以实现信息在网络上的全面传输，并能够检验信息的准确性。该特性在一定程度上提高了物联网交易的便捷性和智能性。"区块链+大数据"的物流解决方案采用自动大数据过滤模式，在区块链上建立信用资源，提高交易安全性，提升物联网交易便利性，为智能物流模式的应用节省时间和成本。

三是公共服务领域。区块链提供的分散式、全分布式域名系统（Domain Name System，DNS）服务可以通过多个网络节点之间的点对点数据传输服务实现域名的查询和解析，可以用来确保重要基础设施的操作系统和固件不被篡改，监控软件的状态和完整性。

四是数字版权领域。通过区块链技术，可以对作品进行确权，证明文字、视频、音频等作品的存在，保证权属的真实性、唯一性。作品在区块链上被确权后，后续交易过程都会被实时记录，实现数字版权全生命周期管理，也可作为司法取证中的技术性保障。例如，美国纽约一家创业公司 Mine Labs 开发了一个基于区块链的元数据协议，这个名为 Mediachain 的系统利用星际文件系统（Inter Planetary File System，IPFS），实现数字作品版权保护，主要是面向数字图片的版权保护应用。

五是保险领域。在保险理赔方面，保险机构负责资金归集、投资、理赔，往往管理和运营成本较高。通过智能合约的应用，既无须投保人申请，也无须保险公司批准，只要触发理赔条件，就可实现保单自动理赔。一个典型的应用案例就是 LenderBot，它允许人们通过 Facebook Messenger 的聊天功能，注册定制化的微保险产品，为个人之间交换的高价值物品进行投保，而区块链在贷款合同中代替了第三方角色。

六是公益领域。区块链上存储的数据具有高可靠性且不可被篡改，天然适合应用于社会公益场景。公益流程中的相关信息，如捐赠项目、募集明细、资金流向、受助人反馈等，均可以存放于区块链上，并且有条件地进行公开公示，方便社会监督。

第二，区块链带来的监管挑战。区块链相关特性既带来了其他技术难以比拟的应用优势，也对法律监管带来了严峻挑战，主要包括 3 个方面：一是存在于数以万计节点上的去中心化的分布式共享账本带来了监管主体分散的问题；二是区块链难以篡改的特性导致其上数据信息一旦上传便难以修改删除，带来了数据隐私和内容监管问题；三是以比特币及挖矿式计算为代表的激励机制与数字资产特性带来的金融监管问题。上述问题亟须相关法律体系的完善来加以解决。

（3）世界区块链发展建设情况

近年来，世界各个国家和地区均十分重视区块链技术的发展，纷纷出台与区块链相关的政策、法规，加强区块链技术及相关产业情况的研究。

第一，北美地区。2015 年，美国司法部举行了数字货币峰会，呼吁政府和行业之间加强在区块链技术与数字货币领域沟通[①]。会后，金融机构、硅谷科技巨头纷纷行动，以美国国土安全部为代表的美国政府部门也在加紧布局，并于 2016 年对 6 家致力于政府区块链应用开发的公司发放补贴，以便让企业研究政府的数据分析、连接设备和区块链。

第二，欧洲地区。法国金融情报机构在 2011 年的年度报告中，提到了比特币的使用案例，事实上承认了比特币使用的完全合法性，即利用比特币避开欧元区和使用美元的

---

① 唐文剑，昌雯，等. 区块链将如何重新定义世界[M]. 北京：机械工业出版社，2016.

非欧元区的外汇兑换和转账的相关费用；而作为比特币支持技术的区块链技术，也开始出现在欧盟及整个欧洲国家的视野中，并在后续几年里迅速发展。2016 年，英国政府首席科学顾问马克·沃尔波特发布研究报告《分布式账本技术：超越区块链》，从国家层面对区块链技术的未来发展应用进行了全面分析。立陶宛则于同年举办了"波罗的海地区最大的区块链会议"，会议重点讨论了数字货币解决方案和分布式账本协议，力争将立陶宛建设成为全球性的金融科技（FinTech）中心。随后，在 2017 年俄罗斯宣布计划于 2019 年实现区块链合法化。

第三，亚太地区。2015 年，新加坡总理李显龙呼吁该国银行和监管机构密切关注区块链等最新科技的发展，不断改进自身技术、创新商业模式、提高服务水平。2016 年，韩国央行发布题为《分布式账本技术和数字货币的现状及启示》的研究报告，对数字货币和分布式账本技术进行积极研究与探讨。2017 年，日本实施的《支付服务法》中正式承认虚拟货币为合法支付手段并将其纳入法律规制体系内。近年来，澳大利亚央行明确表态将与国内银行一道，支持银行对分布式账本技术进行积极探索。

（4）我国区块链发展建设情况

2016 年发布的《"十三五"国家信息化规划》，提出要强化区块链等战略性前沿技术超前布局。

随后，2017 年国务院相继发布 4 份文件从多领域、多技术角度支持区块链发展。2017 年 1 月，国务院推出《国务院办公厅关于创新管理优化服务培育壮大经济发展新动能加快新旧动能接续转换的意见》，提出在区块链等领域构建创新网络。2017 年 7 月，国务院发布《新一代人工智能发展规划》，提出促进区块链技术与人工智能的融合。2017 年 8 月，国务院发表《国务院关于进一步扩大和升级信息消费持续释放内需潜力的指导意见》，开展基于区块链等新技术的试点应用。2017 年 10 月，国务院推出《国务院办公厅关于积极推进供应链创新与应用的指导意见》，研究利用区块链建立基于供应链的信用评价机制。

2018 年，工业和信息化部发布的《2018 年信息化和软件服务业标准化工作要点》推动了全国区块链和分布式记账技术标准化委员会建立，标志着我国区块链发展正式走向标准化、体系化。习近平总书记 2019 年在中共中央政治局第十八次集体学习时强调把区块链作为核心技术自主创新重要突破口，加快推动区块链技术和产业创新发展，突出强调了数字经济时代区块链的战略地位。

而在当下，《中华人民共和国国民经济和社会发展第十四个五年规划和 2035 年远景目标纲要》则将区块链定位为新兴数字产业，强调"培育壮大人工智能、大数据、区块链、云计算、网络安全等新兴数字产业"，再次强调了区块链的突出地位，并明确了它的产业划分。

总而言之，截至目前，基于国家层面的顶层设计，我国区块链发展已经进入了有地位、有规划、有制度体系、有分类、有技术支持创新、有产业应用融合的发展新阶段。

6. 大数据技术

（1）大数据相关概念

大数据（Big Data）是 IT 行业术语，是指无法在一定时间范围内用常规软件工具进行捕捉、管理和处理的数据集合，是需要新处理模式才能具有更强的决策力、洞察发现力和流程优化能力的海量、高增长率和多样化的信息资产。它有 4 个特征：数据量大、多样性、产生速度快和变化频率高。同时，相较于人类出于研究目的而收集的具有抽样性、样本反馈性、主观性、结果性、结构性、断点性的"小数据"（调查数据），"大数据"（监测数据）具有明显的个样性、监测记录性、客观性、过程性、非结构性及连续性的特点。

互联网的快速发展和广泛应用产生了海量数据。相对于传统数据而言，这些数据体量极大，数据源繁杂多样，容纳大量图像、文字、网页、音频、视频等，因而被称为"大数据"。传统数据技术已经无法处理大数据，因此大数据处理技术应运而生，并正在迅速发展为新一代信息技术和服务业态，即通过收集、存储和分析来源分散和格式不一的大量数据，发现新知识、创造新价值。

不同的研究人员对大数据有不同看法。在维克托·迈尔-舍恩伯格和肯尼思·库克耶撰写的《大数据时代：生活、工作与思维的大变革》[①]中，大数据指的是不走类似随机分析法（抽样调查）等捷径，而是全面采集数据并对所有数据进行分析处理的研究方法。而研究机构 Gartner 给出的"大数据"定义为："大数据"是需要新处理模式才能具有更强的决策力、洞察发现力和流程优化能力来适应海量、高增长率和多样化的信息资产。麦肯锡全球研究院给出的"大数据"定义则是：一种规模大到在获取、存储、管理、分析方面大大超出了传统数据库软件工具能力范围的数据集合，具有海量的数据规模、快速的数据流转、多样的数据类型和价值密度低四大特征。IBM 则提出大数据具有 5V 特点：Volume（大量）、Velocity（高速）、Variety（多样）、Value（低价值密度）和 Veracity（真实性）。

大数据的战略意义不在于海量数据信息，而在于对这些数据的专业处理。换句话说，如果把大数据比作一个行业，那么这个行业赢利的关键是提高数据的"处理能力"，通过"处理"实现数据的"附加值"。大数据和云计算之间的关系就像货币的正面和背面一样不可分割。大数据的特点是海量数据的分布式挖掘，因而必须依赖分布式处理、分布式数据库、云存储和云计算虚拟化技术。

（2）大数据经济模式与应用领域

在数字经济时代，数据信息作为关键生产要素渗透于与生产、生活相关的各个领域。因而，与数据信息相关的大数据技术，其应用领域亦包括生产、生活的多个门类。

---

① 迈尔-舍恩伯格，肯尼斯·库克耶. 大数据时代：生活、工作与思维的大变革[M]. 盛杨燕，周涛，译. 杭州：浙江人民出版社，2014.

第一，经济模式。一是数字产业化。在数字产业化方面，大数据能够产生新动能，以大数据为代表的新一代信息技术产业飞速发展，诞生数据交易、数据租赁服务、分析预测服务、决策外包服务等新兴服务业态，以及大量基于大数据的创新创业。

而随着大数据技术被广泛接受和应用，诞生出新行业、新产业、新消费、新形态，以及随之而来的创新创业浪潮、就业结构改变、经济提质增效，正是数字经济的内在要求及创新驱动能力的重要体现。

二是产业数字化。在产业数字化方面，大数据能够助力传统产业与现代信息技术的融合，推动传统产业改造升级。大数据带来的传统产业数字化改造，有效促进以需求为导向的精准农业，以供应链改造、新智能制造、个性化定制为表现形式的数字制造，以及服务业的流程再造。

第二，应用领域。目前，大数据应用主要集中在以下9个领域。

一是电商领域。大数据在电商领域的应用已经屡见不鲜了，淘宝、京东等电商平台利用大数据技术，对用户信息进行分析，为用户推送感兴趣的产品，从而刺激消费。

二是政府领域。"智慧城市"已经在多地尝试运营，通过大数据，政府部门得以感知社会的发展变化需求，从而更加科学化、精准化、合理化地为市民提供相应的公共服务以及资源配置。

三是医疗领域。大数据技术使医疗行业能够通过临床数据对比、实时统计、远程分析，帮助一线进行临床决策，规范诊疗路径，提高一线诊疗工作效率。

四是传媒领域。媒体相关公司通过收集各类信息，对大数据进行分类筛选、清理和深度处理，准确定位和理解读者需求，跟踪用户浏览习惯，不断优化信息。

五是安防领域。安防领域可以通过大数据技术实现视频、图像的扩散查询、快速恢复和准确定位，进一步利用海量视频监控数据背后的宝贵信息，提供内涵知识，帮助决策和判断。

六是金融领域。大数据技术使金融专业人士能够准确定位用户群体，并根据用户的画像、年龄、资产规模和财务偏好分析其对金融服务的潜在需求。

七是电信领域。电信行业拥有大量数据，大数据技术可应用于网络管理、客户关系管理、企业运营管理等领域，实现数据商业化而获利。

八是教育领域。通过大数据分析可以为每个学生创建定制课程，并为学生的多年学习提供挑战性计划，而不是让学生在学习中逐渐感到疲倦。

九是交通领域。大数据技术可以预测未来的交通状况，提供改善交通状况的优化方案，帮助交通部门提高道路交通控制能力，预防和缓解交通拥堵，提供更加人性化的服务。

（3）世界大数据发展形势

目前，在国际范围内，大数据战略正处于持续拓展阶段，具体包括3个方面：第一，制定国家和地区大数据战略，2012年日本总务省ICT基本战略委员会发布了《面向2020年的ICT综合战略》，2019年美国发布了《联邦数据战略第一年度行动计划》草案，从国家层面对大数据发展做出规划；第二，制定数据开放政策，2009 年美国奥巴马政府公布了《透明与开放政府备忘录》，2010 年欧盟公布了"欧洲数字议程"，2012 年英国发表了《开放数据白皮书》，以期推动政府、社会数据的开放共享；第三，制定数据保护法律，2012 年美国白宫发表了《消费者隐私权利法案》，2018 年欧盟出台了《通用数据保护条例》，希望通过建立大数据相关法律体系保障数据隐私与安全。

（4）我国大数据发展建设情况

第一，我国大数据发展建设阶段。我国大数据发展经历了 4 个阶段，大数据相关政策环境日益完善。

首先是预热阶段。2014 年，我国首次将大数据写入《政府工作报告》，标志着我国政府开始深切关注数字经济时代大数据及相关产业发展。

然后是起步阶段。2015 年，我国发布《促进大数据发展行动纲要》，指出："全球范围内，运用大数据推动经济发展、完善社会治理、提升政府服务和监管能力正成为趋势，有关发达国家相继制定实施大数据战略性文件，大力推动大数据发展和应用。目前，我国互联网、移动互联网用户规模居全球第一，拥有丰富的数据资源和应用市场优势，大数据部分关键技术研发取得突破，涌现出一批互联网创新企业和创新应用，一些地方政府已启动大数据相关工作。坚持创新驱动发展，加快大数据部署，深化大数据应用，已成为稳增长、促改革、调结构、惠民生和推动政府治理能力现代化的内在需要和必然选择。"这标志着我国大数据发展与应用已在原有尝试的基础上全面起步，尤其是在政府数字化治理领域。

接着是落地阶段。2017 年，我国工业和信息化部发布《大数据产业发展规划（2016—2020 年）》，指出："我国经济社会发展对信息化提出了更高要求，发展大数据具有强大的内生动力。推动大数据应用，加快传统产业数字化、智能化，做大做强数字经济，能够为我国经济转型发展提供新动力，为重塑国家竞争优势创造新机遇，为提升政府治理能力开辟新途径，是支撑国家战略的重要抓手。当前我国正在推进供给侧结构性改革和服务型政府建设，加快实施'互联网+'行动计划和中国制造 2025 战略，建设公平普惠、便捷高效的民生服务体系，为大数据产业创造了广阔的市场空间，是我国大数据产业发展的强大内生动力。"这标志着我国大数据发展进入了以大数据应用、大数据产业为先导，并向传统产业渗透，加速传统产业数字化、智能化的落地阶段。

最后是深化阶段。2020 年，工业和信息化部发布《工业和信息化部关于工业大数据发展的指导意见》，总体要求为："坚持以习近平新时代中国特色社会主义思想为指导，深入贯彻党的十九大和十九届二中、三中、四中全会精神，牢固树立新发展理念，按照高质量发展要求，促进工业数据汇聚共享、深化数据融合创新、提升数据治理能力、加强数据安全管理，着力打造资源富集、应用繁荣、产业进步、治理有序的工业大数据生态体系。"这标志着我国大数据发展进入数字产业化、产业数字化、数字化治理、数据价值化并进的深化阶段。

2017 年，习近平总书记在中共中央政治局就实施国家大数据战略进行第二次集体学习时强调，大数据发展日新月异，我们应该审时度势、精心谋划、超前布局、力争主动，深入了解大数据发展现状和趋势及其对经济社会发展的影响，分析我国大数据发展取得的成绩和存在的问题，推动实施国家大数据战略，加快完善数字基础设施，推进数据资源整合和开放共享，保障数据安全，加快建设数字中国，更好地服务我国经济社会发展和人民生活改善。

实施国家大数据战略，一是统筹规划政务数据资源和社会数据资源，完善基础信息资源和重要领域信息资源建设，形成万物互联、人机交互、天地一体的网络空间。二是要坚持数据开放、市场主导，以数据为纽带促进产学研深度融合，形成数据驱动型创新体系和发展模式，培育造就一批大数据领军企业，打造多层次、多类型的大数据人才队伍。三是要坚持以供给侧结构性改革为主线，加快发展数字经济，推动实体经济和数字经济融合发展，推动互联网、大数据、人工智能同实体经济深度融合，继续做好信息化和工业化深度融合这篇大文章，推动制造业加速向数字化、网络化、智能化发展。四是要建立健全大数据辅助科学决策和社会治理的机制，推进政府管理和社会治理模式创新，实现政府决策科学化、社会治理精准化、公共服务高效化。要以推行电子政务、建设智慧城市等为抓手，以数据集中和共享为途径，推动技术融合、业务融合、数据融合，打通信息壁垒，形成覆盖全国、统筹利用、统一接入的数据共享大平台，构建全国信息资源共享体系，实现跨层级、跨地域、跨系统、跨部门、跨业务的协同管理和服务。五是要坚持以人民为中心的发展思想，推进"互联网+教育""互联网+医疗""互联网+文化"等，让百姓少跑腿、数据多跑路，不断提升公共服务均等化、普惠化、便捷化水平。要坚持问题导向，抓住民生领域的突出矛盾和问题，强化民生服务，弥补民生短板，推进教育、就业、社保、医药卫生、住房、交通等领域大数据普及应用，深度开发各类便民应用。

第二，我国大数据发展建设方向。根据习近平总书记的指示，我国大数据发展方向包括以下五个。

一是利用大数据推动政府转变。2014年，大数据首次写入《政府工作报告》，而这一年也成为了实际意义上的"中国大数据政策元年"。从这一年起，"大数据"逐渐成为各级政府关注的热点，政府数据开放共享、数据流通与交易、利用大数据保障和改善民生等概念逐渐深入人心。随后，《中华人民共和国国民经济和社会发展第十三个五年规划纲要》第二十七章"实施国家大数据战略"中首次提出国家大数据战略，《中共中央关于坚持和完善中国特色社会主义制度　推进国家治理体系和治理能力现代化若干重大问题的决定》将这一战略深化为："建立健全运用互联网、大数据、人工智能等技术手段进行行政管理的制度规则。推进数字政府建设，加强数据有序共享，依法保护个人信息。"

从过去到未来，利用大数据推动政府转变，提高数字化治理能力，建设数字化政府，实现治理体系与治理能力现代化，始终是我国政府的重要任务之一。

二是加快以大数据为代表的数字技术与实体经济融合。2017年，党的十九大报告中提出，在经济方面要"贯彻新发展理念，建设现代化经济体系"；而其中的重要一环，就是"加快发展先进制造业，推动互联网、大数据、人工智能和实体经济深度融合，在中高端消费、创新引领、绿色低碳、共享经济、现代供应链、人力资本服务等领域培育新增长点、形成新动能"。随后，2018 年在全国网络安全和信息化工作会议上，习近平总书记指出，网信事业代表着新的生产力和新的发展发现，要发展数字经济，加快推动数字产业化；要推动互联网、大数据、人工智能和实体经济深度融合；要坚定不移支持网信企业做大做强，加强规范引导，促进其健康有序发展。

由此可见，发展以大数据为代表的数字技术，推动数字产业化和产业数字化发展，亦是我国现在与未来数字经济发展的关键任务之一。

三是做好数据开放共享工作。2016 年，习近平总书记在网络安全和信息化工作座谈会上指出："有专家反映，在数据开放、信息共享方面存在着部门利益、行业利益、本位思想。这方面，要加强论证，该统的可以统起来，发挥 1+1 大于 2 的效应，以综合运用各方面掌握的数据资源，加强大数据挖掘分析，更好感知网络安全态势，做好风险防范。这项工作做好了，对国家、对社会、对企业、对民众都是有好处的。"

对此，国务院同年在《"十三五"国家信息化规划》中提出，要开展数据资源开放共享行动，包括一个行动目标和三项具体任务。其中，行动目标为："到 2018 年，形成公共数据资源开放共享的法规制度和政策体系，建成国家政府数据统一共享交换和开放平台，跨部门数据资源共享共用格局基本形成；到 2020 年，实现民生保障服务等领域的政府数据集向社会开放。"3 个任务分别如下。一是构建全国信息资源共享体系。制定政府数据资源共享管理办法，梳理制定政府数据资源共享目录体系，构建政府数据统一共享交换平台，推动信息资源跨部门跨层级互通和协同共享，打通信息壁垒。二是稳步实施公共信息资源共享开放。各地区、各部门根据职能，梳理本地区、本部门所产生和管理的数据集，编制数据共享开放目录，依法推进数据开放。充分利用已有设施资源，建立统一的政府数据共享和开放平台。优先开放人民群众迫切需要、商业增值潜力大的数据集。加强对开放数据的更新维护，不断扩大数据开放范围，保证动态及时更新。三是规范数据共享开放管理。加强共享开放数据的全生命周期管理。建立共享开放数据汇聚、存储和安全的管理机制。按照网络安全管理和密码管理等规范标准，加快应用自主核心技术及软硬件产品，提升数据开放平台的安全保障水平。加强数据再利用安全管理。

同年，国务院还发布了《政务信息资源共享管理暂行办法》，其中规定："各政务部门按本办法规定负责本部门与数据共享交换平台的联通，并按照政务信息资源目录向共享平台提供共享的政务信息资源，从共享平台获取并使用共享信息。……凡不符合政务信息资源共享要求的，不予审批建设项目，不予安排运维经费。……政务信息化项目立项申请前应预编形成项目信息资源目录，作为项目审批要件。项目建成后应将项目信息资源目录纳入共享平台目录管理系统，作为项目验收要求。"

上述讲话、规划与办法提出了问题、对策、目标、任务和规则，为我国政府信息及公共资源信息有序有效地开放共享提供了切实的法规、政策保障，也为未来我国进一步做好数据开放共享工作打下了坚实的基础。

四是加强对数据的监督管理。2016 年在网络安全和信息化工作座谈会上，习近平总书记指出："一些涉及国家利益、国家安全的数据，很多掌握在互联网企业手里，企业要保证这些数据安全。企业要重视数据安全。如果企业在数据保护和安全上出了问题，对自己的信誉也会产生不利影响。"

国内频发的电信诈骗案件，维基解密曝光的震惊国际的希拉里"邮件门"及美国《纽约时报》率先曝光了剑桥分析公司擅自使用 Facebook 用户信息等事件充分说明：目前，国际国内已有数据监管制度和手段还难以完全应对大数据时代数据安全保障需求；同时，加强对数据的监管责任并不全在国家，依法加强对大数据的管理需要政府与企业、社会各界合作，在完善相关法律法规、配合协作、精确定位数据安全风险、漏洞的基础上，做到"法治、共治、精治"。

五是大力实施国家大数据战略。2015 年，中国国家主席习近平在第二届世界互联网大会开幕式上提出："'十三五'时期，中国将大力实施网络强国战略、国家大数据战略、'互联网+'行动计划，发展积极向上的网络文化，拓展网络经济空间，促进互联网和经济社会融合发展。我们的目标，就是要让互联网发展成果惠及 13 亿多中国人民，更好造福各国人民。"2018 年，在第十三届全国人民代表大会第一次会议上，国务院总理李克强在《政府工作报告》中提出："加快新旧发展动能接续转换。深入开展'互联网+'行动，实行包容审慎监管，推动大数据、云计算、物联网广泛应用，新兴产业蓬勃发展，传统产业深刻重塑。"据不完全统计，2014—2019 年，我国涉及大数据发展与应用的国家政策规定已多达 63 个，其中国家大数据发展顶层设计 1 个、国家层面顶层规划 4 个、重点行业领域发展应用 31 个、重点工作推进 25 个、重点区域发展 2 个……大数据领域基本形成了"横纵贯通、细分领域、应用落地、数据赋能"的战略、政策体系。

而在未来，大数据领域仍将在完善的战略、政策引导下继续发展。2020 年发布的《中共中央关于制定国民经济和社会发展第十四个五年规划和二〇三五年远景目标的建议》，就指明了未来大数据领域的三个发展趋势：一是发展战略性新兴产业；二是统筹推进基础设施建设；三是完善宏观经济治理。

第三，我国大数据发展建设措施。数据要素是数字经济时代的关键生产要素。目前，国内外大部分国家在数据要素的共享与使用上还存在着数据产权难以界定、数据技术瓶颈、数据壁垒广泛存在、数据人才不足、数据管控体系及安全保障不足等严重影响数据资源价值转化的问题，需要在基础设施层面对数据进行统一的规划调度，打破数据孤岛，提高数据质量，降低数据成本，规范数据流通，保障数据资源的完整性、易获取性、安全性和自主可控性，形成安全、完整的数据资源供给体系。针对上述问题及需求，我国在数据基础设施建设层面实施了打造大数据中心及建设大数据实验区两项重要举措。

一是打造大数据中心。大数据中心作为数据存储、处理和交互的中心，成为当前新型基础设施之一，也成为保障国际国内数据要素开放共享、夯实数据基础的重要手段；而其建设则是一个很长的产业链，包括服务器、路由器、交换机、光模块等核心设备，电源、软件、网络、机房等通用设备，以及与之配套的互联网数据中心集成运维及"云服务商"和解决方案。

目前，我国大数据中心建设在全国范围内形成了"八个节点、三大核心"的整体布局，较好地保障了国际、国内间数据互联共享。"八个节点"分别位于北京、上海、广州、沈阳、南京、武汉、成都及西安，构成了我国网络的核心层，主要提供与国际互联网的互联，以及提供大区间的信息交换通路；八个节点中北京、上海、广州为三大核心节点设有两台国际出口路由器及两台核心路由器，负责与国际互联网互联，并通过两台路由器与其他节点互联；其他节点则各设有一台核心路由器并至少有两条高速异步传输模式（Asynchronous Transfer Mode）链路与三个信息节点相连。

二是建设大数据实验区。与打造大数据中心几乎同步开展的是大数据综合实验区建设，2015 年我国在贵州开始建设首个国家大数据综合实验区。2016 年，我国又先后在京津冀等区域启动建设包括跨区域类综合实验区、区域示范类综合实验区及大数据基础设施统筹发展类综合实验区在内的七个国家级大数据综合实验区。

几类大数据综合实验区各有侧重，跨区域类综合实验区旨在围绕国家区域发展战略，更加注重数据要素流通，以数据流引领技术流、物质流、资金流、人才流，支撑跨区域公共服务、社会治理及产业转移，促进区域一体化发展；区域示范类综合实验区旨在引领东部、中部、西部、东北四大板块发展，更加重视数据资源统筹，加强大数据产业聚集，发挥辐射带动作用，促进区域协同发展，实现经济提质增效；基础设施统筹发展类综合实验区旨在充分发挥区域能源、气候、地质等条件优势，加大资源整合力度，强化绿色集约发展，加强与东部、中部产能、人才、应用优势地区的合作，实现跨越式发展，从而从多角度、多区域入手找寻不同区域的独特数据要素发展道路及区域内部、各区域间数据要素统筹发展方向。

5.2.5　数字产业化保障手段——信息技术标准化

1. 信息技术标准化相关概念

（1）标准

第一，标准的概念。要理解信息技术标准化的概念，首先必须要理解标准的概念。根据《标准化工作指南　第 1 部分：标准化和相关活动的通用术语》GB/T 20000.1—2014，标准指的是："通过标准化活动，按照规定的程序，经协商一致制定，为各种活动提供规则、指南或特性，供共同使用和重复使用的文件。"

基于上述概念，"标准"本身具有多个要素。从制定出发点来看，标准是为了给各种行为提供规则、指南或特性；从规范对象来看，标准规范共同使用和重复使用的事物；从制定条件来看，标准必须要由公认的权威机构批准；而从标准属性来看，其属于一类规范性文件。

第二，标准的分类。根据《中华人民共和国标准化法》第二条规定，标准包括国家标准、行业标准、地方标准和团体标准、企业标准。除此之外，还有由 ISO、国际电工委员会（International Electrotechnical Commission，IEC）和 ITU 等国际组织制定的国际标准。

第一类是国家标准。国家标准是由国家标准化管理部门（国家标准化管理委员会）发布的。其编号由国家标准的代号、国家标准发布的顺序号和国家标准发布的年号（发布年份）构成，例如"GB/T 36951—2018"。其中，国家代号又可分为 GB 和 GB/T，GB 代号国家标准含有强制性条文及推荐性条文，当全文强制时不含有推荐性条文；GB/T 代号国家标准为全文推荐性。

第二类是行业标准。行业标准是国务院行业行政主管部门对没有国家标准而又需要在全国某个行业范围内统一的技术要求所制定的标准，由行业标准代号、标准顺序号和标准发布年号构成，例如"AQ/T 3033—2022"。行业标准又可分为强制性标准和推荐性标准两种，其中推荐性标准需在标准代号后加"/T"，例如"NY/T"。

第三类是地方标准。地方标准是由地方（省、自治区、直辖市）标准化主管机构或专业主管部门批准、发布，在某一地区范围内适用的标准；其制定范围包括：工业产品的安全、卫生要求；药品、兽药、食品卫生、环境保护、节约能源、种子等法律、法规规定的要求；其他法律、法规规定的要求。地方标准编号包括地方标准代号（DB）、行政区区域代号（后接"/"）、标准顺序号及标准发布年号，例如"DB37/1342—2009"。

第四类是企业标准。企业标准是在企业范围内需要协调、统一的技术要求、管理要求和工作要求所制定的标准，是企业组织生产、经营活动的依据。国家鼓励企业自行制定严于国家标准或者行业标准的企业标准。企业标准由企业制定，由企业法人代表或法人代表授权的主管领导批准、发布，但需在省（自治区、直辖市）标准行政主管部门备案。企业标准一般以"Q"开头，后接企业代号、标准顺序号及标准发布年号，例如"Q/BKL01—2004"。

第五类是团体标准。根据《团体标准化 第 1 部分：良好行为指南》（GB/T 20004.1—2016），团体标准是由社会团体按照自行规定的标准制定程序制定并发布，供社会团体成员或社会自愿采用的标准。而根据《团体标准管理规定》，团体标准是依法成立的社会团体为满足市场和创新需要，协调相关市场主体共同制定的标准。

团体标准可以由企业团体或社会团体自主协商制定、自愿采用实施。其中，企业团体制定的标准往往更侧重自身利益诉求，反映本企业生产经营需要；而社会团体制定的标准往往站在第三方立场上，有利于营造公平开放透明的市场环境。

第三，标准的性质。我国标准按性质可分为 3 类。

第一类是强制性标准。强制性标准是指具有法律属性，在一定范围内通过法律、法规等强制手段加以实施的标准。

第二类是推荐性标准。推荐性标准是指生产、交换、使用等方面，通过经济手段调节而自愿采用的一类标准。

第三类是指导性技术文件。指导性技术文件是为了给仍处于技术发展过程中的标准化工作提供指南或信息，供科研、设计、生产、使用和管理等有关人员参考使用而制定的标准文件。

（2）标准化

第一，标准化的概念。标准化指的是为了在一定范围内获得最佳秩序，对现实问题或潜在问题制定共同使用和重复使用条款的活动。其包含 3 个属性：标准化是一项活动、一个过程，包括标准的制定、发布、实施以及制定前的研究和实施后的修订和修改；标准化是有目的的活动，即在一定范围内获得最佳秩序，实现效益最大化；标准化是建立规范的活动。

第二，国际标准化发展历程。1901 年英国建立了工程标准委员会（1931 年改为英国标准学会），这是世界上第一个标准化组织，标志着标准化从此步入一个新发展阶段；由工程标准委员会倡导制定的 ISO9000 系列管理标准目前仍是世界流行标准之一。随着标准化领域的进一步发展，国际社会对制定世界范围内统一标准的呼声越来越高，随后 IEC 于 1906 年成立，ISO 于 1946 年成立；1947 年，联合国同意 ITU 成为其专门机构，标志着世界范围内标准及标准化的统一逐渐形成。

第三，标准体系的概念。标准体系（Standard System）是指一定范围内的标准按其内在联系形成的科学的有机整体。典型示例如图 5.5 所示。将某一行业标准化而建立标准体系，有利于系统、动态描绘发展蓝图，全面了解行业的国内外发展现状与趋势，系统规划标准研制项目，全面指导标准实施计划，以及提供检索、应用标准的根据。

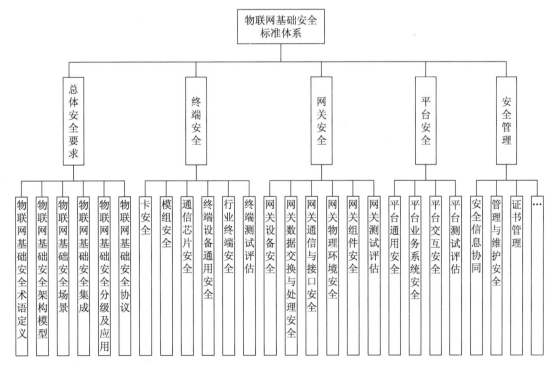

图 5.5　物联网基础安全标准体系（示例）

第四，标准化的作用。标准化具有以下 4 点突出作用。

一是影响国际贸易。借助标准化提高本国出口产品检测标准、质量水平，可使出口产品符合他国标准并打破他国贸易技术壁垒，既可避免因标准不统一或标准落后而造成的贸易损失，也可提高本国产品质量和声誉。

二是提高政府治理水平。采用标准化的方法和原理，梳理工作流程、建立服务标准体系，能够显著提高政府办事、服务效率，提高政府治理水平。

三是支撑科技成果转化。标准化可使科技创新成果转化为技术标准，通过技术标准的实施和运用，促进科技成果转化为生产力。在技术标准的实施以及科技创新成果转化为生产力的过程中，市场的信息和反馈又可以促进技术标准的制订和修订，进而促进科研的研发。

四是促进产业发展。李克强总理高度重视标准化工作，指出"标准是自主创新的制高点，谁掌握了标准制定的话语权，谁就掌握了市场竞争的主动权。"在技术专利化的基础上促进专利标准化，是企业提升业内话语权、提高品牌影响力的关键手段，也是促进先进技术成为产业共同标准、带动产业整体技术升级的重要途径。

（3）信息技术标准化

信息技术标准化是指为使信息化获得最佳秩序，对信息化过程中现实的或潜在问题制定共同和重复使用的规则的一系列活动(过程)。信息技术标准化是围绕信息技术开发、信息产品的研制和信息系统建设、运行与管理而开展的一系列标准化工作。

综合标准、标准化的概念，不难发现，数字经济时代所强调的信息技术标准化，其内涵是形成国家、社会团体、企业三方合力，通过促进先进数字技术"技术—专利—标准—标准体系"的发展演进，对内全方位提升数字产业化、产业数字化、数字化治理及数据价值化水平，对外占据数字技术、产业发展及国际贸易等方面的优势地位，内外并进以期占据国际经济竞合主导地位。

2．中国信息技术标准化发展建设情况

近年来，标准化建设得到了我国政府的极大关注。标准化领域的改革力度，标准化建设的受重视程度及经济社会各个领域的融入程度也都得到了前所未有的提升。

党的十八届三中全会通过的《中共中央关于全面深化改革若干重大问题的决定》明确要求："政府要加强发展战略、规划、政策、标准等制定和实施。"党的十八届四中全会通过的《中共中央关于全面推进依法治国若干重大问题的决定》明确要求："制定公共文化服务保障法，促进基本公共文化服务标准化、均等化。……建立健全行政裁量权基准制度，细化、量化行政裁量标准……明确各类司法人员工作职责、工作流程、工作标准……"党的十八届五中全会提出的新发展理念对标准化工作提出了具体要求。习近平总书记与李克强总理也在多次讲话中强调标准化对于经贸往来、支撑产业发展、促进科技进步、规范社会治理的巨大作用。

截至目前，我国已经形成包括《中华人民共和国标准化法》《中华人民共和国标准化法实施条例》《国家标准管理办法》《行业标准管理办法》《地方标准管理办法》《企业标准化管理办法》《农业标准化管理办法》《能源标准化管理办法》《信息分类编码标准化管理办法》《采用国际标准管理办法》《全国专业标准化技术委员会章程》等在内的标准化法律法规体系，凸显了标准化工作在经济社会发展中的战略性地位，对于提升产品和服务质量、促进科学技术进步、提高经济社会发展水平意义重大。

2015 年我国发布《国家标准化体系建设发展规划（2016—2020 年）》，其中提出："到 2020 年，基本建成支撑国家治理体系和治理能力现代化的具有中国特色的标准化体系。标准化战略全面实施，标准有效性、先进性和适用性显著增强。标准化体制机制更加健全，标准服务发展更加高效，基本形成市场规范有标可循、公共利益有标可保、创新驱动有标引领、转型升级有标支撑的新局面。'中国标准'国际影响力和贡献力大幅提升，我国迈入世界标准强国行列。"

而在数字经济领域，可以说标准之争就是话语权之争。首先，标准化对宏观经济有显著贡献。德国数字经济领域标准化建设一直处于世界领先地位，在其经济增长率为 3.3%时，标准化贡献率达到 0.9%；而我国却在过去一段时间里，由于外贸领域标准化不足，每年损失超万亿元。其次，标准化关系到国家安全战略，能否在攻克自主可控安全技术的基础上，形成通信领域安全标准，是我国突破技术"卡脖子"困境的关键，直接关系到国家安全战略的成败。最后，标准化对产业发展有突出作用，2020 年 5G 产业对经济增长的累计贡献达到 1 630 亿美元，而到 2030 年 5G 产业对经济增长的累计贡献预计将达到 20 800 亿美元；我国企业华为正是抓住了 5G 发展的契机，促进"5G 核心技术—专利—国际标准—行业规则"的标准化发展演化，并将在未来全面引领超 20 000 亿美元的 5G 产业市场。

具体到信息技术标准化领域，我国目前已开展信息技术术语、信息表示、文字信息处理技术、媒体、软件工程、数据库、网络通信、电子数据交换、办公自动化、电子卡、家庭信息系统、信息系统硬件、工业计算机辅助技术、云计算、物联网、大数据和工业互联网等方面的标准化任务，并成立了全国信息技术标准化技术委员会来全面开展信息技术标准化工作。有效地推动了我国数字经济领域各项信息技术标准化，系统地构建起了数字经济相关信息技术的标准体系，为我国未来数字产业化、产业数字化、数字化治理及数据价值化发展提供了技术规范，也为我国在未来国际竞争中突破困境、打破壁垒、赢得话语权打下了坚实基础。

5.3　传统基础设施数字化

数字产业化对产业数字化具有重要的先导作用。同样，新型数字基础设施既涵盖超级计算机、工业互联网、5G 网络、云计算平台、大数据中心及区块链等，也包括利用物联网、边缘计算、人工智能等新一代信息技术，对交通、能源等传统基础设施进行数字化改造升级。因而在完善数字技术相关基础设施建设的同时，还应不断推动实体经济与数字技术融合，促进诸如铁路、公路、水运、电力等传统基础设施的数字化进程。

5.3.1　铁路基础设施数字化

近年来，我国铁路建设迅速发展，网络规模不断扩大，数字化升级颇见成效，先后开发了铁路通信传输网、铁路数据通信网、列车调度指挥系统、铁路运输管理信息系统、客票零售与预订系统等应用信息系统，其中最突出的便是铁路通信传输网、铁路数据通信网。

1. 铁路通信传输网

我国铁路通信传输网是由骨干层传输网、汇聚层传输网及接入层传输网共同组成的，覆盖了中国国家铁路集团有限公司、铁路局和所有主要路段。其中，骨干层传输网主要承接中国国家铁路集团有限公司至铁路局及各铁路局间业务，并为铁路局组网提供迂回保护通道；汇聚层传输网负责将局管内铁路沿线区间接入的业务传送到铁路局调度所节点及核心网节点，并为相邻铁路局组网提供迂回保护通道；接入层传输网承载铁路沿线车站、区间的信息接入业务及传送，接入层传输网节点选择车站或区间节点。

2. 铁路数据通信网

铁路数据通信网网络结构同运营管理的层次体系和数据信息的流量流向有密切关系。铁路是需要高度集中统一指挥的运输部门，其各种运营管理层次分明，其数据流向大多是自下而上和自上而下的纵向流向。因此，铁路数据通信网网络的结构一般是集中型网络和分布型网络相结合的两级网络结构。铁路数据通信网的一级网是一个分布型结构的基干网络，由分组交换方式的网络节点信息处理机和各种信道组成。它的二级网是一个以集中型结构为主的基层网络，是为铁路沿线各站、段的各种计算机、终端设备传输、交换数据信息，由数据集中、分配设备和信道组成。铁路数据通信网具有较高的可靠性、较好的传输质量、较高的线路利用率和较快的传输速率，并且在运用上具有高度的灵活性，与铁路运营管理业务特点高度匹配，因而为世界多个国家广泛使用。

5.3.2　公路基础设施数字化

在公路基础设施方面，推进全国高速公路信息通信系统联网工程建设及交通运输信息化基础通信信息网络建设，是推动公路基础设施数字化的重要内容。

1. 全国高速公路信息通信系统联网工程

2011 年，交通运输部发布了《全国高速公路信息通信系统联网工程总体建设方案》，明确了工程的技术方案及标准。2012 年 12 月 29 日，在全国交通运输工作会议上，交通运输部明确提出了要进一步推动全国高速公路信息通信系统联网工程建设[①]。该工程的总体目标是建设覆盖全国的公路通信网络，形成全国范围内的大容量、高速率的数字光纤通信网，从而促进交通信息化发展、提升行业管理和公众服务水平、增强应急管理能力及国家战备能力。

2．交通运输信息化基础通信信息网络

"十三五"期间，交通运输部印发《交通运输信息化"十三五"发展规划》提出要充分利用国家电子政务网、公用网络或行业专网等资源，构建各省统一的交通运输通信信息骨干网，并对接全国高速公路信息通信干线传输网络；进一步提升全国高速公路信息通信干线传输系统的网络稳定性和可靠度，研究建立健全市场化运维保障机制。落实国有"宽带中国"战略，支持电信企业充分利用高速公路通信管道资源建设宽带网络，推动汽车客运站等交通场站实现多家宽带运营商网络覆盖，保障用户公平选择权。与国际同步建设海事卫星、搜救卫星系统，增强对国际资源的掌控力，基本形成天地一体、全球覆盖的交通运输信息化基础通信信息网络。

5.3.3 水运基础设施数字化

近年来，我国水运基础设施数字化不断加快，水运基础设施网络布局日趋合理，形成以水运行业数据中心、水运行业公共信息服务平台带动"智慧水运"发展的建设格局。

1．水运行业数据中心

2013 年，全国水运行业数据中心建设方案完成，明确在部级数据中心的框架下，进一步推动行业数据资源聚集、整合与深度应用[②]。海事云数据中心建设取得突破性进展，基本实现了全国海事系统基础数据的汇集与筛重；港航企业以数据资源为核心积极建设信息枢纽平台，在做好数据支撑与服务的同时，强化了数据积累与挖掘。

2．水运行业公共信息服务平台

2016 年，《水运"十三五"发展规划》出台，提出"重点支持港航企业集成港口物流信息资源，打造集网上办单、业务受理、电子订舱、电子支付等功能为一体的一站式对外服务平台"。2021 年，《水运"十四五"发展规划》出台，继续提出："聚焦对外服务平台建设，提升运输物流便利化水平。大力推进'单一窗口'和线上线下协同服务能力建设。以集装箱干线港为重点，建设港口智慧物流协同平台，推进港口、航运、

---

① 资料来源于人民网：http://politics.people.com.cn/n/2012/1229/c99014-20054662.html.
② 陈会文. 港航业"智慧化"建设逐步推进[J]. 中国港口，2018(4):21-25.

铁路、公路等环节数据互联共享，推动相关物流作业协同运营，提高物流便利化水平。建设基于区块链的全球航运服务网络，探索进口集装箱区块链电子放货平台应用。"综合来看，这两个规划旨在打造跨行业、跨区域、跨部门、单平台、全环节、线上线下的水运行业公共信息服务平台。

3. 智慧水运

自 2010 年"智慧水运"理念提出以来，业界一直在积极探索推进"智慧水运"建设，相关研究及实践也逐步渗透到了行业监管、经营生产和运输服务等水运各领域，并逐渐形成了包括"智慧港航""智慧海事""智慧港城""智慧巡航""智慧航道"在内的多项智慧水运基础设施建设工程。2021 年，《水运"十四五"发展规划》出台，在现有智慧水运发展基础上，进一步提出"创新驱动，引领智慧水运新发展。实施创新驱动战略，以数字化、智能化为主线，推动水运'新基建'，推广 5G、大数据、区块链、人工智能、物联网等在水运行业深度应用，促进生产运营智能化、公共服务便利化，提升水运智慧化发展水平"的发展目标；明确了"建设智慧港口""全面推进数字航道建设""推动科技创新能力建设"及"推进船舶装备技术升级"等智慧水运建设任务。

5.3.4　电力基础设施数字化

作为能源领域的核心，电力及其相关行业的创新对于能源体系具有重要作用。数字经济时代，数字技术在电力行业的生产、经营、管理过程中的重要性不断凸显，也带来了电力基础设施的数字化革新——智能电网。

智能电网就是电网的智能化，也被称为"电网 2.0"，是建立在集成的、高速双向通信网络的基础上，通过先进的传感和测量技术、先进的设备技术、先进的控制方法以及先进的决策支持系统技术的应用，实现电网的可靠、安全、经济、高效、环境友好和使用安全的目标，其主要特征包括自愈、激励和保护用户、抵御攻击、提供满足用户需求的电能质量、容许各种不同发电形式的接入、启动电力市场以及资产的优化高效运行。

我国智能电网建设始于 2010 年。当年，国家电网公司（2017 年更名为"国家电网有限公司"）出台《关于加快推进坚强智能电网建设的意见》，其中提出"加快推进智能电网关键技术研究、标准制定、设备研制和试点建设等工作"。随后，2015 年，我国发布了智能电网建设的专门规划——《关于促进智能电网发展的指导意见》，提出"配合'互联网+'智慧能源行动计划"，通过数字技术应用、核心设备国产化等关键技术、设备创新突破，"促进智能电网上下游产业链健康快速发展"。2019 年，我国继续出台《国家技术标准创新基地（智能电网）建设发展行动计划（2019—2021 年）》，推动智能电网领域技术标准体系建设。2021 年，《中华人民共和国国民经济和社会发展第十四个五年规划和 2035 年远景目标纲要》又提出了"加快电网基础设施智能化改造和智能微电网建设，提高电力系统互补互济和智能调节能力，加强源网荷储衔接，提升清洁能源消纳和存储能力，提升向边远地区输配电能力，推进煤电灵活性改造，加快抽水蓄能电站建设和新型储能技术规模化应用"。截至目前，国家电网有限公司的电力通信网光缆总长度超 100 万千米，几乎囊括所有城乡，智能电网搭建稳步推进。

5.4　数字技术与数字基础设施的综合联动——智慧城市

各类数字技术及数字新基建的发展建设最终是为了形成以数字产业化带动全面数字化的发展合力，并催生以"智慧城市"为代表的数字技术与基础设施的综合联动。

5.4.1　智慧城市的相关概念

1.智慧城市的概念

"智慧城市"一词，最早来源于 IBM 公司于 2008 年所提出的"智慧地球"战略。该战略提出，为促使地球更智慧，应该建立一个物联化（Instrumented）、互联化（Interconnected）、智慧化（Intelligent）的世界，数据的感知、传达、处理就是其背后的本质。

延伸到城市，智慧城市通过各种数据传感器收集信息，并利用这些信息有效管理资产和资源。更具体地说，智慧城市通过信息通信技术（ICT）、物联网等最大限度地发挥城市的有效功能，以便更好地联系居民，提高他们的生活水平，促进可持续发展。因此，智慧城市可以理解为数字城市的更新形态，是物联网与云计算相结合实现的一种更加互联、更加智能的城市形态，如图 5.6 所示。

图 5.6　数字城市与智慧城市

智慧城市的核心是以一种更智慧的方法通过利用以物联网、云计算等为核心的新一代信息技术来改变政府、企业和人们相互交往的方式，对于包括民生、环保、公共安全、城市服务、工商业活动在内的各种需求做出快速、智能的响应，提高城市运行效率，为居民创造更美好的城市生活。2017 年 10 月，我国发布国家标准《智慧城市评价模型及基础评价指标体系　第 1 部分：总体框架及分项评价指标制定的要求》（GB/T 34680.1—

2017），智慧城市评价一级指标和二级指标已确定。

2．新旧智慧城市对比

目前，世界智慧城市建设已经进入新型智慧城市阶段。和传统智慧城市相比，新型智慧城市虽然仍然需要以各类信息基础设施和传统基础设施数字化建设为基础，但更为注重城市各类信息的共享、城市大数据的挖掘和利用，以及城市安全的构建和保障，具体体现在 3 个方面：一是新型智慧城市打通了传统智慧城市的各类信息和数据孤岛，实现城市各类数据的采集、共享和利用，建立统一的城市大数据运营平台；二是随着城市信息化和智慧化程度越来越高，城市信息安全问题亦越来越受到关注，新型智慧城市建设亦更加重视城市信息安全体系的构建，保障城市各类信息和大数据安全；三是"以人为本"将成为新型智慧城市的重要特征，城市的发展最终是为"人"服务，根本上是促进人在城市中更好地生活和发展，因此新型智慧城市也从过去以"信息技术"为出发点，回到"人"这一最根本的出发点和落脚点。

5.4.2　中国智慧城市发展建设历程

1．我国智慧城市发展建设背景

第一，城镇化。据 2011 年统计，我国城市人口首次超过农村人口。2000—2020 年，我国城镇化率由 36.2%提高到 63.9%，上涨 27.7 个百分点。城市规模的扩大，导致今天所谓的"城市病"（交通拥堵、环境污染、贫困失业、住房紧张、城市灾害、安全弱化等）。而建设新型智慧城市，提高城镇化质量，解决"城市病"就显得尤为重要。

第二，产业升级。在数字经济时代，建设新型智慧城市作为城市治理数字化的重要手段，是我国现代化的必由之路、保持经济持续健康发展的强大引擎、加快产业结构转型升级的重要抓手、推动区域协调发展的有力支撑及促进社会全面进步的必然要求，对推动城市内各行业、城市本身及城市联合区域的数字化发展、产业升级具有重要作用。

2．我国智慧城市发展建设阶段

我国智慧城市发展建设从政策角度出发可分为两个阶段。

（1）传统智慧城市发展建设时期

"智慧城市"是 IBM 提出的"智慧地球"概念在我国落地的重要表现。智慧城市对于我国全方位推进新型城镇化转型具有至关重要的意义。2014 年 3 月，IBM 在"中国智慧城市发展与合作论坛"上，首次联合 IDC 发布了智慧城市白皮书——《引领更具竞争力的智慧城市 3.0 时代——创新、和谐、中国梦》，在可预见的未来，我国将迎来智慧城市 3.0 的新时代。

我国智慧城市的发展相对来说，起步较晚，但发展迅速。早在 2010 年，深圳和武汉等两个城市就被科技部认定为"国家 863 智慧城市项目试点城市"。2012 年，住房和城乡建设部在北京召开了"国家智慧城市试点工作会议"，会上公布了首批包括北京、天津和上海在内的 90 个国家智慧城市试点名单，开启了我国智慧城市的规模推广的建设阶段。同时，我国也在不断健全和完善智慧城市联盟的培育、发展和服务能力的提升机制。2011 年 5 月，在工业和信息化部和国家信息中心的指导下，成立了"中国智慧城市规划建设推进联盟"；2012 年 9 月，"中关村智慧城市产业技术创新战略联盟"成立；2013 年 1 月，在工业和信息化部信息化推进司的指导下，由工业和信息化部计算机与微电子发展研究中心发起成立了"中国智慧城市发展促进工作联盟"；2013 年 10 月，"中国智慧城市产业联盟"成立。

2013 年 8 月，国务院发布了《国务院关于促进信息消费扩大内需的若干意见》，正式提出要在有条件的城市开展智慧城市试点示范建设。2014 年，中共中央、国务院联合印发了《国家新型城镇化规划（2014—2020 年）》，这是国家层面颁布实施的第一份城镇化规划，重点推进创新城市、智慧城市、低碳城镇试点建设，这是首次将智慧城市建设写入国家规划。

（2）新型智慧城市发展建设时期

2014 年 8 月，国家发展改革委、工业和信息化部、科技部等八部委联合印发了《关于促进智慧城市健康发展的指导意见》，提出我国要以城市发展需求为导向，让智慧城市的建设回到健康发展的轨道上去，并明确目标是到 2020 年建设完成一批特色鲜明的智慧城市。

该意见出台后，我国又相继公布了 3 批智慧城市试点，共计 290 座城市，各地区政府主管部门也都高度重视智慧城市建设，大多数城市都在 2016 年和 2017 年的政府工作报告或相应的"十三五"规划中明确体现了"智慧城市"。其中，深圳、昆明、宁波等城市与 IBM 签署战略合作协议，共同推进智慧城市建设；北京市人民政府于 2012 年印发了《智慧北京行动纲要》，提出了 8 大行动计划，简称"4+4"行动计划；2014 年和 2016 年，上海市分别发布了《推进智慧城市建设行动计划（2014—2016）》和《上海市推进智慧城市建设"十三五"规划》，2016 年也是上海市将连续发布了 3 个信息化五年规划后，首次编制智慧城市建设五年规划；2015 年 4 月，浙江省人民政府继《关于务实推进智慧城市建设示范试点工作的指导意见》之后，又发布《浙江省智慧城市标准化建设五年行动计划（2015 年—2019 年）》，推进智慧城市标准化建设；2017 年 2 月，南京市人民政府办公厅印发《"十三五"智慧南京发展规划》，提出到 2020 年，成为中国智慧城市示范引领者。

党的十九届五中全会通过的《中共中央关于制定国民经济和社会发展第十四个五年规划和二〇三五年远景目标的建议》指出，要加强和创新市域社会治理，推进市域社会治理现代化。《"十四五"国家信息化规划》提出，要构建网格化管理、精细化服务、信息化支撑、开放共享的基层治理平台。新冠疫情影响仍在持续，"新基建"计划加紧推进，智慧城市建设机遇与挑战并存。"十四五"期间，我国智慧城市建设将在国家治理现代化要求指引下，从需求出发，结合城市能力特色，顺应信息技术发展趋势，深化数字基础设施、提升服务水平、加快数据治理、构建协同机制。

2022年5月24日，国家工业信息安全发展研究中心、中国产业互联网发展联盟、工业大数据分析与集成应用工信部重点实验室、人民网财经研究院、联想集团联合发布了《依托智慧服务　共创新型智慧城市——2022智慧城市白皮书》，其中指出，相比传统城市，智慧城市利用新IT打破设备、组织间的数据孤岛，实现智慧政务、智慧交通、智慧安防、智慧园区等多领域的融合服务。该白皮书根据智慧城市的技术实施结构，认为智慧城市将呈现6大特征：精确感知、及时处理、云端处理、可靠传输、优质服务和安全稳定。即通过智能终端精确感知，通过智能边缘及时处理，通过网和云进行可靠传输和计算，形成以服务为优势、安全稳定可靠的智慧城市技术体系，最终构成新型智慧城市的6大特征。展望未来10年，中国城镇化率有望达到70%，智慧城市发展将发生3大变化：治理思路改变，即从城市数字化到数字城市化，整个城市在数字领域将形成"数字巨系统"；阶段重点改变，即从建设智慧城市到运营智慧城市，针对科技设备和数字空间的设计、运营、维护、培训、管理等全流程服务成为重点，如何用好智慧城市将会是下一阶段的重点任务；互动形式升级，即从人与人的连接到万物互联，万物互联场景下，万物发声，智慧城市的交互性将迈上新台阶，智慧城市各要素之间形成互动新生态。

5.4.3　国内外智慧城市发展建设案例

1. 德国

结合杨晓蔚的观点[①]及《德国智慧城市发展现状与趋势》[②]等相关文献，德国智慧城市建设可从政策体系和建设措施两方面给予我们借鉴经验。

（1）政策体系

第一，抓好顶层设计及高层次信息基础设施建设。总体而言，德国智慧城市建设首先强调生态环境保护、节能减排和可持续发展的理念，这与德国的发展历史、发展目标和总体战略密切相关。德国从第二次世界大战以来，基本思路是全面启动城市遗址的处理和重建，坚持生态原则，注重生态系统建设。目前，德国的智慧城市建设与生态城市建设相结合：生态城市注重使用可再生能源和提高能源效率，智慧城市重视基于互联网技术的城市整体解决方案的集成。同时，德国高度重视城市公共信息基础设施建设，充分利用城市运行中产生的各种数据、信息、知识和资源，加强不同组织之间的业务协调，提高政府决策水平，提高为社会和行业提供服务的能力。从世界绿色城市代表之一法兰克福开展智慧城市试点的经验来看，有4个方面值得注意。一是明确建设主题。法兰克

---

① 杨晓蔚. 德国智慧城市建设的经验及对浙江的启示[J]. 政策瞭望，2019(5):47-51.
② 德国智慧城市发展现状与趋势[J]. 公关世界，2017(15):82-89.

福非常重视绿色发展，目标是建设绿色城市，并成功被提名为"2014 欧洲绿色之都"候选城市。二是明确规划期间的建筑内容。法兰克福智慧城市规划以"绿色发展"为主题，提出了一系列与之相关的智慧城市建设内容，如环城绿化带、"超级节能住宅"、节能激励、减少二氧化碳排放、使用可再生能源、"法兰克福电力运输 2025 战略"、水资源管理等。三是设置领导小组。根据"绿色发展"的主题，法兰克福的智慧城市规划主要隶属于环境署。四是注重公共信息基础设施建设。法兰克福成立了"法兰克福莱茵－美茵数字中心"，该中心为供应商和用户提供了一个平台，以交换基础设施、信息和服务，并促进城市和城市数字基础设施的发展。

第二，注重重点领域的实际应用。智慧城市的应用范围广泛，包括能源、环境、交通、医疗、教育、建筑、金融、政务等。为了提高居民生活水平，增强城市的综合竞争力，德国的智慧城市建设项目主要侧重于节能、环保、交通、医疗等领域。对于智能节能和环境保护，2011 年日本福岛核事故后，德国加快了核设施减退步伐，并开始实施能源转换战略，制订了包含 6 项法律和一项法规的"能源一揽子计划"，成立了能源监管独立专家委员会，制定了 35 亿欧元的能源研究计划，并大力发展风能、太阳能和少量生物质能和地热能。德国计划 2020 年将二氧化碳排放量减少 40%，2022 年关闭所有核电站，2050 年可再生能源占德国能源的 80%。2014 年 8 月，《可再生能源法》正式宣布并实施；当年，德国可再生能源的份额首次超过传统褐煤的份额。德国太阳辐射量最大的城市弗莱堡充分利用了自身优越的自然条件，以及欧洲最大的太阳能研究所——弗芝恩霍夫太阳能研究所，制订了可持续发展的城市规划，并将太阳能发电应用于城市的各个角落。在智能交通方面，柏林的电力交通项目最为典型。柏林的目标是成为欧洲领先的电动车大都市。目前，柏林勃兰登堡首府地区是德国最大的电动汽车"实验室"，拥有 220 多个公共充电站。

第三，促进智慧城市建设与智慧经济的融合。智慧城市的建设不仅改变了人们的生活方式和观念，也促进了相关产业的快速发展，催生了智慧产业和智慧园区，促进了智慧城市建设与智慧经济的融合。通过实施工业 4.0 战略和德国数字战略，德国不仅在装备制造领域创造了世界领先的发展优势，而且在发展新一代信息技术产业方面取得了显著成功。此外，通过建设智慧城市，德国推动了云计算、大数据和物联网等新一代信息技术的引进、应用和本地化，推动了智能产业的发展、开发了大量智能园区。柏林阿德尔斯霍夫科技园正是一个成功案例。它曾是德国乃至全世界航空研发的中心，却在 1991 年前经历了近 30 年的衰落。在这段时间里，科技园公共安全条件很差，地下水受到污染，园区居民纷纷搬迁。自 1991 年以来，科技园区实施了孵化器战略，创建了创新创业生态系统，并成立了 4 个孵化器单位。为支持德国 2050 年能源转型战略，园区重点研究开发可再生能源应用综合解决方案，在园区规划、开发和运营中贯彻生态和智慧理念，将环保、绿色能源利用、绿色建筑、慢行交通系统、电动汽车和海绵镇融入城市建设。目前，科技园区建筑节能水平已达到德国领先水平。建筑类型主要为被动建筑和预制建筑。区域能源供应实现了可再生能源从直接到间接的全覆盖。目前，园区占地 $4.2km^2$，拥有 16

个科研院所、1000 多家公司和研究机构，员工 1.6 万人，汇聚了光电子与光学、光伏与可再生能源、微系统与材料、IT 与媒体、生物技术与环境检测分析技术等六大产业，形成了科技城、大学城、媒体城、柏林未来城、创业城——5 个"城市"的有机增长模式。

（2）建设措施

德国智慧城市建设突出强调生态环保、节能减排、可持续发展的理念，其成功经验尤其值得借鉴。

第一，因地制宜，试点先行。智慧城市建设是一项复杂的系统工程，是一个城市持续发展和长期发展的过程。要从城市经济社会发展现状出发，充分考虑当地资源禀赋、经济水平、发展特点、产业基础、信息水平、公民素质等因素，进行科学合理的顶层规划，明确长期发展目标和近期重点建设项目，并在实践中推进，逐步实施。从每个城市的实际出发，选择在居民和国家社会管理关注的困难领域开展试点，逐步解决智慧城市发展中的重点问题，从易到难、从点到面、从分割到结合。尽管德国的智慧城市建设主要集中在节能、环保和交通方面，但各个地区在具体项目的选择和运营上都有自己的特点。智慧城市建设没有统一的模式，并不是说云计算、大数据和物联网的使用就是智慧城市建设。智慧城市应在城市可持续发展过程中，有效利用新兴前沿技术，为市民提供便捷、经济、环保的公共服务，解决交通拥堵、城市污染等问题。所以，只要能够促进市民生活质量、城市竞争力和管理水平的提高，就可以被视为建设智慧城市。智慧城市建设是一个动态的过程，也是一个不断研究和实践的过程，需要集中精力，整合资源，通过高水平和示范性试点项目，找到建设智慧城市的有效途径。

第二，政企合作，多方出资。智慧城市建设是一种经济行为，需要社会资本的参与，尤其是企业参与投资与合作。为了更好地建设智慧城市，德国积极研究政企合作的 PPP 形式，塑造多元化运营模式的特点，确保智慧城市安全、高效、可持续运行。根据政府和企业在投资和建设领域的不同角色，德国智慧城市的建设表现为政府投资和运营、企业参与建设，政府和企业合资建设和运营，政府总体规划、企业投资和建设等不同模式共存。这种政企合作，调动全社会资金力量的多元化智慧城市建设模式，是值得学习的。

第三，以人为本，民生导向。智慧城市建设涉及的信息基础设施、智能服务平台、智能环保、智能交通、智能医疗、智能教育、智能社区等与居民的生活需求息息相关。德国柏林、法兰克福、科隆等城市在规划智慧城市项目时，会认真细致地做好准备工作，综合考虑当地居民的需求，根据意见和建议修改完善项目方案，促进公众参与。通过多种参与方式，市民可以及时了解智慧城市项目，甚至成为项目的承担者。因此，在智慧城市建设过程中，要注重城市历史文化传统的传承，尊重群众的愿望、习惯和需求，促进公众的参与和共享。选择的建设项目也要立足于当地和群众的实际，不能片面追求完美和过度融入形象工程。我们应该把公众体验和民众满意度作为检验智慧城市建设成败的关键，从民众而不是管理者的角度来建设智慧城市。

2. 英国

结合赵蕃蕃[1]和臧建东[2]等人的观点，英国智慧城市建设亦可从政策体系和建设措施两方面提供借鉴经验。

（1）政策体系

2009 年 6 月，英国发布《数字英国》（Digital Britain）计划，并提出了许多建设宽带、通信、媒体等基础设施的具体行动方案，旨在改善基础设施，促进全民数字应用，并使英国成为世界的"数字首都"。2017 年 3 月，英国政府正式发布了《英国数字化战略》，涵盖 7 个方面：数字互联、数字技术、数字商务、宏观经济、网络空间、数字政府和数据资源。该战略明确提出，到 2020 年，加快 4G 和超高速宽带建设，维持宽带普遍传输速率（至少 10Mbps），在更多公共场所提供免费 Wi-Fi，并为光纤和 5G 网络建设拨款 10 亿欧元。总体而言，英国智慧城市建设的基础是促进物理基础设施和信息基础设施的融合，构建城市智能基础设施系统。通过移动互联网、物联网、云计算等新一代信息通信技术在城市建设各个领域的全面应用，最大限度地整合和利用城市各类信息资源，为经济社会发展提供便捷高效的信息服务，并以更加精细和动态的方式改善城市运营和管理，提高公共行政效率和公民生活质量。

（2）建设措施

第一，发展智慧低碳技术。为了应对全球气候变化，减少社会生产和生活对环境的影响，英国智慧城市建设注重智能绿色技术的发展。伦敦贝丁顿零化石能源开发生态社区就是一个典型代表。在伦敦南郊沃灵顿的贝丁顿，许多建筑公司与英国首席生态建筑师一起，建造了英国最大的低碳可持续发展社区。从提高能源利用的角度出发，该市建筑结构采用建筑保温、智能供暖、自然采光和太阳能、风能、生物质能等新能源综合利用设计。与周边普通住宅区相比，该社区的供暖能耗减少了 88%，用电量减少了 25%，用水量仅为英国平均用水量的 50%。

第二，开展智慧居家养老试点。英国政府在英格兰西南部的格洛斯特建立了一个"智能住宅"试点项目，使用在房子周围安装传感器的方法，通过中央信息处理器控制各种家用电器。智能住宅还配备了以计算机终端为核心的监控和通信网络，能够完成温度设置、健康监测等多种功能。

第三，构建智能物联系统。随着信息技术发展，低功耗广域网技术出现。低功耗广域网具有三个特点：远程通信、低速数据传输和低功耗。它适用于远程传输、少量通信数据和电池供电的物联网。目前，在英国，低功耗广域网已应用于智能路灯。剑桥科技公司 Telensa 在埃塞克斯建立了一个网络（PLANet），覆盖 13 万盏智能路灯，并使用室

---

① 赵蕃蕃. 英国智慧城市发展创新路径[J]. 中国经贸导刊，2018(27):14-15,32.

② 臧建东，章其波，王军，等. 创新发展理念 扎实推进智慧城市建设——英国和爱尔兰智慧城市建设的做法与启示[J]. 中国发展观察，2018(17):52-55.

外无线单灯控制。由于 PLANet 使用低功耗广域网传输数据，并灵活地根据各种因素调整照明，因此具有较好的节能效果。此外，Telensa 还在路灯上安装了传感器，通过记录车辆的通行情况，形成车辆分布和周围停车位置信息，方便驾驶员选择附近的停车位。路灯可以在实现节能效果的同时，成为三维智慧城市交通的重要组成部分。

第四，支持数据开放。数据资源是智慧城市建设的基础，大数据日益成为各行业关注的焦点。在政府数据开放的推动下，英国推动和促进基于大数据的创业创新活动，并专注于数字经济的发展，成为世界典范。2010 年，英国数据网站 Data.gov.UK 正式上线，提供经济、环境、政府、社会和安全等 12 类信息。有了这个网站，公众可以快速获取相关信息。随后，英国又成立了开放知识基金会（Open Knowledge Foundation，OKF）和开放数据研究所（Open Data Institute，ODI），这两个机构不仅进行着与数据相关的指数研究和分析，也成为基于开放数据的创新孵化基地和创客收集中心。近年来，英国政府数字服务局（Government Digital Service，GDS）也向人们展示了英国中央政府的数字实践和技术应用如何为公民提供更好的服务。2018 年 7 月，政府数字服务局与英国住房、社区和地方政府部共同发布了"地方数字宣言"联合倡议，该倡议提出了一套指导原则，并汇集了大量实际案例，在不同的发展阶段、针对不同的城市规模更有效地支持地方政府，以便更好地提供数字服务和平台，满足公民的需求。英国住房、社区和地方政府部门首席数字官保罗·马尔特比指出，"修复数字管道"意味着打破对僵化且昂贵的技术系统的依赖，建立灵活的模块化方法和开放标准，以更低的成本共享更多的数据资源，更好地为公众服务。[①]

第五，示范项目和机构支持。一是未来城市示范项目（The Future Cities Demonstrator Programme）。未来城市示范项目是英国创新署于 2012 年启动的一项总投入为 3 300 万英镑的财政支持计划，主要基于对英国城市之间各自孤岛封闭式发展导致创新分享不足的担忧，希望通过该项目整合城市服务和系统来重塑价值。其不仅仅关注于技术创新带来的变革，同时也很看重地方政府如何组织和鼓励社会多元参与以实现最优发展目标，即通过探索利用技术和数据创新方法，使城市生活更安全、更智能、更可持续。这一项目为 29 个城市申请者各提供 5 万英镑的支持，开展如何应对城市发展挑战的可行性研究，包括交通、住房、健康、能源和污染等方面。基于这些城市提供的研究提案，四个城市（布里斯托、格拉斯哥、伦敦和彼得伯勒）入围评选，最终格拉斯哥获得总额为 2 400 万英镑的资金支持以用于其在公共出行、能源、交通和公共安全等领域的发展项目，布里斯托、伦敦和彼得伯勒各获得 300 万英镑支持，主要用于停车场、全市无线网络、智能交通、智能街道照明、社区安全和健康计划等。

二是英国未来城市创新推进中心（Future Cities Catapult，FCC）。英国未来城市创新推进中心于 2013 年在伦敦成立，五年内获得了约 5 000 万英镑的财政支持，旨在加速城市发展理念向市场落地转化，促进城市、学术界和企业合作形成新的智能解决方案，从

---

① 赵蕃蕃. 英国智慧城市发展创新路径[J]. 中国经贸导刊，2018(27):14-15,32.

而更好地推动城市发展。它正在通过格拉斯哥、伦敦、布里斯托和彼得伯勒示范项目来检验面临不同城市发展挑战的创新解决方案是否行之有效。

英国未来城市创新推进中心是英国智慧城市国家创新生态体系的一部分。英国创新署作为英国数字经济战略的关键部门，先后推动成立了包括高价值制造、海洋可再生能源等 10 个创新中心。每个创新中心专注于不同的技术领域，都提供了一个拥有硬件设施和专业知识的空间，使得企业和研究人员能够协作解决关键问题并开发应用于商业的新产品和服务。这其中 5 个与智慧城市建设运营相关，即未来城市创新推进中心、数字创新中心、交通系统创新中心、卫星应用创新中心、能源系统创新中心。这些创新中心均为非营利性的独立实体中心，它们将企业与英国的研究机构和学术界联系起来，对于智慧城市相关领域创新技术的研发应用起到了积极的助推作用。

第六，鼓励不同城市探索新型发展路径。一是曼彻斯特。曼彻斯特作为老牌重工业基地，在过去的半个世纪成功实现了从工业经济到服务型经济的战略转型。自 2004 年以来，曼彻斯特依托科技不断追求创新，致力于将自身建设成为知识城市的典范和创意产业之都。2013 年，曼彻斯特被确定为中欧智慧城市合作欧方试点城市之一。同时，曼彻斯特是英国北部振兴计划（Northern Powerhouse）的核心区域，该计划是政府长期经济计划的一部分，旨在重新平衡英国各地区的增长情况。

2016 年，曼彻斯特提出其发展愿景是在 2025 年位于世界城市中的顶级之列，形成具有竞争力、充满活力和可持续发展的经济环境；利用在科技、先进制造、文化、创意和数字商业方面的独特优势来培养和鼓励新想法；拥有高技能、富有进取精神的人才；让不同背景的居民都感到安全、向往和宜居。为实现此愿景，曼彻斯特在智慧城市方面做了很多积极探索，其中最重要的经验是创造和维持合作伙伴关系。正如曼彻斯特市政府城市发展战略主任理查德·埃利奥特介绍的，面对城市发展挑战，以市民为核心，将中央和地方政府、其他公共事务部门、教育机构以及至关重要的私营企业协同组织起来，共同开发创新解决方案。

曼彻斯特的城市活力项目（City Verve）是英国物联网技术的城市示范项目，它位于曼彻斯特长廊（Manchester Corridor）区域，由 21 个合作方组成，包括曼彻斯特市议会、曼彻斯特城市大学、医疗养老基金会，以及思科、西门子、英国电信等企业合作方，中小型创新企业也被鼓励积极参与其中，目前已形成包括健康管理、街道照明、智慧停车、搭建社交平台、设计富有创意的物联网艺术装置（IoT Art Installation）、可交互的公交站项目（Talkative Bus Stop）等一系列智能项目。

二是米尔顿·凯恩斯。米尔顿·凯恩斯靠近伦敦，位于牛津和剑桥创新走廊的中心，是英国交通系统创新中心（Transport Catapult）所在地，开展了英国首次无人驾驶汽车试验。米尔顿·凯恩斯是英国自动驾驶汽车的试点城市，现在已经试行 40 辆自动驾驶汽车。2018 年 3 月，米尔顿·凯恩斯还进行了客车项目的试点。城市安装了带有摄像头的运动感测器和停车感测器，它们能够捕捉行人、汽车的运动轨迹，形成数据记录，整个系统可以利用这些数据提前 24 小时对行车轨迹进行预测。城市还安装了埋在地下的电动公交车感应充电器，公交车停在充电桩上方，10～15min 即可有效充电。交通系统创新中心与开放大学合作开发基于数据中心（Data Hub）的市民服务、能源管理等项目，以交通创新为基础衍生了一系列社会服务，使得米尔顿·凯恩斯逐步积累起在智慧城市发展方面的独特经验。

米尔顿·凯恩斯独特的地理位置，以及其对新型交通模式的发展定位都为这个城市带来了新的活力。据米尔顿·凯恩斯市政府未来城市发展战略主任杰弗里·斯内尔森介绍，未来的出行方式应该是不同方式的融合，随着新的出行方式的出现，找到更好的兼容办法来让出行更美好。

英国通过智慧城市建设，关注人的需求，强调不同单位之间的合作，强调资源开放，这些也成为英国智慧城市持续创新的重要发展经验和基础。正如英国国际贸易部投资部长格雷厄姆·斯图尔特所说：城市化带来了机遇和挑战。我们需要使城市更加宜居，这意味要利用所引进技术不断改进城市环境，使之适应人类。有人说我们应该让人类适应未来，但实际上真正的挑战是让未来适应人类。这就需要世界各地的创新行动者共同努力，使城市真正发挥其价值，满足人类需求。

3. 中国

智慧城市利用新一代信息技术，以整合、系统的方式管理城市的运行，让城市中各个功能彼此协调运作，为城市中的企业提供优质的发展空间，为市民提供更高的生活品质，促进城市逐步走向智慧化、数字化、物联化。[①]

（1）福建省厦门市：5G City

在智慧城市建设方面，中国电信提出建设以"一网、一云、一平台"为核心的智能信息化基础设施，即一张城市泛在感知网、一朵城市安全承载云和一个"聚数生智"的城市智慧管理平台。2021 年，中国电信携手华为，在厦门构建"5G City"，向全国辐射。双方围绕 2C、2H、2B 各领域开展探索实践，以实现各行各业的新体验、新应用、新融合、新发展，更好地提升个人客户使用体验、更好地服务行业客户生产力提升、更好地擎托厦门"城市大脑"的建设蓝图，为建设智慧城市奠定良好基础。中国电信充分发挥"物、网、云、数、智"融合资源优势，服务数字政府，全面赋能新型智慧城市建设。

（2）江西省赣州市全南县：OneCity 智慧城市平台

为提升城市功能品质，做好全面对接融入粤港澳大湾区配套服务，江西省全南县携手中国移动开展"智慧全南"建设项目，也是首个完整应用中国移动 OneCity 平台的智慧城市案例。平台承载"智慧全南"指挥中心 IOC、六大智慧应用、四大平台的业务系统，运用大数据和 5G 等技术，感测、分析、整合城市运行系统的关键信息，为全南县政务业务系统提供数据共享交换和指挥调度的能力，有效解决了全南县城市建设中存在

---

① 曾著. 2021 智慧城市十大案例[EB/OL].（2022-01-26）. https://baijiahao.baidu.com/s?id=172299961617 8442658&wfr=spider&for=pc.

的"城市缺乏统一平台、各部门数据分散自治、城市缺乏整体联动指挥、各行业管理信息化程度低"的当务之急。基于"1+1+3+*N*"的 OneCity 智慧城市平台，中国移动以城市为核心场景，推动数字化向更深、更广创新发展，助力各级城市打造良善治理之城、活力经济之城、幸福宜居之城。

（3）北京首钢科技冬奥园区：城市智脑 CityNEXT

作为智慧城市的重要参与力量，中国联通勇担"数字信息基础设施运营服务国家队、网络强国数字中国智慧社会建设主力军、数字技术融合创新排头兵"的使命，打造了"城市智脑 CityNEXT"新型智慧城市能力体系。在 2022 年北京冬奥会准备期间，中国联通针对北京首钢科技冬奥园区的需求，开发了智能车联网业务平台主系统，完成了 5G+C-V2X 车联网、5G+北斗高精定位系统的部署。此外，中国联通全面承接冬奥组委通信需求，打造标准统一的冬奥通信服务技术体系，统一规划北京、张家口两地三赛区的场馆网络。在全面覆盖 5G 网络后，首钢园区将继续探索远程办公、智慧场馆、移动安防、无人驾驶、高清视频等多种应用，成为城市科技新地标。

（4）湖南省长沙市：长沙城市超级大脑

腾讯研究院和腾讯云联合打造的新政务业务品牌业务理念"WeCity 未来城市"，以基础产品和能力为底层，为数字政务、城市治理、城市决策和产业互联等领域提供解决方案。长沙城市超级大脑是其首个落地项目。腾讯充分利用自身技术优势禀赋，覆盖政务、党建、医疗、文旅等多方面城市生活领域。WeCity 数据平台作为长沙城市超级大脑数据中台的核心数据底座，提供数据支撑能力和统一运营能力，为长沙智慧城市建设提供全方位数据支撑，在数字治理、数字惠民、数字抗疫等领域发挥了关键支持作用。"一脑赋能、数惠全城"的智慧城市运行格局已初步形成。

（5）浙江省宁波市：数字孪生城市公共云

数字孪生城市已成为新型智慧城市建设的重要方向，阿里云在芯片、3D 建模、图像处理、高性能数据传输和处理等多个技术方向上提前布局，掌握了多个领域的核心专利。在数字孪生全栈技术的支持下，宁波城市大脑的基础能力得到进一步增强，快速实现了宁波应急业务数据、自然资源、社会经济数据的全域时空数据融合，构建应急多领域行业数据模型和仿真模型。通过仿真推演，这些模型可以实现信息采集网格化、预案管理数字化、预测预警智能化、联动指挥精准化等，从而提高风险监测预警，保障应急指挥和智能决策分析，优化资源统筹，为宁波智慧城市建设保驾护航。

（6）云南省丽江市：智慧丽江城市大脑

百度智慧城市秉承"平台+生态"的发展战略，从城市"生命体、有机体"的全局出发，充分发挥百度在数据、技术、生态和安全等方面的优势，全面推动城市数字化转型升级。百度助力打造的智慧丽江城市大脑，为城市管理业务提供数据支持和人工智能赋能，提升城市综合治理水平。城市大脑按"1+1+4+*N*"架构设计，围绕打通业务数据、建设 4 大中台及市级指挥中心、市直部门及区县级分中心，实现综合指挥调度、决策分析及资源共建共享共用。目前，智慧丽江城市大脑已初步实现党建政务、文化旅游、社会治理、生态环保、公共服务等多个智慧化场景应用落地，让线上数据跑得更顺畅，让线下管理更科学。

（7）湖北省武汉市：武汉云

华为基于"一城一云"的理念，以"云网合一、云数联动"为构架，建设全国首个城市云——武汉云。武汉云通过打造城市运行管理中心、数字经济赋能中心、数字人才培养中心、科技创新孵化中心4大中心，全面赋能政府管理、惠民服务、城市治理、产业创新、生态宜居等重点应用领域，支撑智慧城市实现实时感知、高效研判、精准治理。在湖北省和武汉市委、市政府的指导推动下，华为能够支持更多的业务迁移到武汉云，协同构建武汉全场景业务体系，并完善城市数据治理体系，形成成熟的持续运营模式，实现城市数据赋能城市产业发展，各方共同努力将武汉云打造成为全国城市一朵云新范式。

（8）颐和园：智慧云平台

联想为颐和园搭建智慧云平台，建设智慧化、人性化、综合性、系统性、有效性的颐和园智慧管理和服务体系，借助知识图谱、智能匹配、智能推荐等人工智能技术，通过大数据深度学习的"魔方"人工智能机器人，为颐和园的建设和运营提供更优质的智慧服务和数字体验。整体工程围绕智慧旅游、智慧管理和智慧文旅三期，智慧旅游主要面向游客，以游客服务中心为核心，为逐年递增的游客提供更优质的文化服务和数字体验；智慧管理主要面向景区，提供园区管理优化智能工具，提升景区管理效率和能力；智慧文旅则面向产业，实现文化创新与文物保护，推动中国传统文化的全人类共享。借助联想的领先科技，智慧颐和园的打造将使得这座中国最大的皇家园林博物馆插上科技的翅膀，释放更大的人文力量。

（9）江苏省南京市六合经济开发区：以城市大脑和数字孪生城市为核心

神州控股以"城市CTO"的角色深度赋能城市智慧化发展和数字化转型，帮助合作城市建设城市数据中枢和数据中台，建立城市数字生态网络，连接城市、企业和市民，快速推进以城市大脑和数字孪生城市为核心的新型智慧城市建设。在江苏省南京市六合经济开发区，神州控股运用数字孪生、物联网、云计算等技术，帮助园区在信息化建设方面构建统一的业务管理平台和对外服务平台，为园区管理者以及企业提供创新管理与运营服务。其中，通过数字孪生技术打造的园区驾驶舱，对企业管理、园区管理、智能交通、基础设施等领域进行管理决策支持，进而实现园区智慧式管理和运行。

（10）内蒙古自治区呼和浩特市：呼和浩特城市大脑

深耕智慧城市领域多年，新华三集团在建设新型智慧城市的过程中充分借助了"以人为本"理念，在全面参考城市特点的基础上，关注城市的生活者、城市的治理者和城市的生产者，为城市量体裁衣，瞄准城市治理关键场景，推动构建城市治理的核心体系，以一网统管实现城市的数智化治理。其联合呼和浩特市布局的智慧城市项目，通过"1+4+N"体系构建的基础框架，建立健全大数据辅助科学决策和社会治理的机制，推进政府管理和社会治理模式创新，实现政府决策科学化、社会治理精准化、公共服务高效化。以"立足首府、站位全局、服务全区"为出发点，呼和浩特市的智慧城市建设全面开启。

5.4.4　中国智慧城市发展建设问题

结合焦晶等人的观点[①]，我国智慧城市发展建设存在 5 个方面的突出问题。

第一，标准建设有待加强。2017 年 5 月，中央网信办、国家质检总局、国家标准化管理委员会联合印发《"十三五"信息化标准工作指南》，明确提出了"建立新型智慧城市标准体系，加快研究制定分级分类推进新型智慧城市建设涉及的管理与服务标准，加快构建智慧城市时空大数据云平台建设标准体系"。"智慧城市"发展建设离不开"标准"支撑，我国现阶段智慧城市发展建设普遍存在着"重建设、轻标准"的现象，总体面临标准化程度较低、标准体系和关键标准缺失等一系列问题。

第二，市场重视程度不够。"智慧城市"发展建设是复杂且庞大的系统工程，在发展建设初期，政府需要从智慧城市顶层设计、规范标准体系、统筹协调组织等方面发挥引导作用。但是目前我国受制于政府管理机制体制和缺乏市场竞争机制，政府投资智慧城市发展建设项目的效率远远低于市场。在智慧城市发展建设项目方面，要根据实际项目的属性，鼓励采用多元化的融资方式，引入市场竞争机制，充分调动企业参与的积极性，发挥市场配置资源的决定性作用，形成政府、企业、社会合力推进智慧城市发展建设的格局，确保智慧城市发展建设的可持续性。

第三，人才储备尚不充裕。发展建设智慧城市的关键是人才。我国发展建设智慧城市的时间并不长，因而相关人才严重短缺，特别是具备硕士及以上学历或副高以上职称的高级专业技术人才，以及既懂专业技术又熟悉政府和企业管理的复合型人才更是严重短缺，从而导致开发的管理信息系统难以与智慧城市的管理和经营有机地结合在一起，严重影响了信息化平台的运行质量和效率。

第四，盲目跟风、资源浪费现象严重。李克强总理曾强调，发展智慧城市，保护和传承历史、地域文化。中国智慧城市的发展建设起步较晚。虽然大多数地区都有很大的热情，但没有正确的方向。通过相互借鉴来发展建设，必然会抹去城市之间的差异，导致"千城一面"的现象。这样一来，缺乏因地制宜的城市开发建设规划，不但无法达成现代城市开发建设的目标，反而削弱甚至丧失了城市原有特色，也不利于城市的可持续发展。同时，城市间基础设施的重复建设削弱了区域间合作带来的收益，造成了资源浪费、效率低下。

第五，居民对智慧城市建设认识及关注度低。智慧城市发展建设最终的服务对象是城市居民，目的是更加集约高效地利用城市土地、空间和资源，创造最大的社会效益。然而，在发展建设过程中，本应与之关系最密切的居民对智慧城市的发展建设关注和了

---

① 焦晶，李玲. 我国智慧城市建设中存在的问题及对策分析[J]. 西部皮革，2018,40(15):111,119.

解甚少，对智慧城市的发展建设参与和支持不足。一座为居民而建的城市不应忽视居民的参与，否则在发展建设过程中很容易失去其应有意义。

5.4.5 智慧城市发展建设趋势及建议

结合焦晶等人[①]及张朝兰[②]的观点，未来的智慧城市发展建设需坚持目标导向、问题导向、需求导向，执行国家新型智慧城市建设要求，贯彻"以人为本、创新驱动"的宗旨，实现政府主导、市场化运作、公司化运营，具体包含以下 4 个方面。

第一，智慧城市顶层设计的加强。从目前我国智慧城市的发展建设现状可以看出，各个地方政府对智慧城市的发展建设相当混乱，只有加强对智慧城市的顶层设计，才能对智慧城市的建设做出合理的规划。党的十八大以来，党和国家提出了促进新型城镇化、全面建设小康社会的方针战略，而智慧城市的建设也要形成相应的方针和这些政策同步进行，只有把智慧城市的理念融入大的政策方针中，才能使智慧城市建设更加有序合理。这个理念不仅可以在城市推广，甚至可以推广到城镇和农村，从而掀起全国性的智慧城市发展建设浪潮。

第二，新一代信息技术的应用。未来的智慧城市将与现在的城市有很大的不同，这将体现在两个方面：一是新一代信息技术的广泛应用，包括云计算、物联网、三网融合和无线宽带；二是以信息技术为基础的公共建设和管理将成为发展的重点。这两个特征反映了信息技术对智慧城市发展和建设的重要性。在未来智慧城市的开发建设中，要进一步提高城市信息化水平，加强城市信息基础设施建设，为未来全民富裕的智慧城市奠定良好基础。

第三，与新一代信息技术的互动。城镇化发展是中国经济快速发展的重要保障。如果这个市场发展良好，将带来万亿元人民币级内需。历史上，第一次工业革命提高了美国、英国等国家的城市化水平，第二次工业革命使一些发达国家和发展中国家走上了城市化发展的道路，但我国并未跟上第二次工业革命的潮流，因而城镇化发展相对滞后。而第三次工业革命将由新一代信息技术推动，中国也必将乘上其东风。智慧城市的建设不仅需要新一代信息技术的支持，还需要为新一代信息技术的发展提供良好的环境。发展和建设智慧城市，可以为新一代信息技术提供良好的市场氛围，促进信息技术的创新发展。因此，在未来的智慧城市发展中，我们必须从总体规划的角度出发，继续加强智慧城市开发建设与新一代信息技术的互动，制定相应支持政策。

第四，综合协调机制的建立。智慧城市的开发建设涉及信息技术、卫生、城市交通、教育、社区管理等多个相互独立的领域。因此，要发展建设智慧城市，必须建立一个统筹规划机制来协调这些领域。但我国目前尚无类似统筹机制进行相应协调，最初智慧城

---

① 焦晶，李玲. 我国智慧城市建设中存在的问题及对策分析[J]. 西部皮革，2018,40(15):111,119.
② 张朝兰. 浅析我国智慧城市发展现状及未来趋势[J]. 电子测试，2015(7):148-149,147.

市是由信息化主管部门提出并建设的；随其发展，城市规划建设部门也开始着手制定智慧城市的目标战略；近年来，住房和城乡建设部也逐渐参与其中。这 3 个部门的发展建设方向不尽相同，以信息化主管部门主导的智慧城市能够很好地将新一代信息技术运用于智慧城市的发展建设中，但往往不能把规划落实到具体城市建设项目中；城市规划建设部门虽然能将制订的规划落实到具体建设项目中，但很少能将新一代信息技术进行融合，这就造成了智慧城市发展建设存在领域短板。这种单靠一个部门的智慧城市发展建设战略存在的缺陷很多，因而必须要建立一个统筹机制进行综合协调。未来智慧城市的发展建设，应以国家信息化领导小组为核心，通过颁布智慧城市发展建设的指导意见并成立相应的管理办公室，对智慧城市发展建设中遇到的问题进行跨部门协调，从而促进智慧城市全领域共同发展建设。

练习与思考

1．简述随数字经济发展形成的数字经济技术架构层级及作用。

2．简述云计算的概念、服务模式及作用。

3．简述我国铁路通信传输网及铁路数据通信网的作用。

4．简述智慧城市的概念及我国智慧城市发展面临的问题。

5．本章所述内容外，你还了解哪些数字技术或数字基础设施建设？

第6章 产业数字化：
数字经济促进传统产业转型升级

继农业经济和工业经济之后，作为全新经济社会发展形态的数字经济已成为当今时代推动产业转型升级的重要驱动力，传统产业数字化变革也成为迫在眉睫的时代任务。党的十九大以来，我国不断加快建设制造强国、网络强国和数字中国，推动互联网、大数据和人工智能与实体经济深度融合，抢抓新一轮工业革命机遇，围绕核心标准、技术和平台加速布局产业互联网，构建数字驱动的产业新生态。通过数字化转型驱动管理提升，利用新技术和商业模式进行创新，使数字化转型从局部规划和设计向全局规划和顶层设计转变。2021 年《政府工作报告》中也提到："加快数字化发展，打造数字经济新优势，协同推进数字产业化和产业数字化转型，加快数字社会建设步伐，提高数字政府建设水平，营造良好数字生态，建设数字中国。"

基于数字经济时代传统行业发展的要求及党和国家对传统行业数字化发展的要求，本章选取制造业、农业、工业、服务业、医疗、交通、物流和教育 8 个极具代表性的传统行业，通过对其数字化转型内涵、现状、发展趋势和发展问题等方面的阐释与梳理，为读者详细分析其在数字经济时代下形成的智能制造、数字农业、数字工业、数字服务业、数字医疗、数字交通、智慧物流及智慧教育等产业新业态，帮助读者了解数字经济促进传统行业转型升级的内在机理与外在表征。

6.1 数字化与产业融合

6.1.1 数字化

数字化是从信息经济向数字经济转变的过程，凸显数据在生产和生活中的特殊地位。现代信息技术使得生成、存储和计算海量数据成为可能，但数据的价值来自人类分析世界、预测未来和减少不确定性的愿望。在数字经济的背景下，数字化在经济和社会的各个领域都广泛存在。通过大数据、云计算和人工智能等通用数字技术，可以深入挖掘数据，获取必要的知识和信息，化解生产、供给、营销和使用等复杂系统的不确定性，优化资源配置效率。

数据的深度应用是数字化的核心。通过深度整合数字技术和人类活动，可以深化数据收集，增加数据交流，提高决策质量，提升生产效率。因此，数字化转型就是利用现代科学和工程技术来解决数据如何收集、联通和使用等问题。

2020 年，中国国家主席习近平在二十国集团领导人第十五次峰会上的讲话强调："发挥数字经济的推动作用。疫情激发了 5G、人工智能、智慧城市等新技术、新业态、新平台蓬勃兴起，网上购物、在线教育、远程医疗等'非接触经济'全面提速，为经济发展提供了新路径。我们要主动应变、化危为机，深化结构性改革，以科技创新和数字化变革催生新的发展动能。我们要为数字经济营造有利发展环境，加强数据安全合作，加强数字基础设施建设，为各国科技企业创造公平竞争环境。同时，要解决数字经济给就业、税收以及社会弱势群体带来的挑战，弥合数字鸿沟。"

6.1.2　产业融合

产业融合是指农业、工业、服务业、信息产业和知识产业等相继出现的不同层次的产业模式，在同一产业、产业链和产业网络中渗透、包容和融合，最终形成新的产业形态和经济增长方式的过程。产业融合能够用高端控制低端、先进促进落后、纵向带动横向，使低端产业成为高端产业的组成部分，实现产业升级的知识运营增长方式、发展模式与企业经营模式。

习近平总书记在多次会议讲话中提到过产业融合。2017 年，习近平总书记在中国共产党第十九次全国代表大会上指出："加快建设制造强国，加快发展先进制造业，推动互联网、大数据、人工智能和实体经济深度融合，在中高端消费、创新引领、绿色低碳、共享经济、现代供应链、人力资本服务等领域培育新增长点、形成新动能。"2019 年，国家主席习近平在二十国集团领导人大阪峰会上发表题为《携手共进，合力打造高质量世界经济》的讲话，进一步强调："世界经济已经进入新旧动能转换期。我们要找准切入点，大力推进结构性改革，通过发展数字经济、促进互联互通、完善社会保障措施等，建设适应未来发展趋势的产业结构、政策框架、管理体系，提升经济运行效率和韧性，努力实现高质量发展。我们要抓住新技术、新产业、新业态不断涌现的历史机遇，营造有利市场环境，尊重、保护、鼓励创新。我们要提但是国际创新合作，超越疆域局限和人为藩篱，集全球之智，克共性难题，让创新成果得以广泛应用，惠及更多国家和人民。"

6.1.3　数字化推动产业融合

2020 年，党的十九届五中全会通过的《中共中央关于制定国民经济和社会发展第十四个五年规划和二〇三五年远景目标的建议》针对"加快发展现代产业体系，推动经济体系优化升级"做出了全面部署，要求"坚持把发展经济着力点放在实体经济上，坚定不移建设制造强国、质量强国、网络强国、数字中国，推进产业基础高级化、产业链现代化，提高经济质量效益和核心竞争力"。该建议的通过标志着以推动产业融合，实现经济结构优化升级，经济发展效率、质量全面提升的发展战略全面实施。

《中共中央关于制定国民经济和社会发展第十四个五年规划和二〇三五年远景目标的建议》还提到了我国未来以数字化推动产业融合发展的几项具体任务。

第一，发展战略性新兴产业。加快壮大新一代信息技术、生物技术、新能源、新材料、高端装备、新能源汽车、绿色环保以及航空航天、海洋装备等产业。推动互联网、大数据、人工智能等同各产业深度融合，推动先进制造业集群发展，构建一批各具特色、优势互补、结构合理的战略性新兴产业增长引擎，培育新技术、新产品、新业态、新模式。促进平台经济共享经济健康发展。鼓励企业兼并重组，防止低水平重复建设。

第二，加快发展现代服务业。推动生产性服务业向专业化和价值链高端延伸，推动各类市场主体参与服务供给，加快发展研发设计、现代物流、法律服务等服务业，推动现代服务业同先进制造业、现代农业深度融合，加快推进服务业数字化。推动生活性服务业向高品质和多样化升级，加快发展健康、养老、育幼、文化、旅游、体育、家政、物业等服务业，加强公益性、基础性服务业供给。推进服务业标准化、品牌化建设。

第三，统筹推进基础设施建设。构建系统完备、高效实用、智能绿色、安全可靠的现代化基础设施体系。系统布局新型基础设施，加快第五代移动通信、工业互联网、大数据中心等建设。加快建设交通强国，完善综合运输大通道、综合交通枢纽和物流网络，加快城市群和都市圈轨道交通网络化，提高农村和边境地区交通通达深度。

第四，加快数字化发展。发展数字经济，推进数字产业化和产业数字化，推动数字经济和实体经济深度融合，打造具有国际竞争力的数字产业集群。加强数字社会、数字政府建设，提升公共服务、社会治理等数字化智能化水平。建立数据资源产权、交易流通、跨境传输和安全保护等基础制度和标准规范，推动数据资源开发利用。扩大基础公共信息数据有序开放，建设国家数据统一共享开放平台。保障国家数据安全，加强个人信息保护。提升全民数字技能，实现信息服务全覆盖。积极参与数字领域国际规则和标准制定。

结合该建议和我国现状，我国已进入工业化中后期，基本完成了重工业化，环境和资源约束加剧，人口红利减弱，迫切需要实现产业结构转型和现代化。产业数字化是解决上述问题的有效途径。通过数字技术在各产业的广泛渗透和应用，数字经济促进了跨部门和跨产业整合，并广泛延伸到贸易、生产和服务等领域，最终形成以数字农业、数字工业和数字服务业为代表的数字化及产业融合业态与模式，进入产业数字化阶段。

6.2 传统产业数字化转型与融合发展

6.2.1 智能制造

1. 智能制造相关概念

智能制造是指具有信息自感知、自决策、自执行等功能的先进制造过程、系统与模式的总称。在数字经济时代，智能制造则具体表现为制造业的数字化，即制造过程的各个环节与新一代互联网、大数据、云计算、人工智能等数字经济基础技术深度融合。智能制造一般具备 4 个特点：一是以智能工厂为载体；二是以重要制造节点的智能化为核心；三是基于端到端的数据流；四是由互联互通的网络系统支持。其主要代表包括智能产品、智能生产、智能工厂、智能物流等。

与自动化相比，智能制造技术是在现代传感器技术、网络技术、自动化技术、人工智能技术等先进技术的基础上，通过智能感知、人机交互，实现设计过程、制造过程和制造设备的智能化。智能制造更新了制造自动化概念，并将其扩展到更加灵活、智能和高度集成的领域。自动化是指设备、系统及生产管理过程在无人或少数人直接参与的情况下，根据人的要求，通过自动检测、信息处理、分析和评估实现预期目标的过程。智能制造则是基于信息化的制造，它贯穿于整个产品生命周期，实现无所不在的感知。

2. 我国智能制造发展现状

张莉在 2021 提出，先进制造业是我国制造业转型的方向，是我国制造业参与国际竞争的主导力量[①]。因此，现阶段我国应积极抓住数字产业快速发展机会，充分发挥制造业大国优势，推动大数据、互联网、人工智能和实体经济深度融合，创新智能制造、工业互联网等数字产业化新形式、新模式，为先进制造业高质量发展增添新动力。

沈恒超指出，数字经济是继农业和工业经济之后的一种新经济形式，它将数据资源视为重要生产要素，将数字转型视为重要驱动力[②]。当前，越来越多的国家正大力把发展数字经济作为促进经济增长、推动信息技术与新一代制造业深度融合、发展先进制造业和智能制造业的重要途径。

对我国来说，数字化转型也是我国制造业提高产品质量和生产管理效率的重要途径。虽然我国制造业发展取得了较大进步，但在现实中，大多数制造企业仍处于较低发

---

① 张莉. 数字化新业态助推传统产业转型升级[J]. 中国对外贸易，2021(4):24-26.
② 沈恒超. 中国制造业数字化转型的特点、问题与对策[J]. 中国经济报告，2019(5):102-107.

展阶段。在此基础上，制造业数字化转型不仅包括企业数字化改造，还包括大数据、人工智能等技术的深度应用，使一些有基础、有实力的企业实现供应、制造、销售、服务等环节的网络化、智能化。

近年来，为促进制造业转型升级，我国不断完善制度环境，出台了一系列战略规划和政策措施，推动我国制造业数字化水平不断提升，处在产业发展前沿的工业互联网应用也在不断拓展。国务院印发《关于深化制造业与互联网融合发展的指导意见》等，对制造业数字化转型进行了全面部署；工业和信息化部、财政部等部门相继印发《智能制造发展规划（2016—2020 年）》《工业互联网发展行动计划（2018—2020 年）》等，明确了制造业数字化转型的具体目标和重点任务。这些文件就技术研发、成果应用、重点领域突破以及金融、财税、人才、基础设施、质量基础、信息安全、服务平台等方面给出了支持政策与措施，发挥了卓有成效的推动和促进作用。

与此同时，我国信息化、工业化发展水平也持续上升，但数字化转型仍需加力。国家工业信息安全发展研究中心发布的《中国两化融合发展数据地图（2021）》显示，2021年，我国两化融合发展指数达到96.6，同比增长5.9%，增速持续上扬，两化深度融合正步入深化应用、加速创新、引领变革的快速发展轨道。在数字化基础建设方面，企业数字化研发设计工具普及率、关键工序数控化率、经营管理数字化普及率分别达到73.7%、53.7%和69.0%，关键业务环节数字化基础持续夯实。在产业链供应链优化升级方面，全国实现产供销集成和产业链协同的企业比例分别为28.9%和12.3%，近5年分别增长8.9%和5.7%，产业链供应链协同运营水平进一步提升。在新模式新业态培育方面，近5年全国开展服务型制造的企业比例由24.3%增至28.6%，实现个性化定制的企业比例由7.3%增至 10.0%，新模式新业态的蓬勃发展为企业两化深度融合不断注入新动能。在新型能力建设方面，全国基于数字化手段实现全生命周期绿色发展的企业比例为 13.0%，实现安全生产监测数据自动采集的企业比例为 48.1%，两化融合助力企业绿色节能、安全生产等关键能力不断提升。

值得注意的是，工业互联网在我国的应用规模正在迅速扩大。工业互联网是制造业数字化转型的先进技术应用，发展工业互联网已成为各大工业大国抢占制造业竞争领先地位的共同选择。工业互联网技术主要应用于产品开发、生产管理、产品服务等环节，主要应用模式和场景可分为4类：一是智能产品开发和大规模定制；二是生产经营智能化；三是智能客户服务；四是产业链协调。在产品开发和服务领域使用工业互联网技术的公司通常致力于开发智能产品和提供智能增值服务，而将工业互联网技术应用于生产管理领域的公司通常专注于开发数字工厂和智能工厂。调查显示，我国在产品和服务领域应用工业互联网技术的公司，远远多于在生产管理中应用工业互联网技术的公司。

除此之外，还要看到工业互联网平台为制造业的数字化转型提供了服务和支持。工业互联网平台分为通用平台、产业平台和专业平台，三者皆可直接为用户提供服务，但更普遍的情况是：通用平台为产业平台提供服务，产业平台为专业平台提供服务，专业平台为用户提供服务。目前，我国已有一批工业互联网平台实现了规模化商用。

3. 我国智能制造发展问题

在看到发展成绩的同时，也要注意到我国智能制造发展及制造业数字化转型还存在诸多问题。继续结合沈恒超的观点[①]，问题具体表现为以下四点。

第一，缺乏权威的数据标准。制造业企业每天都会生成和使用大量数据，如运营和管理数据、设备数据、外部市场数据等。然而，工业设备种类众多，应用场景复杂，不同环境下工业协议不同，数据格式也不同。如果没有统一标准，数据很难兼容并转化为有用的资源。目前，我国已有许多参与相关标准研发的机构，如全国信息技术标准化技术委员会、智能制造综合标准化工作组、工业互联网产业联盟等，并制定出大量相关标准，如《国家智能制造标准体系建设指南（2021 年版）》《工业互联网平台标准体系框架（版本 1.0）》等，但具体标准的研究和推广才刚刚开始，市场接受度不够高。

第二，数据安全有待保障。工业数据的安全要求远高于消费者数据。工业数据涉及设备、产品、操作、用户等多方利益。一旦在收集、存储和应用过程中泄露，将给企业和用户带来严重的潜在安全风险。如果数据被篡改，可能会导致生产过程混乱，危及人身安全、城市安全、重要基础设施安全，甚至国家安全。目前，信息窃取与篡改手段种类繁多，仅仅依靠技术手段很难确保数据安全，必须尽快跟进相关惩罚措施。

第三，数据开放与共享水平尚需提高。随着数字经济的发展，企业对上下游产业链中企业信息、政府监管信息、公民基础信息等外部数据的需求不断增加，这些数据资源的有效整合可以产生巨大应用价值，但前提是如何获得这些数据。目前，来自政府部门、事业单位与其他公共机构的数据仍处于内部整合阶段，还未广泛向社会公开。而社会数据则因缺乏具体收集使用规则，导致其应用价值无法充分释放。

第四，核心关键技术能力不足。制造业数字基础设施和数字化转型基础相对薄弱。目前，主要工业软件、底层操作系统、嵌入式芯片、开发工具等技术领域主要由国外垄断，大多数可以在我国制造的工业传感器和控制产品都集中在低端市场，控制系统、平台数据采集和开发工具等领域也缺少核心专利。同时，尽管我国数字基础设施的供给能力已经显著提高，但发展不平衡依然严重。

综合上述问题，不难发现，我国当前智能制造发展及制造业数字化转型的难点、痛点集中在生产要素上，具体表现为：对数字化和智能制造发展关键生产要素"数据"的应用不足、管理不当，以及对长期以来影响制造业发展的重要生产要素"技术"的研发力度不够、外部依赖性太强。因而，在未来，如何建立一个有标准可参照、有制度可保障、开放有序、共享共用的制造数据平台，如何摆脱外部依赖、掌握核心技术成为我国进一步发展智能制造必须要考虑的问题。

---

① 沈恒超. 中国制造业数字化转型的特点、问题与对策[J]. 中国经济报告，2019(5):102-107.

6.2.2 数字农业

1. 数字农业相关概念

（1）数字农业的概念

陈疆等人很早便提出，数字农业是指数字地球与智能农业机械技术相结合产生的农业技术和管理技术[①]。具体来说，数字农业是在数字地球技术框架下，以有关标准和规范为指导，以各种信息获取技术为支持，运用计算机网络技术，解决海量数据的存储与分析问题，实现农业数据发布网络化和农业预测决策智能化，最终实现农业信息化。

而进入数字经济时代，数字农业进一步深化为以农业大数据为核心生产要素，用数字技术对农业对象和环境、生产、销售及经营全过程进行管理的农业新业态，包括农业销售数字化、农业加工数字化、农业机械数字化及农业经营管理数字化。

（2）数字农业的特征

传统农业以"人"和"土地"为核心要素，农业生产经营与农村发展联系弱。数字农业以数据为核心生产要素，形成 3 个新特征。

一是数据为关键生产要素。以数字化（产业数字化+数字产业化）引领驱动农业农村现代化，通过信息技术应用，围绕农业领域，推动信息技术与农业农村经济全产业链、供应链、全空间深度融合，构建农业大数据，实现农业农村全体系数据的收集整理、挖掘利用与智能应用。

二是覆盖农业生产全产业链。将传统农业"产+销"服务体系，扩展为推动农业商品化、市场化转型，涵盖数据获取与传输、产业链与供应链分析、精准与智能管理、资产优化与风险管理、生态环保与乡村治理的现代农业农村体系。

三是与乡村振兴战略联动融合。通过提高农村人力科技水平，增加农民收入渠道，培育新型农业经营主体。有机联系农业生产与农村生态保护、农村发展。通过创新引入智能设备体系，搭建生产、经营、管理与农业农村治理新平台。

2. 数字农业发展情况

（1）国外数字农业发展情况

2021 年中科感知联合新华社共同发表《中国数字农业的发展概况》[②]，详细梳理了国内外数字农业发展情况。结合该概况，下面简述国外数字农业发展的情况。

国外数字农业的发展主要得益于计算机及信息技术在农业上的应用。该应用主要分

---

① 陈疆，师帅兵，侯俊才，等．我国数字农业与农业机械的发展[J]．农机化研究，2005(3):21-23.
② 中科感知，新华社．中国数字农业的发展概况[EB/OL]．(2021-03-26)．https://xw.qq.com/amphtml/20210326A02BY000.html.

为 5 个阶段：第一阶段是 20 世纪五六十年代，计算机技术在农业领域的应用重点在于农业数据科学计算，促进农业科技定量化；第二阶段是 20 世纪 70 年代，计算机技术在农业领域的应用重点转向农业数据处理，尤其是创建农业数据库；第三阶段是 20 世纪 80 年代，计算机技术在农业领域的应用重点转向农业知识工程、专家系统等；第四阶段是 20 世纪 90 年代，计算机技术在农业领域的应用重点转向网络技术应用，尤其是农业信息服务网络的研究与开发；第五阶段是进入 21 世纪，计算机技术在农业领域的应用重点转向标准化网络新技术，尤其是三维农业信息服务标准化网络连接。

目前，发达国家通过计算机网络、遥感（Remote Sensing，RS）技术和地理信息系统技术来获取、处理和传递各类农业信息的应用技术已进入实用化阶段。

（2）我国数字农业发展情况

① 我国数字农业发展历程

与发达国家相比，我国数字农业起步较晚，早期发展主要依靠政府政策和资金支持。

1990 年，科技部启动"863 计划"，支持"农业智能应用系统"研究，5 个专家项目研究平台，已总计研发出包括"鱼病防治、苹果生产管理专家系统"在内的 200 多个实用专家系统，在全国 22 个示范区应用。

"九五"期间，全国各地开启以"数字农业"为代表的农业数字化研究。

2003 年，在国家"863 计划"框架内，"现代数字农业技术应用研究与开发"被列为重大科技项目，并逐步取得成果。

2013 年，农业部率先在天津、上海、安徽等省市开展区域物联网试点，探索农业实时数据采集和物联网应用。

2015 年，随着大数据战略地位的提升，农业大数据也成为新焦点。2015 年底，《农业部关于推进农业农村大数据发展的实施意见》发布，国家为"农业+大数据"的发展应用指明了方向、重点和难点。

2017 年，农业部正式设立"数字农业"专项，意图进一步加快中国农业现代化和数字化发展。

在政府对数字农业的支持和引导下，中国企业在农业信息采集技术、动植物数字虚拟设计技术、农业问题远程诊断、嵌入式手持农业信息技术产品、温室环境智能控制系统、数字化农业宏观监测系统等方面的研究和应用获得阶段性成果。我国数字农业技术框架体系、应用系统和农场管理系统已初步建成，促进了我国农业现代化和数字化。

在"2019 中国农业展望大会"上，《2019 全国县域数字农业农村发展水平评价报告》[①]发布。报告显示，2018 年全国县域数字农业农村发展总体水平达到 33%，其中农业生产数字化水平达到 18.6%。而从不同农业生产领域出发，报告显示中国农作物种植数字化水平为 16.2%，设施栽培数字化水平为 27.2%，畜禽养殖数字化水平为 19.3%，水产养殖数字化水平为 15.3%。报告同时也显示，截至 2018 年，正被运用的数字技术包括生产环

① 2019 全国县域数字农业农村发展水平评价报告[J]. 新疆农业科技，2018(6):16-19.

境监测、体征监测、农作物病虫害和动物疫情精准诊断及防控等，这些技术同样也被应用于经济效益较高的行业。

2019 年底，《数字农业农村发展规划（2019—2025 年）》发布，提出了后续数字农业、数字农村发展的多项重点任务，描绘了未来发展的新蓝图。

② 近年来我国数字农业发展的主要支持政策

我国是农业大国。长期以来，党和国家一直高度重视"三农"问题及农业发展，其中就包括近几年的数字农业工作。自 2015 年起，历年中央 1 号文件中都结合时代发展的需要对数字农业工作提出了要求。其中，2015 年，中央结合现代化建设的目标要求，加快转变农业发展方式，注重农业科技创新、注重可持续的集约发展，走现代农业发展道路。2016 年和 2017 年，则结合"互联网+"战略发展及深入推进供给侧结构性改革的需要，分别要求大力推进"互联网+"现代农业，推动农业全产业链改造升级；供给侧结构性改革下，推进"互联网+"现代农业行动。2018 年和 2019 年，随着产业数字化的深入发展及物联网技术的发展应用，中央又分别提出了"乡村振兴，产业兴旺是重点"，"大力发展数字农业，实施智慧农业林业水利工程，推进物联网试验示范和遥感技术应用"；"深入推进'互联网+农业'，扩大农业物联网示范应用"。2019 年 5 月，中共中央办公厅、国务院办公厅印发《数字乡村发展战略纲要》；2020 年，中央 1 号文件在该纲要的基础上提出了"开展国家数字乡村试点"，依托现有资源建设农业农村大数据中心，加快现代信息技术在农业领域的应用的数字乡村发展要求。

除历年中央 1 号文件提出的要求外，自 2018 年以来，我国还相继发布了多个与数字农业、数字乡村发展密切相关的专项政策文件。

2018 年，中共中央、国务院发布的《乡村振兴战略规划（2018—2022 年）》提出：

一是提升农业装备和信息化水平。推进我国农机装备和农业机械化转型升级，加快高端农机装备和丘陵山区、果菜茶生产、畜禽水产养殖等农机装备的生产研发、推广应用，提升渔业船舶装备水平。促进农机农艺融合，积极推进作物品种、栽培技术和机械装备集成配套，加快主要作物生产全程机械化，提高农机装备智能化水平。加强农业信息化建设，积极推进信息进村入户，鼓励互联网企业建立产销衔接的农业服务平台，加强农业信息监测预警和发布，提高农业综合信息服务水平。大力发展数字农业，实施智慧农业工程和"互联网+"现代农业行动，鼓励对农业生产进行数字化改造，加强农业遥感、物联网应用，提高农业精准化水平。发展智慧气象，提升气象为农服务能力。

二是夯实乡村信息化基础。深化电信普遍服务，加快农村地区宽带网络和第四代移动通信网络覆盖步伐。实施新一代信息基础设施建设工程。实施数字乡村战略，加快物联网、地理信息、智能设备等现代信息技术与农村生产生活的全面深度融合，深化农业农村大数据创新应用，推广远程教育、远程医疗、金融服务进村等信息服务，建立空间化、智能化的新型农村统计信息系统。在乡村信息化基础设施建设过程中，同步规划、同步建设、同步实施网络安全工作。

2019 年，中共中央办公厅、国务院办公厅发布的《数字乡村发展战略纲要》提出：

一是夯实数字农业基础。完善自然资源遥感监测"一张图"和综合监管平台，对永久基本农田实行动态监测。建设农业农村遥感卫星等天基设施，大力推进北斗卫星导航系统、高分辨率对地观测系统在农业生产中的应用。推进农业农村大数据中心和重要农产品全产业链大数据建设，推动农业农村基础数据整合共享。

二是推进农业数字化转型。加快推广云计算、大数据、物联网、人工智能在农业生产经营管理中的运用，促进新一代信息技术与种植业、种业、畜牧业、渔业、农产品加工业全面深度融合应用，打造科技农业、智慧农业、品牌农业。建设智慧农（牧）场，推广精准化农（牧）业作业。

三是创新农村流通服务体系。实施"互联网+"农产品出村进城工程，加强农产品加工、包装、冷链、仓储等设施建设。深化乡村邮政和快递网点普及，加快建成一批智慧物流配送中心。深化电子商务进农村综合示范，培育农村电商产品品牌。建设绿色供应链，推广绿色物流。推动人工智能、大数据赋能农村实体店，促进线上线下渠道融合发展。

四是积极发展乡村新业态。推动互联网与特色农业深度融合，发展创意农业、认养农业、观光农业、都市农业等新业态，促进游憩休闲、健康养生、创意民宿等新产业发展，规范有序发展乡村共享经济。

2019 年，农业农村部和中央网信办发布的《数字农业农村发展规划（2019—2025年）》明确强调了数字经济在"三农"问题中应用的重点和途径，要求加快推进农业农村生产经营精准化、管理服务智能化、乡村治理数字化，同时新增了"农业数字经济占农业增加值比重至 2025 年达 15%"的新目标。

借助上述数字农业、数字乡村发展战略规划，2020 年中央网信办、农业农村部等 7部门联合印发《关于开展国家数字乡村试点工作的通知》，相关试点工作全面展开。该通知强调农业数字化建设主要包括以下几个方面：

一是完善乡村新一代信息基础设施。加强基础设施共建共享，打造集约高效、绿色智能、安全适用的乡村信息基础设施。加快农村光纤宽带、移动互联网、数字电视网和下一代互联网发展，提升 4G 网络覆盖水平，探索 5G、人工智能、物联网等新型基础设施建设和应用。加快推动农村水利、公路、电力、冷链物流、农业生产加工等传统基础设施的数字化、智能化转型，推进智慧水利、智慧交通、智能电网、智慧农业、智慧物流建设。

二是探索乡村数字经济新业态。深化制度机制创新，加快农业农村数字化转型步伐，加强技术研发、组织创新和制度供给，推进信息技术与农业农村各领域深度融合应用，推动农业生产智能化、经营网络化，提高农业土地产出率、劳动生产率和资源利用率。强化农业农村科技创新供给，推动信息化与农业装备、农机作业服务和农机管理融合应用。推进农业生产环境自动监测、生产过程智能管理，探索农业农村大数据管理应用，积极打造科技农业、精准农业、智慧农业。大力培育一批信息化程度高、示范带动作用强的生产经营组织，培育形成一批叫得响、质量优、特色显的农村电商品牌，因地制宜培育创意农业、认养农业、观光农业、都市农业等新业态。

三是完善设施资源整合共享机制。加大统筹协调和资源整合力度，打通已有分散建设的涉农信息系统，大力推进县级部门业务资源、空间地理信息、遥感影像数据等涉农政务信息资源共享开放、有效整合。研究制定乡村信息服务资源整合共享规范，充分运用农业农村、科技、商务、交通运输、通信、邮政等部门在农村的已有站点资源，整合利用系统、人员、资金、站址、服务等要素，统筹建设乡村信息服务站点，推广一站多用、一机多用。

四是探索数字乡村可持续发展机制。抓好网络扶贫行动和数字乡村发展战略的无缝衔接，探索建立与乡村人口知识结构相匹配的数字乡村发展模式。建设新农民新技术创业创新中心，推动产学研用合作。充分调动市场积极性，培育数字乡村发展良好生态，激发乡村自我发展动力和活力。加强基层干部和农民信息素养培训，积极利用多种渠道开展数字乡村专题培训，加快培育造就一支爱农业、懂技术、善经营的高素质农民队伍，支持农民工和返乡大学生运用网络和信息技术开展创业创新。

③ 我国数字农业发展的重点任务

基于我国数字农业发展的现状及政策，2019年底，农业农村部、中央网信办发布了《数字农业农村发展规划（2019—2025年）》，提出以下几个数字农业发展的重点任务：

一是构建基础数据资源体系，重点建设农业自然资源大数据、建设重要农业种质资源大数据、建设农村集体资产大数据、建设农村宅基地大数据、健全农户和新型农业经营主体大数据，夯实数字农业农村发展基础。

二是加快生产经营数字化改造，推进种植业信息化、畜牧业智能化、渔业智慧化、种业数字化、新业态多元化、质量安全管控全程化，提升农业数字化生产力。

三是推进管理服务数字化转型，建立健全农业农村管理决策支持技术体系、健全重要农产品全产业链监测预警体系、建设数字农业农村服务体系、建立农村人居环境智能监测体系、建设乡村数字治理体系，推进乡村治理现代化。

四是强化关键技术装备创新，加强关键共性技术攻关、强化战略性前沿性技术超前布局、强化技术集成应用与示范、加快农业人工智能研发应用，提升数字化发展引领能力。

五是加强重大工程设施建设，包括国家农业农村大数据中心建设工程、农业农村天空地一体化观测体系建设工程、国家数字农业农村创新工程等重大工程项目，提升数字农业农村发展支撑能力。

④ 我国数字农业发展现状以及问题与对策

立足前期数字农业发展基础，借助数字农业、数字乡村发展支持政策，我国现阶段数字农业发展呈现以下几个特点：

一是智能机械助推规模生产。根据《第三次全国农业普查主要数据公报（第二号）》[①]

---

① 国家统计局. 第三次全国农业普查主要数据公报（第二号）[EB/OL]. （2017-12-15）. http://www.stats. gov.cn/tjsj/tjgb/nypcgb/qgnypcgb/201712/t20171215_1563539.html.

得出的我国农用机械的使用情况，如图 6.1 所示，农用机械在我国农村已普遍使用，极大地节省了劳动力。但当前农业机械设计发展缓慢，存在信息资源利用率低、重复设计多、缺乏核心技术、规模化程度低等问题。应充分利用遥感、地理信息系统、全球定位系统、计算机技术、通信与网络技术、自动化技术等数字技术，用智能机械助推农业规模化生产。

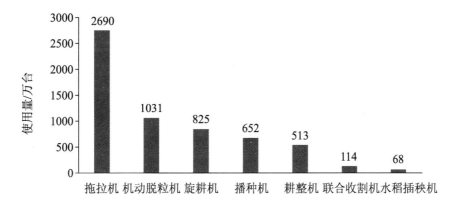

图 6.1　全国农用机械使用情况

二是智能系统满足多样性需求。当前，我国数字农业智能控制系统可以实现对作物生长过程的全面智能控制，通过数据监测分析，营造作物最优生长环境，提高作物产量和品质。例如，温室大棚不仅能种植当季果蔬粮食，而且能种植反季果蔬，从而满足人们多种多样的需求。

三是数字平台扩大了销售市场。当前，互联网平台使农产品销售不受时间和地区的限制，在提供了广阔市场的同时，降低了销售成本。近年来，各大电商企业纷纷为农产品销售提供平台，有效地促进了数字农业的发展。

四是农业大数据为数字农业提供了支撑。当前，农业农村的数字化发展以农业大数据为基础，将大数据的理论以及处理数据的思想、方法和技术等在农业方面进行拓展和应用。农业大数据尽管存在数据标准化不足、数据不全等问题，但已在中国农业育种、生产经营、加工和销售中得到应用，农业大数据平台也在使用中。

结合现状，我国现阶段数字农业发展的问题及对策包括以下 4 个方面：

一是数字农业政策法规滞后。当前，数字农业发展给农业产销模式产生了巨大影响。我国正处于数字化转型关键时期，相关法律法规还有待完善，这在一定程度上制约了我国数字农业发展。

未来，需进一步完善数字农业法律制度建设，例如出台数字农业设备相关管理政策、智能设施应用监督制度、网络安全制度体系、相关数据保护措施等，确保数字农业发展有法可依、监管到位、发展有序。

二是数字化基础设施薄弱。当前，我国数字农业在智能操控、植物生长环境模拟和大数据分析应用等方面还没有掌握核心技术，亟待寻找符合我国国情的农业与数字化融合发展方法。

未来，需进一步加快基础设施数字化改造，加大对信息基础设施和物理基础设施数字化改造的研发投入，从而为农业数字化转型提供良好基础；积极引领龙头企业与农业融合，使农业产业链得以延伸、扩展、强化和完善，促进天空地一体化的网络信息技术建设。

三是专业人才匮乏。当前，我国高学历人才不断流向城市，农业管理人员主要是文化程度较低的农民。农业技术培训和学习成本高，学习时间和学习能力不足，限制了农业管理人员参加农业技术培训的积极性。

未来，需进一步建立健全专业人才培养体系，聘请数字农业专家对农民开展远程教学、田间示范等教育培训，提高农业经营者的信息化素养；鼓励高校积极开展与数字农业相关的技术教育，出台相关政策鼓励高素质人才下乡，打造、壮大高素质农业生产队伍。

四是农业大数据平台基础差。当前，我国发达地区与欠发达地区发展资源不均衡导致农业基础数据建设不够完善，数据整合不系统、不全面，数据管理不到位，数据收集、利用不成熟，数据精度低，无法满足发展精准农业的需求。

未来，需进一步加快完善农业大数据平台建设，实现发达地区农业大数据的建设和共享，形成产学研一体化运行机制，建成农产品全产业链数据控制中心；专款建设与农业有关的数据库，为数字农业发展建好大数据平台。

3. 数字农业案例

（1）浙江德清："数字乡村"开启乡村振兴新模式

2020年，重庆召开的数字乡村发展论坛上发布了20个全国数字乡村建设典型案例地区，德清县以"建设全域数字治理试验区"成功入选，位列第一。德清县聚力新治理，数字乡村一张图——运用"整体智治"理念，归集58个部门的282类基础数据，覆盖德清所有137个行政村，实现产业发展和乡村治理可视化、数字化、智能化。全域数字化治理试验区建设推动了县域农村生产、生态、生活数字化转型加快。

具体而言，德清县的数字农业、数字乡村建设取得了以下三项重点突破。第一，发展"数字新基建"。德清县将5G、人工智能、物联网等新基建纳入新农村建设"十四五"规划范畴，进一步夯实基础设施，推动新技术、新业态的商用与建设。第二，深化"数字新应用"。德清县围绕数字兴业、数字治理、数字惠民三大核心，推进一批数字乡村重点应用项目，强化数据共享、拓展场景应用、推动产业发展。第三，培育"数字新人才"。德清县抓住三角一体化的机遇，加强同高校及科研院所的合作交流，加强数字乡村实用人才的培育，壮大乡村数字化人才队伍，为数字三农建设增强后劲。

（2）数字北宋：数字乡村建设的探索与实践

北宋镇位于山东省东营市利津县，中共中央办公厅、国务院办公厅发布《数字乡村发展战略纲要》后，市派北宋镇乡村振兴服务队按照乡村振兴和脱贫攻坚工作要求，以建设"数字北宋"样本为目标，开展数字乡村建设标准体系实践。相关实践报告《东营市利津县数字乡村（数字北宋）建设的探索与实践》则入选 2020 年中国数字政府特色评选 50 强创新案例、获政务服务创新奖。

具体而言，数字北宋建设以《数字乡村发展战略纲要》为指导，以数字山东、智慧东营、智慧利津为依托，根据北宋镇建设实际，提出以"五个一"（一体化组织领导、一个运营机构、一套支撑平台、一揽子服务领域、一站式服务门户）数字乡村建设模式推进，将北宋镇打造成"办事速度快、群众口碑好、治理效率高和产业发展快"的数字乡村样本，为数字乡村建设提供标准。

（3）潍坊寒亭：智慧农业为乡村振兴发展注入新动能

潍坊市寒亭区国家现代农业产业园是农业农村部、财政部批复创建的首批国家级农业产业园区之一，也是潍坊国家农综区核心区骨干项目和正在规划建设的中日韩现代高效农业示范园重要组成部分。

寒亭国家现代农业产业园采用"科研中心+公司+基地+市场"的营销体系及农民合作社模式，鼓励农企合作。2019 年度，寒亭已有 270 余户与企业签约的种植户，每户年收入达到 20 万元以上，部分种植户年收入甚至能达到 50 万元以上。

为加快园区智慧化农业建设步伐，让更多种植户共享智慧化发展成果，园区建成智慧农业物联网平台，集中解决园区企业物联网设施需求。同时产业园通过物联网云平台，远程监控温室内温度、湿度、二氧化碳及太阳光照强度等各项数据，通过数据分析，精准指导生产实践。

一体化物联网平台不仅解决了园区农业企业智慧化需求，也让数据精准服务于农业生产、销售、服务等各个环节。消费者在购买产品后，可通过关注园区公众号，实时观察园区大棚内管理情况以及种植情况，买得放心、吃得安心。

（4）北大荒：推出全球首个"区块链大农场"

江苏中南建设集团股份有限公司联合黑龙江北大荒农业股份有限公司合资成立了"善粮味道"平台，发展区块链农业。

双方基于全球领先的农业物联网、大数据及区块链技术，依托北大荒大规模集约化土地资源及高度组织化管理模式，创新性地提出"平台+基地+农户"的标准化管理模式，推出了全球首个"区块链大农场"。

从土地承包开始，农场会进行区块链化认证，覆盖从播种到加工的全部核心流程并与线下各核心环节紧密结合。通过互联网及互联网身份标识技术，将生产商生产出来的每件产品的相关信息全部记录到区块链中，形成所有产品的真实生命轨迹。

（5）阿里巴巴科尔沁右翼中旗数字农场

2019 年，阿里巴巴全国首个聚焦大米产业"产、供、销"全链路数字化升级的数字农场，在草原上国家级贫困县科尔沁右翼中旗正式落地。

科尔沁右翼中旗是著名的"有机食品之乡"，但阿里数字农场所聚焦的兴安盟大米，长期以来却是有生产无产业、有品质无品牌，在生产和销售上都存在难以克服的标准化瓶颈，科尔沁右翼中旗位于"黄金水稻带"，但长期以来其农户的种植收益却十分微薄。

在阿里数字农场中，农业"产、供、销"全链路数字化改造细分为"耕—种—管—收—仓—工—贸—运"八个环节，核心是数据应用和数字技术，前者是各个维度、环节的数据整合、处理、分析，后者是让收集、分析的数据应用起来，让气候数据、土壤数据可监测、可预估，让过去靠天吃饭的农户，得到从选种、播种、除草到灌溉、施药等过程的针对性指导。阿里数字农场作为新型农业模式，其完整度、完成度非常高；模式前期落地虽然烦琐、费力，但却稳扎稳打、一步到位，实现农产品从田间土壤到消费者餐桌全程无死角。

6.2.3　数字工业

1．数字工业相关概念

（1）数字工业的概念

数字工业是指利用数字技术形成数字化模式，取代传统技术和传统工业模式，从内部转型到外部协调，从单点应用到整个产业价值链的整体优化和智能化，贯穿产品设计、工艺规划、原料采购、生产管理、仓储方式、营销手段、售后服务等全生命周期，以数据的生成、加工、传输、使用、修改和储存为基础，对数据源进行管理，实现产品的持续创新。

（2）数字工业的特征

一是生产过程数字化。数字工业改变了传统工业"重制造、轻研发"的观念。它利用新一代信息技术加速产品研发，提高产品质量。

二是制造过程数字化。数字工业应用深度数字系统和自动化系统，完成产品制造和加工过程，促进生产计划、物流调度、工具管理、加工配置等各业务环节的科学管理，高度自动化、标准化运作，以及高效实施，从而达到数字化控制，实现生产过程的分类和优化。

三是管理过程数字化。数字工业利用人工智能和大数据分析技术，通过对采购、生产、产品、库存、设备、资金、质量、能耗、运营和客户等业务数据的多维分析，了解数据中关键信息，根据业务需求和战略形成智能化生产规划及数字化决策。

2．我国数字工业发展体系

长期以来，我国数字工业发展着力于"突破核心技术，夯实网络基础""深挖融合潜力，发展数字经济""加强数据治理，优化发展环境""深化国际合作，推动开放发展"四项主要任务。

2017年，习近平总书记在中共中央政治局第二次集体学习时强调：要构建以数据为关键要素的数字经济。建设现代化经济体系离不开大数据发展和应用。我们要坚持以供给侧结构性改革为主线，加快发展数字经济，推动实体经济和数字经济融合发展，推动互联网、大数据、人工智能同实体经济深度融合，继续做好信息化和工业化深度融合这篇大文章，推动制造业加速向数字化、网络化、智能化发展。要深入实施工业互联网创新发展战略，系统推进工业互联网基础设施和数据资源管理体系建设，发挥数据的基础资源作用和创新引擎作用，加快形成以创新为主要引领和支撑的数字经济。

现阶段我国数字工业已形成中央、地方、企业的三级发展体系，呈现出全面推动工业数字化的发展态势。中央政府连续出台政策支持以制造业为代表的传统工业数字化转型升级，从国家战略方针、支持力度、具体部署上引领、指导工业企业数字化发展。

（1）中央层面

2015 年，国务院发布部署全面推进实施制造强国的战略文件《中国制造2025》，成为中国实施制造强国战略第一个十年的行动纲领，提出："坚持把创新摆在制造业发展全局的核心位置，完善有利于创新的制度环境，推动跨领域跨行业协同创新，突破一批重点领域关键共性技术，促进制造业数字化网络化智能化，走创新驱动的发展道路。"

第一，数字工业发展战略。《中国制造 2025》提出了"三步走"的数字工业发展战略目标。

第一步：力争用十年时间，迈入制造强国行列。到 2020 年，基本实现工业化，制造业大国地位进一步巩固，制造业信息化水平大幅提升。2025 年，制造业整体素质大幅提升，创新能力显著增强，全员劳动生产率明显提高，两化（工业化和信息化）融合迈上新台阶。

第二步：到 2035 年，我国制造业整体达到世界制造强国阵营中等水平。

第三步：新中国成立一百年时，制造业大国地位更加巩固，综合实力进入世界制造强国前列。

第二，数字工业发展举措。《中国制造 2025》指出，发展数字工业需做到以下几点。

推进信息化与工业化深度融合。一是加快推动新一代信息技术与制造技术融合发展，把智能制造作为两化深度融合的主攻方向；着力发展智能装备和智能产品，推进生产过程智能化，培育新型生产方式，全面提升企业研发、生产、管理和服务的智能化水平。

二是研究制定智能制造发展战略。编制智能制造发展规划，明确发展目标、重点任务和重大布局。加快制定智能制造技术标准，建立完善智能制造和两化融合管理标准体系。强化应用牵引，建立智能制造产业联盟，协同推动智能装备和产品研发、系统集成创新与产业化。促进工业互联网、云计算、大数据在企业研发设计、生产制造、经营管理、销售服务等全流程和全产业链的综合集成应用。加强智能制造工业控制系统网络安全保障能力建设，健全综合保障体系。

三是加快发展智能制造装备和产品。组织研发具有深度感知、智慧决策、自动执行功能的高档数控机床、工业机器人、增材制造装备等智能制造装备以及智能化生产线，突破新型传感器、智能测量仪表、工业控制系统、伺服电机及驱动器和减速器等智能核心装置，推进工程化和产业化。加快机械、航空、船舶、汽车、轻工、纺织、食品、电子等行业生产设备的智能化改造，提高精准制造、敏捷制造能力。统筹布局和推动智能交通工具、智能工程机械、服务机器人、智能家电、智能照明电器、可穿戴设备等产品研发和产业化。

四是推进制造过程智能化。在重点领域试点建设智能工厂/数字化车间，加快人机智能交互、工业机器人、智能物流管理、增材制造等技术和装备在生产过程中的应用，促进制造工艺的仿真优化、数字化控制、状态信息实时监测和自适应控制。加快产品全生命周期管理、客户关系管理、供应链管理系统的推广应用，促进集团管控、设计与制造、产供销一体、业务和财务衔接等关键环节集成，实现智能管控。加快民用爆炸物品、危险化学品、食品、印染、稀土、农药等重点行业智能检测监管体系建设，提高智能化水平。

五是深化互联网在制造领域的应用。制定互联网与制造业融合发展的路线图，明确发展方向、目标和路径。发展基于互联网的个性化定制、众包设计、云制造等新型制造模式，推动形成基于消费需求动态感知的研发、制造和产业组织方式。建立优势互补、合作共赢的开放型产业生态体系。加快开展物联网技术研发和应用示范，培育智能监测、远程诊断管理、全产业链追溯等工业互联网新应用。实施工业云及工业大数据创新应用试点，建设一批高质量的工业云服务和工业大数据平台，推动软件与服务、设计与制造资源、关键技术与标准的开放共享。

六是加强互联网基础设施建设。加强工业互联网基础设施建设规划与布局，建设低时延、高可靠、广覆盖的工业互联网。加快制造业集聚区光纤网、移动通信网和无线局域网的部署和建设，实现信息网络宽带升级，提高企业宽带接入能力。针对信息物理系统网络研发及应用需求，组织开发智能控制系统、工业应用软件、故障诊断软件和相关工具、传感和通信系统协议，实现人、设备与产品的实时联通、精确识别、有效交互与智能控制。

第三，数字工业最新发展建议。2020年，《中共中央关于制定国民经济和社会发展第十四个五年规划和二〇三五年远景目标的建议》发布，对我国数字工业发展提出了新的要求。

该建议提出："提升产业链供应链现代化水平。保持制造业比重基本稳定，巩固壮大实体经济根基。坚持自主可控、安全高效，分行业做好供应链战略设计和精准施策，推动全产业链优化升级。锻造产业链供应链长板，立足我国产业规模优势、配套优势和部分领域先发优势，打造新兴产业链，推动传统产业高端化、智能化、绿色化，发展服务型制造。完善国家质量基础设施，加强标准、计量、专利等体系和能力建设，深入开展质量提升行动。促进产业在国内有序转移，优化区域产业链布局，支持老工业基地转型发展。补齐产业链供应链短板，实施产业基础再造工程，加大重要产品和关键核心技术攻关力度，发展先进适用技术，推动产业链供应链多元化。优化产业链供应链发展环境，强化要素支撑。加强国际产业安全合作，形成具有更强创新力、更高附加值、更安全可靠的产业链供应链。"

（2）地方层面

地方数字工业的发展普遍以发展智能制造为主攻方向，以推动工业企业实现数字化、网络化和智能化。工业和信息化部、国家发展改革委等 8 部门印发的《"十四五"智能制造发展规划》提出，到 2025 年，70% 的规模以上制造业企业基本实现数字化、网络化，建成 500 个以上引领行业发展的智能制造示范工厂。目前，我国各地区也均已就智能制造发展路线做了布局。其中，北京、上海、天津、吉林和江苏等省市给出了较为量化的目标。

2021 年，北京市政府发布了《北京市"十四五"时期高精尖产业发展规划》。该规划提出：到 2025 年，以高精尖产业为代表的实体经济根基更加稳固，基本形成以智能制造、产业互联网、医药健康等为新支柱的现代产业体系，将集成电路、智能网联汽车、区块链、创新药等打造成为"北京智造"和"北京服务"的新名片，产业关键核心技术取得重大突破，国产化配套比例进一步提高，生产效率达到国际先进水平，绿色发展更加显著，京津冀产业协同发展和国际产能合作迈向更高层次。

2021 年，上海市人民政府办公厅印发了《上海市先进制造业发展"十四五"规划》。该规划提出：以高端突破、提升性能为重点，突破 6 自由度及以上工业机器人关键零部件，全面提升高精密减速器、伺服电机及驱动器、控制系统等核心部件性能；发展特色场景工业机器人和柔性协作机器人，加快培育手术机器人、康复机器人等服务机器人；提升高端数控机床、增材制造装备、智能物流和仓储装备、智能检测和装配装备等领域的核心技术水平和关键零部件配套能力，加强在重点行业的规模化应用，做强智能制造系统集成服务。到 2025 年，打造成为全国智能制造应用新高地和技术策源地，产业规模超过 1800 亿元。

2021 年，天津市政府印发了《天津市加快数字化发展三年行动方案（2021—2023年）》。该方案提出：重点领域智能制造水平显著提升，以数据为关键要素的新产品、新模式、新业态、新场景蓬勃发展，力争成为国内领先的新一代信息技术与制造业深度融合示范区，新兴数字产业和制造业数字化水平位居全国前列，成为国家智能科技产业北方基地，抢占世界智能科技产业制高点，新增数字化车间和智能工厂超过 400 个。

2021 年，吉林省工业和信息化厅制定出台了《吉林省制造业数字化发展"十四五"规划》。该规划提出：到 2025 年年底，吉林省新一代信息技术与制造业融合水平显著提高，工业互联网平台赋能效应凸显，融合应用的广度与深度不断扩展，多方参与、互利共赢的融合融通发展生态不断完善，重点产业数字化水平大幅跃升；培育 100 户以上制造业数字化转型试点示范企业，推动 1000 户以上企业实施数字化转型改造，引导万户以上企业实现与云服务、大数据等新一代信息技术融合发展。

2021 年，江苏省政府办公厅印发了《江苏省"十四五"制造业高质量发展规划》。该规划提出：到 2025 年，全省规模以上制造业企业基本普及数字化，重点行业骨干企业基本实现智能转型；建成国家工业互联网平台 10 个、工业互联网标识解析二级节点 40 个。

（3）企业层面

近年来，国内领军制造企业也加快了工业数字化转型。2019年，海尔集团利用数字技术创建了世界上第一个工业互联网平台——卡奥斯智能制造平台（COSMOPlat），坚持以用户为中心的全流程体验，实践大规模定制模式。2020年，浪潮集团"基于工业互联网打造JDM模式下的产业协同"信息化项目，入选国务院、国资委国有企业数字化转型典型案例。该模式以与用户产业链的融合为基础，面向用户具体业务，打通需求、研发、生产、交付环节，融合供需业务链，按需设计定制，解决了一个简单但却是最为核心的问题——如何缩短交付周期、降低成本。

3．我国数字工业发展现状

通过构建中央、地方、企业三级发展体系，形成三方合力。近年来，我国数字工业取得了突出成就，具体表现在以下6个方面。

第一，智能制造数字化基础牢固。中国电子技术标准化研究院发布的《智能制造发展指数报告（2020）》[①]显示，全国累计12 000多家企业通过"智能制造评估评价公共服务平台"完成了智能制造能力成熟度诊断、对标。通过数据分析，到2020年底，企业设备数字化率达50%，完成设备联网和设备运行数据采集达23%，实现设备远程监控达24%，设备预测性维护达14%。

第二，数字化需求应对加快。通过数字化技术，目前企业已从传统二维设计，转变为基于知识库的参数化/模块化、模型化设计。数字化设计和制造的普及有力推动了企业适应外部环境技术动态性以及响应外部市场需求。

第三，数字化推进智能生产。当前，我国已有部分企业通过构建智能化生产系统、网络化分布生产设施，实现生产过程的智能化。

第四，数字化管控提升产品品质。当前，我国企业利用数字化管控提升产品品质，主要集中在以下八个方面：一是数据化管理，通过数据信息自动采集、统计、分析、贯通，扎实信息化基础；二是计划排程，通过计划自动排程、快速响应、产销平衡，优化库存，降低资金占用；三是生产管理，通过生产过程可视化，增强可控性、防错配置，实现精细化管理，推动标准化落地；四是设备管理，通过推动系统化、标准化管理，优化工作流程，提升效率，降本增效；五是自动化改造，智能的装备和控制是智能制造的实现端，也是实现智能制造的基础；六是质量管理，通过质量工艺过程可视化，实时监控、报警、追溯、分析改进，有效提升质量管理水平；七是成本管理，通过归集成本的细化与分析，促使成本精准化，找寻成本改善点，验证过程改善与达成，降低运营成本；八是能源管理，能源使用可视化，以数据为中心，通过能耗监测、能效分析、能源成本控制及指标优化提升能源利用效率。

第五，数字化技术消除信息孤岛。当前，数字集成技术使各企业实现业务、信息的

---

① 智能制造发展指数报告（2020）[R]．北京：中国电子技术标准化研究院，2021:13.

互通互联，达到信息流、数据流无缝传递。

第六，数字化分析驱动精准决策。当前，基于数字技术研发的数据决策系统，可以结合企业自身财务、营销、人力数据，以及行业市场大数据信息，自动生成统计报表，辅助企业进行精准决策。

4. 我国数字工业发展问题及解决措施

结合前文提到的我国数字工业发展 4 项主要任务，现阶段我国数字工业发展在取得突出成就的同时，还存在着诸多亟待解决的问题。

第一，"数字鸿沟"日益扩大，企业信息素养不足。目前，我国一些工业企业对数字化生产和管理模式的认识不够深入，企业高层对数字化转型的必要性、紧迫性和复杂性认识不足，认为通过实现生产自动化和加强企业内部计算机信息系统，便已实现了数字化转型，使得行业内企业运用和管理软硬件、数字技术操作和处理等数字技能水平参差不齐，造成数字鸿沟。

未来，中国数字工业的发展必须树立行业标杆，发挥榜样作用。特别是中央和地方政府必须鼓励和支持企业制定个性化转型战略，创新生产要素，挖掘企业潜力，加快发展数据驱动的网络协作系统。在此基础上，用先进模式和社会互动吸引更多参与者，改变以构建独立技术体系取得竞争优势的传统模式。

第二，缺乏有针对性的数据公开及保护政策。当前，我国缺乏公共数据收集、保密、共享、应用的相关法律法规。随着数据更新、传输速度加快，企业获得数据量激增，传统数据保护方法已经不再适用；同时，对于数据窃取、篡改等危害公共数据安全的相关惩罚措施不到位，导致违法成本远低于违法获益，致使近年来此类犯罪层出不穷。

未来，我国需完善政策保障，建立稳固网络联盟。一方面，构建针对性政策体系，推进产业总体规划；另一方面，优化社会营商环境，推进政府数字化转型，政策与治理并进，政府与社会合力，解决公共信息安全问题。

第三，缺乏工业互联网平台的整合和管理。当前，我国工业互联网平台形成了一个以用户为中心、融合线上线下多类型企业的生态系统。这样的开放平台可以最大化地满足用户需求，增加附加值，但却不利于形成普适的行业标准，不易管理；而之前的封闭平台虽然可以方便筛选和管理，建立企业标准，但却不利于平台的发展壮大，降低用户体验。上述情况使得我国数字工业发展陷入了两难境地。

未来，我国需借助平台经济，形成政府、企业发展合力。一方面，政府与企业要共同建立信息共享平台，加快工业数据开放共享；另一方面，由政府牵头、企业配合，研究制定针对线上平台的行业标准，完善平台运行机制，共同构建有相关标准保驾护航的开放价值生态。

5. 数字工业案例

（1）卡奥斯工业互联网平台

海尔集团推出的卡奥斯智能制造平台是中国业界首个自主知识产权工业互联网平台，旨在为国内工业厂商提供大规模定制服务，带动具有不同制造能力的工业企业向数字工业转型。具体来说，该平台能够为数字化转型提供全流程、全周期、零距离解决方案，包括：用户交互定制解决方案、开放式创新平台解决方案、数字营销解决方案、全球模块商资源整合方案、智能制造解决方案、智慧物流 SCM（Supply Chain Management）一体化方案、用户评价零距离。

（2）重大装备润滑安全数字化运维平台

国机智能科技有限公司"重大装备润滑安全数字化运维平台"入选 2020 年国有企业数字化转型优秀案例（产品和服务创新类）。

该平台基于在线监测预警、离线实验室诊断和现场润滑管理的润滑安全运维体系，应用物联网、大数据等技术，建立"云平台+数据资源+评价预警+工业应用"的智能运维模式，实现智能化润滑安全大数据分析、故障隐患辨识和风险评估与预警。该平台具有四大优势。

第一，提高过程协同效能，助力装备制造转型升级。通过向传统机械装备、作业流程注入新的数字化要素，提高单体设备的智能化水平、作业系统的协同工作效能，助力装备制造转型升级。

第二，提高工业数据利用效能，助力科技服务创新。结合基础试验与工业现场大数据资源丰富、含金量高的特点，建立数据高效利用渠道，助力科技服务创新。

第三，提高资源集约利用效能，助力商业模式创新。结合平台经济中用户规模越大、平台价值越大、用户与平台绑定越紧密的特点，搭建资源集约利用信息平台，助力商业模式创新。

第四，提高综合服务便捷水平，助力商业价值实现。通过数字化技术的应用，提升沟通效率和服务附加值，助力商业价值的实现。

（3）石化智慧供应链平台

"六六云链"是中化能源科技有限公司打造的石化智慧供应链平台，入选了 2020 年国有企业数字化转型优秀案例（数字生态类）。

该平台是国内首家集仓储、车船运输为一体的石化供应链数字基础设施，着力推动石化企业的物流业务在线化，实现仓储、运输环节中最真实、准确和完整的全链路实时数据闭环，提高效率，降低成本，为后续构筑行业新的信任体系、提供石化现货在线融资和交易服务奠定了基础。

该平台是在深入了解客户需求的基础上，通过将数据产品落地应用到客户工作场景中，在市场的反复检验和淬炼中逐渐形成的。中化集团自身在石化仓储物流方面有厚实的根基，中化能源科技智慧供应链则聚拢了大批扎根石化领域多年的专业骨干，以及来自一线互联网大厂的数据、技术人才，对行业的粗放运行模式洞察深刻，对客户需求的了解也更加透彻。

（4）江淮汽车：转型升级靠"智"取

近年来，江淮汽车不断提高企业自身互联网知识及数据获取、保护、加工与利用能力，采取从单一制造向制造与服务并举转型等积极举措，为迈向高质量发展积累了强大势能。从"卖车"到"卖出行服务"，通过数字化转型向用户提供更好的产品与出行服务，是江淮汽车数字化转型的愿景和目标。

江淮汽车的成功经验启示企业：一是管理模式数字化转型，充分利用成熟信息技术实现数字化智能决策；二是制造过程数字化转型，充分利用智能机器装备、智能数据采集技术实现智能制造数字化转型，高效、高品质地提供产品；三是产品及服务数字化转型，让产品和服务拥有更多数据要素，为客户提供全新产品和服务体验，从而赢得更多的商机。

（5）三一重工 18 号厂房：亚洲最大数字化工厂

2012 年，以三一重工 18 号厂房为应用基础，由三一重工、湖大海捷、华工制造、华中科技大学等联合申报的"工程机械产品加工数字化车间系统的研制与应用示范项目"被列入国家战略性新兴产业发展专项资金计划。

18 号厂房规划采用仿真技术进行方案设计与验证，配备智能加工中心与生产线系统、智能化立体仓库和物流运输系统、智能化生产执行过程控制系统及智能化生产控制中心系统四大系统。

在 18 号厂房，所有结构件和产品都追求物理空间下的精益制造，车间内只有机器人和少量作业员工在忙碌，装配线实现实时生产，制造现场基本没有存货，最大程度降低人力和物流成本。18 号厂房的"智慧"运转、生产模式、空间格局、功能分区为中国工业智能化项目规划和建设提供了一个示范。

6.2.4　数字服务业

1. 数字服务业简介

（1）服务业及数字服务业概念

服务业的概念在理论界尚有争议。一般认为，服务业是指从事服务产品的生产部门和企业的集合。服务业是当前我国国民经济结构中最大的产业，已成为推动我国经济增长的重要动力之一，其对 GDP 的贡献率逐年上升，发展前景长期向好。

结合中国信息通信研究院《中国生活服务业数字化发展报告（2020 年）》[①]中的观点，服务是一项特殊的经济活动，具有无形性、同步性、异质性和不可存储性。其中，无形性是指服务多属于行为而非物品，消费者难以事先感知和评价；同步性是指服务产品的生产与消费同时进行，在空间、时间上难以割裂；异质性是指服务产品不易标准化，质

---

① 中国生活服务业数字化发展报告（2020 年）[R]. 北京：中国信息通信研究院，2020.

量难以保持稳定一致；不可储存性是指大多数服务具有易逝性，可贸易性不足。

而数字服务业是以数据为关键生产要素，通过数字技术与服务业的深度融合，推动服务业结构优化和效率提升，培育新产品、新模式、新业态，不断提升服务品质以及个性化和多样化的服务能力，为客户提供便利、舒适、高效和健康等各种形式附加值的经济活动。

（2）数字服务业的特征

根据上述概念，数字服务业主要具备以下 3 大特征。

一是以数据作为新的生产要素。数字服务业突破了以人力、财力、物力等要素投资为主的传统服务业，将数据和数字技术融入生产服务和企业管理全过程，加快服务创新，提高运营效率。

二是结构优化和效率提升。通过数字技术与垂直场景的结合，数字服务业正在创造新模式，衍生新业态，重新设计产业生态，实现服务业的高质量发展。

三是提升服务品质和个性化、多样化服务能力。发展数字服务业，实现服务业数字化的主要目的在于丰富服务提供方式，提高服务的品质及质量，提升满足个性化、多样化服务消费需求的服务能力。

（3）数字服务业的发展机理

数字服务业的发展机理包括以下四个方面。

第一，数字化拓展消费者需求。从服务业企业角度出发，数字化能够提升服务业企业供给效率，拓展生产可能性边界；能够推动供需动态优化，实现有效匹配；能够提升政府服务业相关生态治理能力，实现服务有机协同。

而从消费者角度出发，数字化开拓出新服务消费场景和品类，能够提振消费者的消费意愿，激发其潜在服务需求。同时，数字化消费可以碎片化进行，也可以不分城乡、区域，让几乎所有人都可以成为消费者，这些优势极大拓展了消费者消费时间和企业服务消费者半径。

第二，数字化提升供给效率，拓展生产可能性边界。从管理运营效率角度出发，数字技术可以提高企业信息收集、处理、分析的效率和准确性，合理分配服务能力时空布局；可以整合各项资源，优化业务流程，使其在一定技术条件下达到最佳结合。

而从资源使用效率角度出发，数字化有效提升了人力资源配置效率，推动人才流动和人岗匹配，实现人尽其用；有效拓展了商户融资渠道，解决了中小商户融资难题；有效打造了高效供应链体系，将原材料、中间服务提供商等与最终销售网络进行协调，为顾客创造更多定制化服务。

第三，数字化推动供需动态优化，实现有效匹配。从业态、模式角度出发，数字化拓展出了包括共享经济、长尾市场、跨界融合、全时服务在内的新业态、新模式。从服务提供方式出发，数字化改变了原有服务提供方式，实现了服务跨空间提供及无接触服务，推动交易便捷化。数字化带来的业态、模式和服务提供方式的创新，最终将转化为全面展示信息、减少搜寻时间，多形式展示服务效果、体验、服务质量、需求信息的双向反馈等服务优势，实现供需精准匹配。

第四，数字化提升生态治理能力，实现服务有机协同。首先，数字化能够推动企业间业务协同，促进协同竞争，推动业务衔接。其次，数字化能够促进相关方治理协同，利用大数据分析为生活服务规划等提供支撑，提升政府对生活服务业的监管效率。最后，在业务协同和治理协同基础上形成的服务平台能够为消费者、商户、供应链企业、政府提供价值连接，为数字化生态参与者赋能。

（4）现阶段数字服务业的发展特征

现阶段，数字服务业发展呈现以下 4 个突出特征。

一是相关利益主体共生共荣。当前，在线上线下一体化（Online To Offline，O2O）经营模式中，线上交易需要在线下完成履约。这样做能给线下带来新的发展红利，从而创造出相关主体经济利益共生共荣的局面。

二是对平台的需求更强烈。当前，服务业在营销、融资等方面均存在诸多短板，需要服务平台提供专业高效服务。

三是协同化发展要求更高。从行业特性来看，与农业、工业相比，服务业经营状况更为复杂，与其他行业的关联度较强，行业供应链与价值链较长，服务行业的数字化是多行业协同支持的结果。

四是数字化的投入见效较快。服务业多属于传统行业，中小企业是行业的主体，且主要为人际交互性行业，因此数字化的投入产出比更高。

2．我国数字服务业发展历程

我国数字服务业发展可被划分为 3 个阶段。

第一阶段：信息在线化（1994 年至 21 世纪初）。伴随着我国互联网的诞生及初步发展，包括旅游、餐饮在内的部分服务业实现了免费分类信息服务线上化，为企业及个人通过互联网获取海量服务信息提供了可能，也为后续数字服务业发展奠定了基础。

第二阶段：交易在线化（21 世纪初至 2013 年）。伴随着个人计算机终端与宽带普及，网络支付悄然兴起。包括京东、淘宝在内的网购平台及一大批游戏企业借助互联网普及与网络支付，推动团购网站模式、网购零售模式、网络游戏模式等新模式、新业态快速发展，极大地促进我国数字服务业的服务技术进步、模式业态革新。

第三阶段：服务移动化（2014 年至今）。随着智能终端及移动网络成熟，以支付宝、微信支付为代表的移动支付逐渐普及。随之而来，以美团、微信小程序、滴滴为代表的到家服务普及、到店服务数字化及共享模式下的移动出行服务勃兴，推动着我国数字服务业向全服务场景、全服务类型移动化、信息化、智能化转型发展。

3．我国数字服务业发展顶层设计

伴随着世界范围内数字服务业发展，2019 年国家发展改革委、市场监管总局联合印发《关于新时代服务业高质量发展的指导意见》，从服务业数字技术应用、传统服务业企业转型及服务业业态模式创新等角度提出："加强技术创新和应用，打造一批面向服务领域的关键共性技术平台，推动人工智能、云计算、大数据等新一代信息技术在服务领域深度应用，提升服务业数字化、智能化发展水平，引导传统服务业企业改造升级，增强个性化、多样化、柔性化服务能力。鼓励业态和模式创新，推动智慧物流、服务外包、医养结合、远程医疗、远程教育等新业态加快发展，引导平台经济、共享经济、体验经济等新模式有序发展，鼓励更多社会主体围绕服务业高质量发展开展创新创业创造。"

该意见还专门提到了对农村服务业数字化转型、不同类型地区数字经济发展及制造业与数字服务业融合发展等数字服务业发展薄弱点、区别点及着力点，强调："深化产业融合。加快发展农村服务业，引导农业生产向生产、服务一体化转型，探索建立农业社会化服务综合平台，推动线上线下有机结合……大力发展服务型制造，鼓励有条件的制造业企业向一体化服务总集成总承包商转变；开展先进制造业与现代服务业融合发展试点。以大型服务平台为基础，以大数据和信息技术为支撑，推动生产、服务、消费深度融合；引导各地服务业集聚区升级发展，丰富服务功能，提升产业能级；推进港口、产业、城市融合发展；深入开展服务业综合改革试点。"

之后，习近平总书记在 2020 年中国国际服务贸易交易会全球服务贸易峰会上的致辞，寻求数字服务业发展国际合作，提出共同激活创新引领的合作动能，即要顺应数字化、网络化、智能化发展趋势，共同致力于消除"数字鸿沟"，助推服务贸易数字化进程。同年发布了《中共中央关于制定国民经济和社会发展第十四个五年规划和二〇三五年远景目标的建议》，提出要加快推进服务数字化、标准化和品牌化建设。

4. 我国数字服务业发展现状及发展趋势

（1）我国数字服务业发展现状

目前，我国已进入服务经济时代，服务业对经济增长和就业的贡献有所增加。根据《中国统计年鉴 2020》[①]从 GDP 比重看，从 20 世纪 80 年代至 2019 年，中国服务业增加值年均增长率超过 17%，服务业增加值占 GDP 比重从 22.3% 上升至 53.9%，增长 31.6个百分点。从对经济增长的贡献率来看，服务业对经济增长的贡献率从 20 世纪 80 年代的 19.2% 上升至 2019 年的 59.4%，高于同期 GDP 的份额。从就业贡献来看，从 20 世纪80 年代至 2019 年，服务业的就业份额从 13.1% 上升至 46.3%；值得注意的是，2011 年服务业就业总量占比超过第一和第二产业，成为吸纳就业的最大产业。

鲁泽霖也指出：（当前，我国）服务业领域数字经济成绩斐然，新产业、新业态、新模式蓬勃兴起[②]。综合国内对于数字服务业的研究，其发展现状具体表现在以下几个方面。

第一，数字服务业基础设施全面升级。一是信息通信服务业自身不断壮大。当前，

---

① 国家统计局. 中国统计年鉴 202[EB/OL].（2020-09）. http://www.stats.gov.cn/tjsj/ndsj/2020/indexch.htm.
② 鲁泽霖. 数字经济打造现代服务业：盘点和展望[J]. 产业创新研究，2018(7):38-39.

新兴信息通信服务的强劲增长及其与传统服务领域融合应用的持续发展，为数字服务业打下了坚实基础。

二是服务业高效可靠的底层计算基础设施初步形成。大数据和云计算作为数字经济运行的基础技术，支撑着数字服务业快速发展。另外，数据处理技术目前也已广泛应用于公共服务领域，为社会经济公共服务提供着保障有力的计算资源。

三是支撑线上线下融合应用的物流基础设施不断完善。区块链、人工智能等技术在物流领域优先应用取得显著成效，商品信息和商品物流全链路信息可查询，物流存储、搬运、拣选效率大大提升。

第二，数字服务业资源配置效率显著提升。一是平台组织提升服务资源配置效率。平台经济和数字技术以其透明、共享、脱媒优势，将本地生活服务和垂直服务充分融合，逐步消除传统商业模式节点繁多、重复生产和信息不透明弊端，显著提高了小型、分散和混乱的传统服务业资源配置质量。

二是数字技术融合应用显著降低交易成本。一方面，移动支付等技术推广应用，大大节约了交易双方成本，有助于激活交易，提高效率；另一方面，不断增长的交易规模和集合各种功能的基础平台已成为更具创新性应用的沃土。

第三，数字服务业实现从规模扩张向规范发展转变。一是监管政策及时有力。及时有力的监管政策能够弥补治理缺位，遏制行业盲目扩张与行业乱象。例如，前几年对互联网金融服务行业的监管和合规化就有效遏制了该领域野蛮生长，投资人、借款人以及交易额均向大平台、合规平台聚集。

二是技术手段广泛应用。技术手段广泛应用能够协助监管政策快速落地，全面提升治理能力。例如，之前在共享单车乱象治理过程中，交通运输部和各地交管部门在出台指导意见与管理细则的同时，采用了卫星定位、电子围栏等技术手段，有效解决了"车在哪""停在哪"等问题，使共享单车使用及停放更加有序规范。

（2）我国数字服务业发展问题及解决措施

目前，我国数字虽然取得了多项成就，但也面临着 4 个突出问题。

第一，数字化发展程度不充分。相比于以美国为代表的发达国家，我国服务业数字化总体渗透率仍然偏低，同时服务业市场主体以中小企业和个体商户为主，受制于规模小、布局散、实力弱的特点，总体数字化转型发展进程较慢。

未来，应充分发挥生活服务电子商务平台的作用，促进服务消费。一方面，鼓励线上线下融合等新消费模式发展，完善"互联网+"消费生态体系；另一方面，鼓励商户通过发展预约制、无接触服务等新服务业态提高服务智能化水平。

第二，数字化水平不均衡。目前，受各细分行业业务属性和地域分布等因素的影响，我国数字服务业行业间数字化发展不均衡问题仍然突出。相较产业链下游直接面向消费者的商户而言，服务业产业链上游原材料供应、物流运输环节的数字化程度亟待提升。

未来，应加快生活服务新基建，加大新基建属性的服务电商平台支持力度。一方面，推动重点行业、领域试点示范，通过数字技术对应用场景进行数字化、智能化、沉浸式改造；另一方面，支持平台企业提供针对性强、使用便捷、成本合理的服务业数字化基础设施，给予财政补贴、政府购买服务等支持。

第三，要素支撑能力弱。目前，我国服务业企业规模小、竞争激烈，大部分资金用于维持日常经营，能用于中长期数字化投资的资金不足。现有的数字技术服务大都是通用技术，难以满足服务业"短平快"的数字化转型需求。人才供给不足，缺乏既懂数字技术又懂服务经营的复合型人才。

未来，应强化要素支撑，夯实服务业数字化发展基础。一是加大对生活服务业供给侧数字化财政支持力度，完善税收优惠政策；二是加强前瞻性基础研究，鼓励支持 5G、云计算、边缘计算等技术在服务业落地应用；三是加快培育数字化人才，强化基层社区就业人员数字化赋能。

第四，重视程度有待加强。目前，我国缺少针对服务业数字化建设的系统性政策设计和针对性实施意见。这也导致服务业企业对数字化转型的观望情绪颇为浓厚，"不想转、不敢转、不会转"现象十分突出。

未来，应加强顶层设计，营造良好政策环境。一方面，针对生活服务业数字化发展面对的问题与瓶颈，出台推动服务业数字化指导意见或专项行动方案；另一方面，建立服务业数字化政策支持体系，完善服务业数字化过程中政府、企业、社会的协同治理模式。

（3）我国数字服务业发展趋势

基于我国数字服务业目前的发展情况，继续结合鲁泽霖的观点[1]，我国数字服务业未来发展将呈现 3 大趋势。

第一，生活性服务业和生产性服务业融合发展。在数字经济时代，大数据、云计算、人工智能等信息技术日益渗透到生活服务领域，生活服务技术含量不断增加，极大地改变了服务业技术薄弱、分散的传统形象。同样，类似技术也被用作生产性服务业的技术支持。数字技术作为生产和生活领域的通用技术，是生活服务业和生产服务业融合发展的基础。

第二，公益性服务业潜力巨大。近年来，随着人们对公共服务效率要求不断提高，以及政府行政支出收紧，公益事业社会化和市场化转型已成为必然趋势，政府公共服务将逐步进入市场。与需求相比，市场化公共服务的供给缺口巨大，而数字技术的广泛应用有助于弥补传统公共服务资源缺口。

第三，监管创新与服务创新并重。在数字经济时代，商业竞争正转化为平台竞争。市场中的非标准化竞争问题经常出现，并揭示了许多新特点和新问题。因而，有必要加强和创新竞争执法。结合服务业模式创新情况，运用大数据创新治理手段，研究建立平台协同治理机制，不断规范企业行为，创新竞争执法模式，创造良好发展环境。此外，要善于运用大数据管理手段，共享信用信息，加大对"失信"的处罚力度，增加失信成

---

[1] 鲁泽霖. 数字经济打造现代服务业：盘点和展望[J]. 产业创新研究，2018(7):38-39.

本，让各类主体"不违反合同，不准备违约"，并建立一个值得信赖和规范有序的服务市场组织。

5. 数字服务业案例

（1）南方航空推进服务智能化、电子化

"南航 e 行"是中国南方航空股份有限公司（以下简称"南航"）运营的通过移动端官方平台，作为南航实施数字化转型、打造世界级航空运输企业的重要抓手，旨在打通各功能环节，实现"出行前、去机场、在机场、飞行中、目的地、出行后"6 大阶段服务全流程智能化。

对于数字服务业企业，尤其是航空类企业，南航的案例有以下 4 点借鉴意义：一是注重创新平台搭建，建立大数据平台，统一数据标准，打通信息壁垒，加快云计算、大数据等新技术应用；二是注重体制机制改革，组建科技信息与流程管理部，统筹科技创新和数字化变革；三是以数字化保障航空安全，推动安全管理从"人盯人"向"人盯系统"转变，为安全管理赋能；四是以智能化提高运行效率，打造统一运行指挥信息平台，统一数据、标准和流程，为业务决策提供数据支撑，不断提高运行效率。

（2）基于价值链视角的西贝数字化转型

西贝莜面村（简称西贝）目前已实现账号互通化，通过消费端账号在各个平台间的互联互通打通赋能数据运营；也就是说，消费者以一个账号即可登录包括小程序、外卖点餐 App 在内的各个平台。同时，账号互通也有利于会员运营体系搭建，保证了大数据的运用以及私域流量的活跃。根据统计数据，西贝回头客平均消费周期是 30 天，基于会员生命周期和消费频次，西贝对用户进行了等级划分和差异化运营策略，如表 6.1 所示。

表 6.1　西贝用户等级划分及运营策略

等　级	定　义	策　略
新客	90天内到店消费1次	推荐不同价位储值卡，提高复购率
回头客	90天内到店消费不少于3次	淡季或节日期间赠送低价满减券
活跃客	90天内到店消费高于3次	—
沉睡客	连续60天未到店消费	沉睡新客：淡季推送低价值满减券 沉睡回头客：每60天推送高价值满减券 沉睡活跃客：每个月推送无限制额度代金券或菜品券
流失客	60天内发送促销活动也未到店消费	—

资料来源：搜狐网. 西贝：3种策略，激活1000万会员[EB/OL].（2018-12-30）. https://www.sohu.com/a/285673055_120065929.

（3）苏宁易购的智慧零售转型

作为中国最大的实体零售企业，苏宁易购已经彻底转型为线上线下融合的互联网零售企业。外界都认为苏宁易购是一个零售企业，但是自从 2017 年起转型智慧零售后，苏宁易购如今更多的是聚焦科技和数据，并且对外输出。

苏宁易购智慧零售拥有建立在良好网络基础设施、持续打造的场景流量价值、打通的供应链基础上的三大核心资源：一是知道用户是谁，怎么找到用户，怎么让用户在合适的时间买到合适的商品，这是基于数据的积累；二是场景互联网，大店做得更全，小店做得更便利，专业店做更丰富、专业的服务；三是智慧供应链，把产、销、配、服打通，把供应链数字化。

（4）沃尔玛：数字化转型最大的挑战是转变思路

对于零售行业，数字化转型是一道必答题，沃尔玛中国通过数据化手段，融合各购物场景，增加与顾客的触点，让顾客能随时随地以自己的方式在沃尔玛购物。在数字化创新的过程中，沃尔玛做了很多探索，例如 Omega 8 项目，把初创型科技创新企业带入零售链条中；上线沃尔玛小程序，并在半年内成为行业内首个零售商注册用户突破 1000 万的小程序。

在数字化转型中，上述手段与尝试让沃尔玛逐步从传统的单一线下渠道转型成为全渠道零售商，并越来越重视为顾客提供无缝连接的零售服务，以满足顾客多种购物方式。在沃尔玛转型过程中，并没有太多十分先进的核心技术，更多的是经营、管理思路的转变。尽管沃尔玛体量巨大，但是在积极与京东、腾讯等互联网企业开展合作，同样实现了有效数字化转型，其销售额增长十分明显。

（5）中国工商银行：人工智能技术在金融领域创新应用

创新是引领发展的第一生产力，中国工商银行一直是金融科技的探索者和开拓者。为了应对智能时代挑战，中国工商银行把握机遇，组建信息科技创新实验室，主动跟踪人工智能等新技术发展动态，开展各项新技术在中国工商银行应用的前瞻性研究，推动新技术落地实施，实现前瞻性研究成果价值转化。

中国工商银行将人工智能技术优先运用到全渠道运营服务模式升级换代工作中，在业务处理、风险防控、客户服务等多个业务活动中实践，取得了显著成效。其具体应用包括：一是应用人工智能技术提升了传统银行业务的自动化水平；二是应用人工智能技术提升业务处理的效率；三是应用人工智能技术提升风险防控的精准化水平；四是应用人工智能技术打造业界一流的金融产品；五是应用人工智能技术提升客户服务，打造极智体验；六是应用人工智能技术实现网点智能布局，为中国工商银行网点选址决策和业务发展提供科学的决策依据。

（6）菜鸟网络智慧物流模式

菜鸟网络智慧物流模式是基于头部订单、物流数据以及对物流公司的把控，通过挖掘物流大数据，整合物流全流程信息系统，构建标准化流程，从改造电子定单到数字化升级包裹、智能供应链提供商家普惠服务、全球供应链"秒级通关"、菜鸟裹裹快递全链路数字化，再到菜鸟驿站"最后 100 米"数字化解决方案，该模式提高了整个物流过程的库存效率、商品处理效率，以及送达的准确率。具体情况如图 6.2 所示。

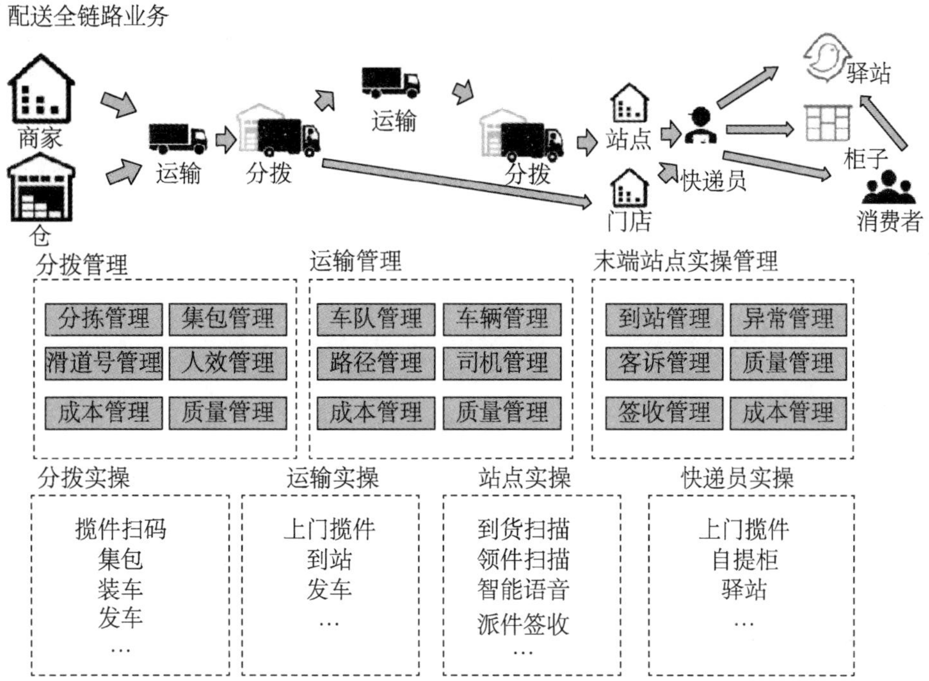

配送全链路业务

图 6.2　菜鸟网络智慧物流模式

（7）杭州市"互联网+智慧医疗"实践

杭州市借助大数据、物联网技术，以及微信、医院 App、挂号网等载体，形成医疗智慧化建设，打破"信息孤岛"，助推实现医疗信息、资源共享。

杭州市基于多个"互联网+"要素的聚合效应，基本形成"互联网+智慧医疗"的布局，目前在缓解"三长一短"问题方面已有所突破，有利于缓解患者看病难、看病贵的问题。其中，大数据平台、分级诊疗和诊间结算作为杭州市智慧医疗的 3 大亮点，在解决看病难、看病贵问题上发挥重要作用。具体表现为以下几点。

第一，打破信息孤岛，建立医疗大数据平台。目前，杭州市借助一定政务数据的开放和共享，已打造区域卫生信息平台。

第二，分级诊疗体系促进医疗资源共享和优化配置。建立分级诊疗制度，是促进医疗资源共享、优化配置医疗资源、推动基本医疗卫生服务均等化的重要举措。

第三，诊间结算"一卡通"，优化就诊流程。诊间结算是医生诊间功能多面化重要体现，也是缓解看病"三长一短"问题、优化就诊流程的重要途径。它既延长了医生和患者的交流时间，也节省了患者排队结算时间，一举两得。

（8）数字化让"敦煌不再遥远"

2016 年 4 月 29 日，"数字敦煌"资源库平台第一期正式上线，首次向全球发布敦煌石窟 30 个经典洞窟的高清数字化内容及全景漫游节目。截至 2018 年，敦煌研究院已完成采集精度为 300DPI 的洞窟近 200 个，以及 110 个洞窟的图像处理、140 个洞窟的全景漫游节目制作工作。"数字敦煌"资源库建设，是传统文化资源和信息技术有机结合的典范。运用数字化技术手段，充分提炼文化遗产所包含的文化信息，构建跨区域文化资源库，能够让人们更好地了解敦煌文化资源的历史价值、文化价值、社会价值、科技价值和艺术价值。

6.2.5 数字医疗

1. 数字医疗相关概念

（1）数字医疗的概念

数字医疗是指将现代计算机技术和信息技术应用于整个医疗过程的一种新型现代医疗方法。它是公共医疗的发展方向和管理目标。数字医疗设备的出现极大地丰富了医疗信息的概念和内容。从一维信息可视化（如心电图、脑电图等），到二维信息可视化[如电子计算机断层扫描（CT）、磁共振成像（MRI）、彩色多普勒超声、数字 X 光机（DR）等]，再到三维信息甚至四维信息可视化（如三维心脏等），这些信息极大地丰富了医生的诊疗手段，将医学带入了一个新的视觉信息时代。

在数字医疗条件下，借助医疗设备和医学专家之间的资源共享，患者可用更少的步骤完成治疗，医生诊断准确性也大大提高。同时，患者档案信息会记录患者所有健康信息，为医生诊断和患者自我检查带来极大便利，真正实现远程诊疗所需的全面患者数据，实现快速有效服务。

（2）数字医疗的特征

根据数字医疗的概念，数字医疗具有以下 4 大特征。

一是医疗设备数字化。医疗数字化首先是医疗设备数字化，医疗设备数字化是数字医疗的基础。所谓数字医疗设备，即数据收集、处理、存储和传输过程均基于计算机技术的相关诊疗设备。在计算机软件下运行的医疗设备可以存储、处理和传输收集到的信息，并已逐渐取代传统设备成为临床设备的主流。

二是医疗设备网络化。数字医疗可以实现医院设备资源共享，实现图像和文档传输，缩短患者挂号、付款、取药和就诊时间，并运用电子账单和电子处方减少出错的可能性。远程医疗方面，数字医疗可以实现远程教学和视频会议、远程会诊和手术、在线查询和帮助、在线注册和预约，实现全球资源共享。

三是医院管理信息化。管理者可以通过网络随时了解医院运行情况和不同科室工作情况，使医院始终处于最佳运行状态。此外，医院可以随时为患者提供所有必要信息。

四是医疗服务个性化。人们可借助互联网在家预约和挂号，也不再需要长时间在检验部门等待结果。各种诊断和治疗图像、数据可以通过网络直接传输给主治医生，帮助医生及时、准确地提供诊疗。医院及医生亦可通过互联网、有线电视等方式，提醒公众进行体检，预测特定疾病发展情况，并向患者推荐新的治疗方法，使患者不必出门就能享受医疗卫生服务。

2．数字医疗优势及发展方向

（1）数字医疗的优势

实施数字医疗不仅可以显著提高医院的诊疗质量和服务效率，而且对提高医院未来竞争力具有重大影响。同时，亦可增加医院管理透明度，赢得患者信任，维护医院良好社会形象。其优势具体表现在以下几个方面。

一是改革医院运营模式。实施数字医疗后，医院将不再只是诊疗场所，而是将发展成为一个集医疗、保健和健康咨询于一体的服务型组织。这必将从根本上改变医院的管理模式，推进医院管理理念转变，使医院从原来只注重设备和医疗水平，转变为设备、医疗水平与现代化管理服务水平并重。

二是改变医院管理方式。实施数字医疗后，医院管理者可以从繁重文字工作中解脱出来，实时、准确地从整个医院获取各方面信息，以便维持医院最佳运行状态。同时，全院实现无纸化办公、无胶片存储，将大大降低医院成本，提高医院工作效率。

三是改进大众服务。实施数字医疗后，人们可以节约在医院排队挂号、缴费、检查及取药的时间，并选择他们信任的专家在家中进行咨询诊疗，并随时接收医生的健康提醒。医院将真正以患者为服务中心。

四是改善医院教研工作。实施数字医疗后，医生可以通过网络了解当天患者流量，通过电子处方和电子申请表简化计费流程。同时，采用先进数字化诊疗设备进行图像检查，不仅数据准确，还可以通过网络及时传送给医生，使医生能够及时诊断和治疗患者病情，尤其是对复诊复查患者。远程会诊和监控也可以让医生不用出门便可行医，医生的才能可以得到更多的发挥。总之，数字医疗给医院的日常教育和科研赋予了新的意义，开辟了新的诊断和治疗途径。

（2）我国数字医疗未来发展方向

数字医疗所具备的诸多优势在为我们坚定发展信心的同时，也为我们指明了数字医疗未来的发展方向。

首先，提高数字医疗认识。数字医疗在具体实施过程中遇到了一些问题和困难，首先表现在医院管理者认识不够，没有把数字医疗建设纳入医院发展的思路上去。对此，医院管理者应给予足够重视，加深对数字医疗的了解，才能使数字医疗的早日实现成为可能。

其次，加大对数字医疗建设的投入和标准化工作力度。数字化建设是一项技术密集、知识密集的高科技项目，必须有强大的技术实力和技术标准作为支撑。目前，我国在数字成像、显示和远程医疗方面没有相应标准，数字医疗的可靠性和安全性难以保证。因此，应该尽快建立数字医疗在中国应用的技术标准和规范，实现标准化。而标准化建设，一方面，要发挥政府权威，规范医疗软件市场，加强对医疗软件市场的管理和监督；另一方面，开发商、医院和医疗器械制造商之间需要合作，逐步将现有的成熟经验、做法提炼成标准，规范行业发展。

最后，优化提升医护工作者的结构和水平。数字医疗是一项系统工程。由于软件的实现和维护，不断更新数字化设备的操作和保养，专业性要求较高，所以需要有一批技术精、素质高的工作人员，而且要通过培训不断更新工作人员的知识和培训技能，以使医护工作者的结构和水平适应数字医疗的发展要求。

6.2.6　数字交通

1. 数字交通相关概念

数字交通相关概念包括数字交通本身的概念及其具体形成的数字交通系统的概念。

（1）数字交通的概念

交通运输部 2019 年发布的《数字交通发展规划纲要》指出：数字交通是数字经济发展的重要领域，是以数据为关键要素和核心驱动，促进物理和虚拟空间的交通运输活动不断融合、交互作用的现代交通运输体系。

数字交通以信息收集、处理、共享、交换、分析和利用为主线，为使用者提供多样化服务。具体来说，在智能交通系统（Intelligent Transportation System，ITS）的基础上，充分利用物联网、云计算、互联网、人工智能、自动控制、移动互联网等交通领域技术，覆盖交通管理、交通运输、公共交通等交通建设管理全过程，以充分利用交通系统感知、联网、分析、预测和控制能力，确保道路安全，发挥交通基础设施作用，提高交通系统运行效率和管理水平，促进公共交通畅通和经济可持续发展。

（2）我国数字交通系统主要内容

在我国，数字交通系统是指在国家智能交通系统框架指导下，建成"高效、安全、便捷、文明"的数字交通运输系统。该系统能显著提高城市交通系统的管理水平和运行效率，为出行者提供全面交通信息服务和方便、高效、快捷、经济、安全、人性化、智能化交通服务。同时，该系统还可以提高交通管理部门和相关企业信息支持和信息决策支持的及时性、准确性、全面性和充分性。

综合来看，数字交通系统是以智能路网、智能出行、智能设备、智能物流和智能管理为核心内容，以高度集成的信息技术和广泛利用信息资源为主要特征的大交通发展新模式。通过使用数据模型、数据挖掘、数据处理、通信传输等技术，实现数字交通服务系统性、实时性、交互性和通用性。

2. 我国数字交通建设阶段及目标

根据《数字交通发展规划纲要》，我国数字交通建设在未来 15 年里分为两个建设阶段。

第一阶段是到 2025 年，我国交通运输基础设施和运载装备全要素、全周期的数字化升级迈出新步伐，数字化采集体系和网络化传输体系基本形成。交通运输成为北斗导航的民用主行业，5G 等公网和新一代卫星通信系统初步实现行业应用。交通运输大数据应用水平大幅提升，出行信息服务全程覆盖。物流服务平台化和一体化进入新阶段，行业治理和公共服务能力显著提升。交通与汽车、电子、软件、通信、互联网服务等产业深度融合，新业态和新技术应用水平保持世界先进。

第二阶段是到 2035 年，我国交通基础设施完成全要素、全周期数字化，天地一体的交通控制网基本形成，按需获取的即时出行服务广泛应用。我国成为数字交通领域国际标准的主要制订者和参与者，数字交通产业整体竞争能力全球领先。

3．我国数字交通发展方向

根据上述数字交通建设目标，我国数字交通未来的发展方向包括建设网络化传输体系和建设智能化应用体系两个方面。

（1）建设网络化传输体系

建设网络化传输系统，需推进交通基础设施和信息基础设施一体化建设，推动专用交通网络与"天网""公网"深度融合，推动车联网、5G 和卫星通信信息网络的提供和使用，完善国家公路通信信息网，形成综合交通信息网，提供覆盖范围广、时延低、可靠性高、宽带大的网络通信服务。

（2）建设智能化的应用体系

智能化的数字交通应用体系具体包括以下 3 个方面。

第一，数字化出行助手。促进交通、旅游等信息的开放交流和综合开发。深化各类线上线下交通资源整合，鼓励企业全面整合各类线上线下交通资源，提供"多源交通"服务。支持"出行即服务"（Mobility as a Service，MaaS）的概念，将旅行需求和服务资源与数据联系起来，将旅行变成一项实时服务。打造"智能移动空间"，让乘客出行与商务、消费、休闲交织在一起，提供全新出行体验。推动便捷交通"互联网+"发展，推动和规范定制公共交通、智能停车、智能公共交通、车辆维修、在线出租车预订等新型城市出行服务发展，互联网自行车租赁及公共交通工具分时租赁。

第二，物流全程数字化。着力发展"互联网+"高效物流新模式、新业态，加快物流活动全过程数字化，促进铁路、高速公路、水路等货运单证电子化与交换互认，提供"一站式"且整个过程可监控、跟踪的物流服务。鼓励各类企业加快物流信息平台差异化发展，促进城市物流配送全链信息交流，完善农村物流终端信息网络。依托不同信息平台，加强不同部门之间物流相关管理信息互认，构建综合运输物流数据资源交流开放机制。

第三，行业治理现代化。完善国家综合交通信息平台，提升大数据在决策支持、安全应急、指挥处置、监控执法、政府服务、节能环保等方面应用水平，实现精准分析、精准控制、精细管理、精细服务。完善资源目录和信息资源管理体系，实现行业信息资源的融合和整合，提高信息资源共享、交流和开放服务能力。建立大数据支撑决策规划体系，促进部门、政府、企业多源数据融合，提高交通决策分析水平。采用基于数据的全景显示方式，增强交通运行综合监测预警、舆情监测、安全风险分析评估、处置顺序、节能环保在线监测等支撑能力。进一步推进交通领域的"互联网+政务服务"，实现政务服务同一事项、同一标准、同一规范。加强网络服务链，推动公共服务向"两微一端"拓展和延伸。加快完善交通、路政、海事等政府信息系统，推进交通综合执法等系统建设，提高执法设备智能化水平，推动网上身份识别和非现场执法。

6.2.7 智慧物流

1. 智慧物流相关概念

（1）智慧物流的概念

智慧物流是指基于物联网技术应用，实现互联网向物理世界延伸，互联网与物流实体网络融合创新，实现物流系统的状态感知、实时分析、科学决策与精准执行，进一步达到自主决策和学习提升，拥有一定智慧能力的现代物流体系。

2009 年，IBM 提出建立一个先进、互联和智能的前瞻性供应链，并提出"智慧供应链"的概念。该"智慧供应链"以借助传感器、电子标签、制动器、全球定位系统和其他设备和系统生成、传递实时信息为基本概念，后续逐渐发展为"智慧物流"的概念。与传统"智能物流"提法强调构建基于动态信息的虚拟物流互联网管理系统相比，"智慧物流"更注重物联网、传感器网络与现有互联网融合，实现物流自动化、可视化、可控化、智能化和网络化，提高资源利用率和生产率，创造更具社会价值的物流体系。

（2）智慧物流的特征

根据智慧物流的概念，其具有以下 3 大特征。

一是数据驱动、互联互通。智慧物流生态系统中的所有物流要素都可以互联，所有业务都可以数字化，物流系统整个过程都是透明、可追溯的，所做出的和执行的所有决策都是由数据驱动的。

二是深度合作、高效执行。智慧物流可促使各集团、企业和组织之间形成深度协作，并基于物流系统的智能算法，规划整个物流系统中所有利益相关者的高效分工和协作。

三是独立决策、智能学习。在智慧物流时代，软件可以帮助物流独立决策，促进物流系统程序化、自动化发展，通过大数据、云计算和人工智能构建物流大脑，在感知中决策，在执行中学习，在物流实际运作中实现持续更新升级。

2. 智慧物流的基本功能及优势

（1）智慧物流的基本功能

依托现代信息技术，智慧物流具有 7 项基本功能。

一是感知功能。通过各种先进技术，智慧物流可在运输、储存、包装、装卸、流通加工、配送、信息服务等环节获取大量信息。实现实时数据采集，使各方能够准确捕获货物、车辆和仓库信息，实现感知智慧。

二是规整功能。感知智慧实现后，收集的信息通过网络传输到数据中心进行数据归档，建立数据库。通过对数据库中的数据进行分类，智慧物流可使各类数据按需存放，实现数据联系、开放和动态更新，从而规范数据和流程，促进跨网络系统整合，实现规整智慧。

三是智能分析功能。智慧物流利用智能模拟模型等手段分析物流问题，根据问题做出假设，并在实践中不断解决已有问题,发现新问题。在运行过程中，系统可独立调用已有分析结果，随时发现物流运行中的漏洞和薄弱环节，实现分析智慧。

四是优化决策功能。结合具体需求，智慧物流根据不同情况评估成本、时间、质量、服务等因素及碳排放等相关标准，进行预测分析、协同决策，提出最合理有效的解决方案，使决策更加准确和科学，实现创新智慧。

五是系统支持功能。智慧物流系统中每一个节点都是互相联通的，能够通过交换数据和优化资源配置，为所有物流节点提供最强大的系统支持，使所有节点协同协作。

六是自动纠错功能。在前述功能基础上，自动纠错功能允许系统自主遵循最快、最有效的方式，即发现问题后根据最有效的解决方案迅速自动纠错，同时记录错误情况及解决方案以便日后参考。

七是及时反馈功能。物流系统是一个实时更新的系统，反馈是实现系统修正和系统改进的重要功能。反馈贯穿于智慧物流各个环节，为物流运营商了解物流运作、及时解决系统问题提供了有力保障。

（2）智慧物流的优势

正因为智慧物流具有上述 7 项基本功能，因而相比于传统物流，其具有以下 6 大优势。

一是降低物流成本，提高企业利润。智慧物流允许制造商、批发商和零售商进行协作和信息交换，使物流公司节省更多成本。其关键技术，如目标识别与识别跟踪、无线定位等新型信息技术，可以有效实现物流智能规划管理，整合物流核心业务流程，促进物流管理合理化，降低物流消耗、物流成本、运营成本，增加利润。

二是加速物流产业的发展，成为物流业的信息技术支撑。建设智慧物流将加快当地物流业发展，整合仓储、运输、配送、信息服务等功能，打破行业约束，协调部门利益，实现集约高效运行，优化社会物流资源配置。同时，整合物流企业，集中分散在各地的物流资源，可以发挥整体优势和规模经济，实现传统物流企业的现代化、专业化和互补性。此外，企业还可以共享基础设施、配套服务和信息，减少相关支出，实现规模经济。

三是为企业生产、采购和销售的智能融合打基础。随着射频识别技术和传感器网络的普及，物联网为企业物流系统、生产系统、采购系统和销售系统的智能融合奠定基础。而网络融合又必将产生智慧生产与智慧供应链的融合，企业物流完全智慧地融入企业经营之中，打破工序、流程界限，打造智慧企业。

四是使消费者节约成本，轻松、放心购物。智慧物流通过提供自助查询、货源追踪等多种服务，尤其是对食品来源的调查，可以增加消费者购买信心，促进消费，最终对整个市场产生积极影响。

五是提高政府部门工作效率，促进政治体制改革。智慧物流可以对食品的生产、运输和销售进行全方位、全过程监控，使监控更加彻底和透明，并减少相关政府部门工作量。通过计算机和网络的使用，政府部门工作效率将大大提高，这将有助于中国政治体制改革，理顺政府机构，消除冗员，减少开支。

六是促进当地经济进一步发展，提升综合竞争力。智慧物流集中了多种服务功能，体现了现代经济运行的特点，即强调信息流和物流的快速、高效、顺畅运行，以降低社会成本，提高生产效率，整合社会资源。

智慧物流的诸多优势，使其受到越来越多的供应商、制造商、零售商和物流公司的关注，甚至大部分早已开始开发和使用。这也促使一批基于云计算和大数据等最新技术的科技公司出现，为有货运需求的企业提供信息化、智能化专业解决方案，为物流、贸易、供应链等有城市配送需求的公司提供行业领先的技术支持。

3. 我国智慧物流发展现状及发展趋势

（1）我国智慧物流发展现状

与传统物流相比，智慧物流具有很大的优势，发展智慧物流也成为我国数字经济发展的一项关键任务。结合何黎明的观点[①]，我国智慧物流发展现状可分为 6 个部分。

第一，政策环境持续改善。2016 年 7 月，李克强总理主持召开国务院常务会议，提出在国家层面建立和推广"互联网+高效物流"。经国务院同意，国家发展改革委会同有关部门研究制定了《"互联网+"高效物流实施意见》。工业和信息化部等有关部门从各自职能范围内积极实施推进"互联网+"高效物流相关工作，为促进智能物流发展创造良好的政策环境。

第二，物流互联网逐步形成。近年来，随着移动互联网的快速发展，大量物流设施通过传感器连接互联网，大量重型车辆配备了北斗定位设备，同时也有大量托盘、集装箱、仓库和货物接入互联网。物流连通性呈现快速增长趋势，物流互联网的形成到达关键阶段。

第三，物流大数据得到应用。在线物流产生了大量商业数据，使物流大数据从概念变为现实。对物流大数据进行处理和分析，获取有价值信息，为企业运营管理做出科学合理的管理决策，这是物流企业的共同需求。

第四，物流云服务强化保障。基于大数据和云计算能力，智慧物流的核心需求是通过物流云高效整合、管理和规划资源，并按需向所有参与者提供信息系统和算法应用服务。近年来，许多互联网和物流公司推出了物流云服务应用，为物流大数据处理与利用提供了重要保障。

---

① 何黎明. 中国智慧物流发展趋势[J]. 中国流通经济，2017,31(6):3-7.

第五，协同共享助推模式创新。智慧物流的核心是合作与共享，这是信息社会不同于传统社会的思想源泉，将产生巨大创新活力。合作与分享概念克服了传统社会中的所有权概念。它通过非所有权的共享使用权，打破了传统企业界限，深化了企业之间的分工与合作，实现了现有资源社会化改造和闲置资源最大化利用。近年来，"互联网+物流服务"已成为实施合作共享理念的典型代表。因而运用互联网技术和互联网思维，推动互联网与物流产业深度融合，将重塑产业发展模式和分工体系，为物流企业转型提供方向性指导。

第六，人工智能正在起步。人工智能，尤其是人工智能边缘领域，如无人驾驶、无人存储、无人配送和物流机器人，能够智能分配物流资源，优化物流环节，提高物流效率。利用以人工智能为代表的物流技术服务，推动物流数字化、自动化和智能化，实现物流运作的高效率和低成本，是物流企业迫切的现实需求。

（2）我国智慧物流发展趋势

从目前的发展形势来看，随着中国"互联网+"战略的深入发展，未来智慧物流的转型升级将呈现以下 7 大趋势。

一是连接升级。未来，物联网、云计算、大数据等新一代信息技术将进入成熟阶段。人员、设备、设施和货物将全面接入互联网，呈现指数增长趋势，形成一个全覆盖、网络化的物流互联网。

二是数据升级。随着信息系统建设、数据对接与协作，以及手持终端普及，物流数据将得到更为充分的收集、录入、传输和分析。未来，物流数字化水平将显著提高，行业信息不对称和信息孤岛现象将被打破，整个流程将透明化，智慧物流基础将得到加强。

三是模式升级。未来，众包、众筹、共享等新型共享协作方式将被广泛应用，打破传统部门体系，重构企业业务流程和业务模式，成为创新驱动的智慧物流驱动力。

四是体验升级。未来，分布式物流互联网将更加贴近消费者，全面取代集中运营模式，依托开放共享的物流服务网络，满足每一位客户的个性化服务需求，创造智慧物流价值。

五是智能升级。随着人工智能技术的更新换代，机器将在许多方面取代人力。未来，物流机器人的使用密度预计达到每万人 5 台左右。智慧物流将改变传统物流基因，而智能革命将改变智慧物流模式。

六是绿色升级。智慧物流充分利用闲置资源，积极降低能耗，符合全球绿色可持续发展的要求。可预见的未来，绿色包装、绿色运输、绿色仓储、绿色低碳运输的推广应用将加大智能物流的影响力。

七是供应链升级。智慧物流将推动智能供应链转型。智慧物流凭借贴近用户的优势，推动互联网深入上下游产业链，迫使产业链各环节加强互联互通，深化与用户需求的融合，加速形成协同共享的生态系统。

6.2.8　智慧教育

1．智慧教育的概念及特征

（1）智慧教育的概念

智慧教育是依托物联网、云计算、无线通信等新一代信息技术所打造的物联化、智能化、感知化、泛在化的新型教育形态和教育模式。智慧教育模式是整个智慧教育系统的核心组成。

（2）智慧教育的特征

智慧教育是现代信息技术与传统教育行业的融合，因而其特征也需从技术和教育两个属性来分析。

从技术属性来看，智慧教育的基本特征是数字化、网络化、智能化和多媒体化。数字化使教育信息技术系统的设备简单、可靠、统一；网络化使信息资源得以跨时空共享，人际合作更易于实施；智能化使系统能够实现教学行为人性化、人机交流自然化和复杂任务代理化；多媒体化利用图像、声音、画面等使教育教学更加生动形象，提高学生的学习兴趣和效率。

从教育属性来看，智慧教育的基本特征是开放性、共享性、互动性和合作性。开放打破了以学校教育为中心的教育体制，使教育自主化、社会化、终生化；共享使大量教育资源对所有学习者来说都是可获取且取之不尽的；互动实现了人与计算机之间的双向交流和所有人之间的互动式远程学习，促进了教师与学生、学生与学生、学生与他人之间的多向交流；合作则为教师之间、师生之间、师生与计算机之间带来了更多共同完成任务的机会。

2．智慧教育的优势及意义

（1）智慧教育的优势

相较于传统教学模式，智慧教育发生了根本性改变，它至少具有 4 大优势。

一是信息传递优势。现代经济学认为，获取信息是克服人类"无知"的唯一途径。而信息搜索成本（即交易成本）中信息传输成本占很大比例。传统教学采用"师徒"面授方式，耗费了大量人力物力，也是对社会资源的浪费。网络教学的信息高速传输功能无疑大大节约了整个社会的信息传输成本。

二是信息质量优势。随着"远程教育"项目的实施，学生可以共享优秀教育资源和高质量教学信息。不可否认的是，教师作为知识领导者的水平是参差不齐的，从接受者那里获得信息的质量也大相径庭。而远程学习材料由优秀教师提供，可以有效保证信息传输质量。

三是信息成本优势。包括受教育机会在内的平等是人类的共同目标之一。由于实际经济环境和人民经济状况的差异，所以，无论政府、非政府组织和个人如何努力，仍有相当一部分年轻人和成年人难以接受高等教育或继续教育。而远程教育学生可以根据相关专业的课程设置、自身学习特点、工作生活环境，在学习地点或家中使用在线教学平台，开展自主学习。远程教育的低运营成本给教育市场带来了新的变化，并显著增加了更多学生，尤其是贫困学生和无法谋生的成年人的学习机会。

四是信息交流优势。智慧教育改变了传统教学方式和教学模式，形成了以学生和教师为主的双主体教学方式，以及互动教学模式。学生可以通过在线教学平台随时下载在线教材，利用在线互动功能与教师或其他学生交流，通过双向视频等系统分享学习情况并接受优秀教师指导。这样，每个学生都可以释放自己的创造力和想象力，成长为具有探索精神和创新能力的新型人才。

（2）智慧教育的意义

随其优势而来，在数字经济时代，智慧教育拥有传统教育无可比拟的 5 个时代意义。

第一，智慧教育是实现教育现代化的重要步骤。智慧教育充分利用现代科学技术手段，推动教育信息化，大力提高教育的现代化水平。智慧教育是教育现代化的重要内容，其通过开发教育资源、优化教育过程，以培养和提高学生信息素养为导向，促进教育现代化发展进程。

第二，智慧教育有利于全体国民素质提高。智慧教育是以现代信息技术构建为基础的开放式网络教育，使受教育者的学习不再受时间、空间的限制，保障了每一位国民接受教育的平等性。开放式的教育网络为人民持续学习提供了保障，同时也为全体国民提供了更多受教育机会，教育信息化对全体国民素质的提高具有重要意义。

第三，智慧教育促进创新人才培养。智慧教育可以让学生根据个人志趣与个性差异对所学知识和学习进程进行自主选择，学生还可以对学习的相关内容进行信息检索、收集和处理，从而发现学习问题并及时解决。这不仅有利于提高教育质量和教育效率，还有利于培养学生的创新精神和创造能力，这对创新人才的培养具有重要意义。

第四，智慧教育推动教育理论发展。智慧教育是教育的一场重要变革，它能够尊重学生个体差异，允许学生个性化发展，并采用不同教育方法和评估标准，扭转传统教育中学生被动学习的局面。这必将促进教师教学理念更新，推动教育理论发展。

第五，智慧教育促进教育信息产业发展。智慧教育是一个很大的课题，涉及软硬件、制度体系、人力资源、应用模式、评估评价体系、应用服务、分层规划、技术合作等多个层面的建设，是针对实际应用中科研、教学、管理、评估、培训、信息流等具体问题的解决方法，并研究如何利用信息化环境实现其教育价值的主体应用和拓展延伸。这将在一定程度上反推促进教育信息产业的发展。

3．我国智慧教育发展阶段及发展趋势

（1）我国智慧教育发展阶段

根据智研咨询 2021 年发布《2020 年中国智慧教育产业发展态势》[①]，我国智慧教育发展至今共分为四个阶段。

第一阶段：信息化（20 世纪 80 年代至 1998 年）。信息化是智慧教育发展的最初阶段，教育信息化主要体现为教务信息化和部分资源共享，包括学生数据库更新，局域网络文件传输协议（File Transfer Protocol，FTP）分享等简单互联应用模式。

第二阶段：数字化（1999—2006 年）。智慧教育的数字化以数字教务为主要表现形式。除基础信息外，考试成绩、课程选择等多类教育信息逐渐进入教育管理者视野，学校（尤其是高等院校）开始尝试应用学生端教务系统进行成绩查询、选课等活动，并将多媒体教学等数字教学模式引进校园。

第三阶段：集成化（2007—2011 年）。集成化是智慧教育的融合发展阶段。随着网速提升及师生对信息化设备的进一步熟悉，网络已逐渐融入教育的各个细节，催生集成化教务和教学系统，标志着智慧教育开始真正改变教育模式，而非仅是教务管理模式。

第四阶段：智慧化（2012 年至今）。智慧化是智慧教育当下所处阶段。随着数字技术在教育领域的广泛应用，智能设备的逐步普及，以及"三通两平台"的发展建设，教育智慧化能够通过大数据分析对每位学生进行个性化学习指导，并催生多种形式的智慧教室模式。教育智慧化真正将教务信息化与教学信息化相结合，以学生为中心，真正改变学生的学习模式。

（2）我国智慧教育发展趋势

伴随着教育智慧化及教育信息化 2.0 时代的到来，2019 年中共中央、国务院印发了《中国教育现代化 2035》，对我国未来智慧教育的发展方向做出了规划。同年，孙立会等人则结合《中国教育现代化 2035》[②]，详细分析了我国智慧教育未来的发展趋势。结合其观点，我国智慧教育未来发展趋势包括以下几方面。

第一，提升校园智能化水平。智能校园的建设需要完善的学校网络基础设施与多媒体终端相协调，并建立网络资费政策、数字教育资源等长效网络运维机制。而在实现智慧教育基础设施建设和网络机制运行的基础上，则需强调全面运用大数据、物联网、云计算、混合智能等技术，构建"教管服"一体化平台，通过伴随性数据采集和信息自动分析，实现环境数据向数据环境转化。

第二，探索新型教学形式。《中国教育现代化 2035》不仅强调信息技术与教育的深度融合，更注重智能空间环境下教育的个性化、协调性和多样化。推动基于大数据的学生个性化分析，制订符合学生发展需求的个性化培训方案，以智能协作和虚拟教学等形式，将大规模教育与个性化教育有机结合，开发贯穿教育全过程的智能教育助手。

第三，创新教育服务业态。支持以在线学习形式准确提供量身定制的教育服务。互

---

① 智研咨询. 2020 年中国智慧教育产业发展态势：市场规模达 2744 亿元，同比增长 8.72% [EB/OL]. (2021-03-18). https://www.chyxx.com/industry/202103/939133.html.

② 孙立会，刘思远，李芒. 面向 2035 的中国教育信息化发展图景——基于《中国教育现代化 2035》的描绘[J]. 中国电化教育，2019(8):1-8,43.

联网能够打破学校教育资源供给壁垒，构建高质量数字资源共享机制和全民参与、内外资源相结合的公共服务体系，帮助贫困地区、边远地区和少数民族地区共享优质教育资源，实现教育公平和教育扶贫。

第四，推进教育治理方式变革。以大数据为基础，追求精准的教育管理和科学决策，形成以智能信息管理系统为基础的现代教育管理和监控体系，优化信息网络安全环境，加强信息系统和数字资源标准建设，逐步消除信息孤岛，确保网络教育环境安全可靠，优质教育资源互联共享。

6.3 我国产业融合未来发展建议

目前，我国发展环境发生着深刻复杂的变化，经济社会发展矛盾复杂，发展不平衡、发展不足等问题依然突出，因而要从系统观念上统筹解决，全面协调推进制造强国、质量强国、网络强国、数字中国建设，促进产业升级和产业链现代化，提高生产效率和核心竞争力，加快数字化发展，加快现代产业体系建设，促进经济体系全面优化升级。

基于目前我国产业融合发展现状及面临的国内外局势，未来发展可遵循以下 4 点发展思路。

第一，以数字基础设施建设支撑数据共享。以数字基础设施建设支持数据共享，需要做到 6 点：一是加快建设高安全性能、高运营效率、高服务水平、强连通性、广覆盖的现代数字基础设施体系；二是重点建设高速、低延迟、高可靠性、高灵活性的网络连接系统，完善中央应用支撑平台；三是构建基础资源公共服务平台，提供广泛数据、精准数据测试和分析，满足智能数据处理要求；四是建立数据协同系统，通过统一数据存储格式和传输模式，实现企业间功能调用和数据交换；五是通过确保部门和行业之间数据联网，实现企业数据开放、交换和协作，提高企业管理和决策科学化、精细化水平；六是组织协调多部门开展通用标准和行业应用标准研究，规范数据技术标准、收集处理、产权保护等问题。

第二，以数字化系统应用强化数字化管理。以数字化系统应用加强数字管理，需要做到 7 点：一是加强数字新技术应用和推广，重点利用数字新技术改造提升数字技术应用薄弱行业；二是通过构建高水平公共服务平台，推动多领域业务进一步融合，全面解锁数字红利；三是结合不同行业特点，开发新模式、新业态，为数字化转型提供新动力；四是在企业内部建立灵活、扁平、网络化的组织结构；五是在企业内部形成以知识为基础的管理理念；六是加强数字化管理技术基础；七是实施人性化人力资源管理模式。

第三，发挥政府与行业协会的引导扶持作用。发挥政府与行业协会的引导扶持作用，需要做到 5 点：一是通过集合多方面专家学者力量制定、出台完善数字化转型政策框架体系，通过制定合理行业标准，保证企业数字化工作顺利进行；二是根据行业、产业、企业类型和特征，明确政府推进数字化转型工作的方向和路径；三是围绕形成数字化智能产业生态体系，构建向企业提供技术、组织和管理的产业公共服务系统；四是为实施电子政务和数字支付创造良好环境；五是根据"高效低风险"原则，为行业发展制定行业协会数字化建设规则，促进企业数字化转型。

第四，以数字化人才培养提升员工数字素养。以数字化人才培养提升员工数字素养，需要做到5点：一是在企业内部形成学习理念、知识理念，调整人才激励制度，促进企业内部信息交流；二是在企业内部建立终身学习机制，使员工在职业生涯中终身接受数字化教育，提高数字化技能；三是与行业内的企业合作，鼓励员工参与相关培训活动；四是相关部门应加强高等教育领域内与数字经济、数字技术相关的课程的设置，构建基于数字人才意识的通用课程体系；五是构建与数字产业相关的应用平台。

练习与思考

1. 简述数字化与产业融合的概念。
2. 简述国外数字农业的发展阶段及主要表现。
3. 简述数字服务业的概念及特征。
4. 简述如何发挥政府与行业协会间引导扶持作用，推动产业融合发展。
5. 除教材内容外，你还了解哪些数字化转型与产业融合的传统产业或具体案例？

第 7 章　数据价值化：数据要素与市场化配置

在经济学中，生产要素是人们用来生产商品和劳务所必备的基本资源。随着人类社会走过农业时代和工业时代，生产要素理论上经历了从土地和劳动的二元论到土地、劳动、资本、技术和人才的五元论理论发展过程；当人类社会逐渐踏入信息时代，尤其是步入数字经济时代，基于数字技术基础带来的互联互动方式变革，以及数字产业化和产业数字化引发的全要素数字化趋向，生产要素理论也由五元论向六元论发展，数量巨大且在互联网络间自由流通的"数据"逐渐成为数字经济时代最为重要的生产要素，数据价值化也成为数字经济"四化"之一。《"十四五"数字经济发展规划》指出："数据要素是数字经济深化发展的核心引擎。数据对提高生产效率的乘数作用不断凸显，成为最具时代特征的生产要素。数据的爆发增长、海量集聚蕴藏了巨大的价值，为智能化发展带来了新的机遇。协同推进技术、模式、业态和制度创新，切实用好数据要素，将为经济社会数字化发展带来强劲动力。"

本章将紧紧围绕生产要素在经济运行中的作用，以及市场经济要求的生产要素商品化，结合数据要素的概念与特征，对数据要素的供给与开发利用详加分析，说明数据要素释放其所包含巨大价值的过程。

7.1　数据要素的相关概念

7.1.1　数据要素的概念

数据作为一种生产要素，一般是指来自人类衣食住行、购物、医疗、教育和社交等各类社会活动，由平台公司、政府部门或商业机构统计和收集的大数据。刘玉奇等人提出，相比于以往的生产要素，数据具有更强的流动性，更容易集聚和累积，发挥乘数效应，并能重构流动性较弱生产要素的资源配置状态，数据生产要素化过程，正是重构原有产业资源配置状态，形成智能化数字经济体系的过程。[①]

7.1.2　数据要素的特征

基于上述概念，结合刘玉奇、戴双兴[②]和魏江[③]等人的观点，数据要素特征可以从数据自身、"技术—经济范式"理论及资源、技术和产权 3 个角度进行分析。

1. 数据自身

从数据自身出发，其作为生产要素具有 4 个重要特征。

第一是高初始固定成本。要实现海量数据的收集和处理，形成服务对象的系统性画像，以及全产业链的数字孪生与智能化平台经济体，需要长期持续和自主优化的存储、连接与算力支撑，以及物联网设备、互联网设施和云端设施等大规模硬件的投入。

第二是零边际成本。数据复制与传播的成本极低，甚至可以说几乎不存在成本。同时，根据受摩尔定律，大数据及信息传输技术快速进步，数据存储、传输和处理的成本呈几何级数下降。

第三是累积溢出效应。数据的广泛应用和不断传播，数字产品和服务能力的不断提高，万物互联带来的数据累积，形成了数据应用与数据积累的相互强化。数字技术形成大量数据，包括世界上几乎所有对象的属性特征；而普遍互联的数据信息又使制造商能够轻松地将市场主体与服务对象的特征、偏好和需求等全面信息联系起来，从而充分利用更广泛的市场机会，创造新兴市场。

第四是高渗透性。数据要素不仅自身具有较高价值，而且对土地、劳动和资本等传统要素具有较强的渗透性。数据要素能够凭借其高流动性和无限供给，辐射到各个生产部门，与原有传统生产要素融合；再基于互联网技术万物互联和跨境融合的特点，突破原有经济边界，与其他传统要素相互作用与补充，实现生产要素高效整合与优化配置，提高传统生产要素质量与利用效率，助推高质量发展。

2. "技术—经济范式"理论

从"技术—经济范式"理论出发，数据要素包括以下 3 个特征。

第一，成本迅速下降。相较于传统生产要素，数据要素的可复制和易传播等特征使其具有较高的流动性和可获得性，使得数据要素相对成本下降。

第二，接近无限量供应。2021 年以阿里数据为代表的数据要素供给量呈指数级增长，

---

① 刘玉奇，王强. 数字化视角下的数据生产要素与资源配置重构研究——新零售与数字化转型[J]. 商业经济研究，2019(16):5-7.

② 戴双兴. 数据要素：主要特征、推动效应及发展路径[J]. 马克思主义与现实，2020(6):171-177.

③ 魏江，刘嘉玲，刘洋. 数字经济学：内涵、理论基础与重要研究议题[J]. 科技进步与对策，2021,38(21):1-7.

另据 IDC 预测，2025 年全球数据量将达到 163ZB。因此，从长远来看，数据要素可以做到接近无限量供应。

第三，应用前景的普及性。数字资源可供性和自生长性使数据要素得以快速渗透到各行各业和各业务职能领域，应用前景广阔。

3．资源、技术和产权特征

从资源、技术和产权特征出发，数据要素特征则可归纳为以下几点：

第一是资源特征。数据要素具有非竞争性特征，即数据资源共享性和非排他性。该特征使不同组织及个体可以利用同样的数据要素，但不会造成其他用户利益受损。

第二是技术特征。数据要素具有使能性特征、数字技术同质性（数字技术可以将任何声音和图片等信息映射成二进制数字）和可重新编程性（数字技术让对数据进行处理的程序同样可以作为数据进行存储和处理）。上述特征可有效节约使用者从熟悉新技术机理到应用新技术的时间，为生产主体节约熟悉技术机理的时间，更好地为衍生创新和迭代创新创造条件。

第三是产权特征。数据要素具有生产和消费统一性特征。数据产权模糊使消费者或数据使用者成为要素价值的重要决定者，数字技术则支持生产者和消费者自由转换身份，因此数字化生产与消费之间呈现出明显的自激励和自协同等特征。

但是，数据要素产权的模糊也产生了数据产权的不确定性，尤其是物联网的产生使得数据更难确权，这将在一定程度上不利于数据要素的生产和流通。

7.2　数据要素的供给与开发利用

7.2.1　数据要素的供给与开发利用过程

分析数据要素的供给与开发利用，首先需要了解其相关过程。根据杨锐的观点[①]，数据生产的价值链包括以下环节：数据生成—数据采集—数据储存—数据处理—数据挖掘—数据应用；数据生产的主体可以是个人、企业、科研院所和政府部门等任何经济社会行为主体。

因而结合数据生产价值链与生产主体，在数字经济时代，数据要素供给与开发利用的过程包括：第一阶段，各主体日常行为、活动生成存留于纸面、互联网络或其他设备中的大量原始数据；第二阶段，各主体本身或其他主体出于某种目的，利用数字技术广泛采集并有选择性地存储原始数据；第三阶段，主体采用数据处理工具及处理手段对数

---

① 杨锐. 培育数据要素市场的关键：数据供给的市场化[J]. 图书与情报，2020(3):27-28.

据进行特殊处理及深度挖掘，使之部分或全部转换成为对某种生产活动（如商务管理、生产控制、市场分析、工程设计、科学探索或社会治理等）有用的信息和知识；第四阶段，主体将该类信息、知识具体应用于某种生产活动中，发挥数据价值，产生经济效益或社会效益。

结合数据要素的概念及特征，在上述过程中，各数据要素的供给与开发利用主体是否有意识、有能力根据自身需求广泛采集原始数据，存储、处理和挖掘数据以提取有用信息和知识，针对信息和知识快速反应以应用于生产活动；各主体间是否有意识、有能力进行密切的沟通与合作，形成互补互通的数据采集和存储链条，以及专业分工的数据处理和挖掘模式，加之开放共享的信息知识和应用平台，对能否发挥数据要素的最大价值显得尤为重要，也成为现阶段在数据要素供给与开发利用过程中亟待思考的问题。

7.2.2　数据要素的供给与开发利用作用

基于数据要素及其供给与开发利用相关概念，不难发现，数据要素作为数字经济关键生产要素并不排斥其他生产要素；相反，数据要素正是在完成其生产价值链环节的过程中逐渐发挥其作用，为其他生产要素的流转创造有利环境、带来更高效率，从而助推经济高质量发展的。

1．优化资源配置

结合王建冬等人的观点[①]，紧跟数字经济从数字产业化到产业数字化再到整体数字化的发展步伐，数据作为关键生产要素也正是通过自身的供给与开发利用，从提供流转基础环境、提高流转效率、发挥核心纽带作用 3 个角度，与其他生产要素联动以推动资源优化配置、数字经济深入发展的。

（1）基础层：为其他要素流转提供基础环境

在基础层，即数字产业化阶段，数据要素不是以独立的要素形式存在，而是更多地嵌入支持实体经济运行的各种数字基础设施中，为人才、资本、技术和服务的整合提供基础环境，并通过数据中心、网络、终端等硬件基础设施平台，以及数据库、数据服务等软件基础设施平台，解决企业生产经营中信息不足或不对称的问题，促进生产效率和经营效率的提高。应该说，这是发挥要素联动作用中数据要素价值的最低层次，其所带来的工业增加值和辐射带动效应也是最低的。

在 20 世纪 80 年代数字化的早期阶段，数据没有被独立用作生产要素，而是以信息服务和知识服务等服务形式存在，是因为当时信息化产业的主导作用并不明显。但 20

---

① 王建冬，童楠楠．数字经济背景下数据与其他生产要素的协同联动机制研究[J]．电子政务，2020(3):22-31.

世纪 90 年代中期以来，随着信息技术和信息产业的成熟发展，数字产业化带动全要素数字化转型，数据要素逐渐独立并在生产要素中占据主导地位。

（2）支撑层：通过数字化提高其他要素流转效率

在支撑层，即产业数字化阶段，数据开始作为独立的生产要素完全融入实体经济的运行。Bowen[1]和 West[2]等人认为，数据进入业务流程中并成为基本管理工具，可以为公司提供更为优化的生产、管理程序，共享管理知识，实现协同增效和持续学习。而作为产业数字化模式的早期倡导者，Shaw[3]等人分析和讨论了 20 世纪末数据对市场结构和产业组织的影响，提出了差异化产品、互补品定价、搜寻成本和转换成本、标准竞争、路径依赖和锁定效应，以及规模经济、范围经济和网络效应、沉淀资本增长和边际资本投资缩减等一系列理论观点。

在这一阶段，数据发挥着较以往各个时期都更加重要的作用，成为驱动产业转型升级和区域协调发展的战略资源，取代劳动力、人才和资本成为领导生产的因子。在基础层，实体经济竞争力主要来自大规模生产带来的成本降低和"补链成群"的产业配套规模效应，数据只是促进成本进一步降低和效率进一步提高；而在支撑层，随着产业数字化不断推进，现代产业经济将越来越强调产业链的动态形成和动态组团效应，数据将成为不同组织、不同产业集群联动的核心要素，传统数据流、信息流依附于物资流的局面被颠覆，数据成为指挥实体经济运行的"大脑"和"中枢"，并充分发挥主导产业运行的决定性作用。数据作为一种通用技术，通过与国民经济各行各业的广泛结合，使得各领域生产率不断提升，并促使第一、第二、第三产业之间业态深度融合，从而深刻改变传统产业的生产方式与组织形态，催生新经济动能，形成新模式与新业态。

（3）整合层：数据成为其他要素流转核心纽带

在整合层，即全要素数字化阶段，数据的作用将继续体现在要素市场转型和完善中，实现人才、技术、资本、管理等全面数字化、智能化转变，实现国民经济全要素数字化转型。在这一过程中，数据及智能技术不仅是产业投资、人才培养、技术创新和管理改革的基础，也是加快实现成链、结盟、组团、入网、解构的基础，协调庞大而精细的社会化生产系统顺利运行。可以说，全要素数字化的过程就是重构原有产业资源配置状态，通过互联网、大数据、人工智能、区块链等新技术与实体经济、科技创新、现代金融、人力资源的协调发展和充分融合，推动创建智能数字经济体系的过程。

---

① Bowen T S. Building collaboration[J]. Computerworld, 2001, 35(45):39-40.

② West J P, Berman E M. The Impact of Revitalized Management Practices on the Adoption of Information Technology: A National Survey of Local Governments[J]. Public Performance & Management Review, 2001, 24(3): 233-253.

③ Shaw M J, Shapiro C, Varian H R. Information Rules: A Strategic Guide to the Network Economy[J]. The Academy of Management Review, 2000, 25(2): 441.

2．推动经济高质量发展

在数字经济时代，经济增长由外延增长向内涵增长转变。继续结合戴双兴的观点[①]，数据要素所具有的不同于传统生产要素、接近无限量供应的特征，以及在供给和开发利用过程中产生的巨大价值，使其在微观、中观、宏观等三个层面对企业生产、产业升级以及宏观经济调控产生了革命性影响。

（1）优化企业产品供给

数据要素主要在以下 4 个方面优化企业产品供给。

一是增加企业产品供给数量。数据要素的感知、记忆、分析和决策功能应用到企业生产过程中，可以提高企业劳动生产率，增加单位时间内产出产品数量，从而有效提升企业产品产出率。

二是提升企业产品供给质量。在数字经济时代，数据要素可以推动企业数字化转型，在此基础上，逐步建立基于数据技术的精细化管理体系，逐步建立跨部门、跨行业、大数据的产品质量监控体系，逐步推进基于社会信用数据的企业产品质量共同奖惩机制，从而推动企业产品质量改革，提高企业产品供应质量。

三是推动企业产品供需匹配。在数字经济时代，企业生产方式已从大型流水线生产转变为以"快速满足客户需求"为重点的定制化生产。消费者深度参与生产过程，企业研发、产销高度响应消费者需求，生产和消费趋于同步。通过结构重构、层级简化和组织压缩，企业的组织结构趋于扁平化，以适应数字化技术带来的快速变化。企业以数据平台为基础，围绕消费者全方位、多样化需求相互沟通、跨界互动，实现立体化网络分工，大大提升了产品供需匹配效率和精准度。

四是降低企业产品成本。一方面，企业数字化转型降低生产成本。在生产过程中，推动企业数字化转型可以减少资源耗损；同时，通过推动企业数字化转型，为所有环节建立数据平台，准确监控、及时维护计划外设备故障，减少因设备故障导致工作流程中断造成的损失。另一方面，企业数字化转型降低流通成本。在流通过程中，公司在采购原材料前使用数据要素分析相应产品的数据集，不需实地调查便可迅速找到合适的供应商，降低采购搜索成本；同时，通过在销售产品时收集消费者数据，企业可准确向消费者传达广告信息，降低匹配成本。

（2）推动产业转型升级

数据要素主要在以下两个方面推动产业转型升级。

一是数据要素催生新产业和新模式。一方面，随着数字技术的逐渐成熟，市场需求不断受到刺激。如果新技术的产业化达到一定规模，它最终会形成一个新产业。另一方面，新技术促进新商业模式的形成，这些新模式是新技术与现有产品或服务相结合的产物，并因能够满足新需求而迅速发展。

---

① 戴双兴．数据要素：主要特征、推动效应及发展路径[J]．马克思主义与现实，2020(6):171-177.

二是数据要素改造传统产业。随着数字技术的快速发展，传统产业的数字化趋向日益显著。一方面，传统产业需要从数据中提炼自身所需信息，实现资源的重新配置，加快推进数字化改造。另一方面，随着数字技术渗透到传统制造业的生产、研发、营销等多个环节，传统行业全要素生产率持续提升，数字化转型持续加快。

（3）增强宏观经济调控精准度

数据要素主要在以下两个方面增强宏观经济调控精准度。

一是通过探索挖掘大数据，创新宏观调控指标体系。在数字经济时代，"与数据对话、用数据决策"是对传统宏观调控的颠覆性改变。随着大数据分析和挖掘技术的快速发展，除了 GDP 值、居民消费价格指数（Consumer Price Index，CPI）和生产价格指数（Producer Price Index，PPI）等传统的宏观调控指标体系外，移动网络流量、民航客运量、新用电量、新增银行贷款和单位能耗等新统计指标也随之出现，并在宏观决策中变得越来越重要。

二是依托最新数字技术，为实现精准宏观调控提供可能。在数字经济时代，以大数据为代表的数字技术快速发展，为政府利用新技术进行精准调控提供了可能。随着大数据融合平台发展，科技水平和数字技术手段能够帮助政府获取相对完整且时效性更强、精准度更高的数据信息。政府通过建立起全行业数据采集处理系统，提高人工智能、云计算的数据分析能力，完善宏观调控分析研判机制，支持宏观经济调控精准化，将更有效地减少社会资源浪费，实现国民经济高质量发展。

7.2.3　我国数据要素的供给与开发利用的发展阶段及任务举措

2014 年，"大数据"第一次被写入我国《政府工作报告》，提出了："设立新兴产业创业创新平台，在新一代移动通信、集成电路、大数据、先进制造、新能源、新材料等方面赶超先进，引领未来产业发展。"自此以后，以大数据为代表的数据要素供给与开发利用成为我国发展数字经济的重要任务举措。我国先后发布《促进大数据发展行动纲要》《大数据产业发展规划（2016—2020 年）》《中共中央、国务院关于构建更加完善的要素市场化配置体制机制的意见》《"十四五"数字经济发展规划》等有关数据要素供给与开发利用的政策文件。根据上述文件，我国数据要素供给与开发利用可分为 3 个阶段。

1. 领域探索阶段

2015 年，我国出台《促进大数据发展行动纲要》，提到了 3 项数据要素开发与利用任务举措及 7 方面政策机制，标志着我国进入由国家政策引导逐步开展数据要素供给与开发利用领域探索阶段。

根据该纲要，我国数据要素供给与开发利用任务举措有 3 项。一是加快政府数据开放共享，推动资源整合，提升治理能力。大力推动政府部门数据共享，稳步推动公共数据资源开放，统筹规划大数据基础设施建设，支持宏观调控科学化，推动政府治理精准化，推进商事服务便捷化，促进安全保障高效化，加快民生服务普惠化。二是推动产业创新发展，培育新兴业态，助力经济转型。发展大数据在工业、新兴产业、农业农村等行业领域的应用，发展万众创新大数据，推进基础研究和核心技术攻关，形成大数据产品体系，完善大数据产业链。三是强化安全保障，提高管理水平，促进健康发展。健全大数据安全保障体系，强化安全支撑。

而政策机制有 7 项：一是建立国家大数据发展和应用统筹协调机制；二是加快法规制度建设，积极研究数据开放、保护等方面制度；三是健全市场发展机制，鼓励政府与企业、社会机构开展合作；四是建立标准规范体系，积极参与相关国际标准制定工作；五是加大财政金融支持，推动建设一批国际领先的重大示范工程；六是加强专业人才培养，建立健全多层次、多类型的大数据人才培养体系；七是促进国际交流合作，建立完善国际合作机制。

而 2017 年发布的《大数据产业发展规划（2016—2020 年）》则在《促进大数据发展行动纲要》的基础上，具体指出了数据要素供给与开发利用的方向。主要任务举措有 7 个。一是要强化大数据技术产品研发。以应用为导向，突破大数据关键技术，推动产品和解决方案研发及产业化，创新技术服务模式，形成技术先进、生态完备的技术产品体系。二是深化工业大数据创新应用。加强工业大数据基础设施建设规划与布局，推动大数据在产品全生命周期和全产业链的应用，推进工业大数据与自动控制和感知硬件、工业核心软件、工业互联网、工业云和智能服务平台融合发展，形成数据驱动的工业发展新模式，支撑中国制造 2025 战略，探索建立工业大数据中心。三是促进行业大数据应用发展。加强大数据在重点行业领域的深入应用，促进跨行业大数据融合创新，在政府治理和民生服务中提升大数据运用能力，推动大数据与各行业领域的融合发展。四是加快大数据产业主体培育。引导区域大数据发展布局，促进基于大数据的创新创业，培育一批大数据龙头企业和创新型中小企业，形成多层次、梯队化的创新主体和合理的产业布局，繁荣大数据生态。五是推进大数据标准体系建设。加强大数据标准化顶层设计，逐步完善标准体系，发挥标准化对产业发展的重要支撑作用。六是完善大数据产业支撑体系。统筹布局大数据基础设施，建设大数据产业发展创新服务平台，建立大数据统计及发展评估体系，创造良好的产业发展环境。七是提升大数据安全保障能力。针对网络信息安全新形势，加强大数据安全技术产品研发，利用大数据完善安全管理机制，构建强有力的大数据安全保障体系。

2. 市场化培育阶段

2020 年，我国出台《中共中央、国务院关于构建更加完善的要素市场化配置体制机制的意见》，明确提出了要"加快培育数据要素市场"，标志着我国数据要素供给与开发利用市场化深化发展。该文件指出数据要素供给与开发利用市场化的 3 项重要任务举措。

一是推进政府数据开放共享。优化经济治理基础数据库，加快推动各地区各部门间数据共享交换，制定出台新一批数据共享责任清单。研究建立促进企业登记、交通运输、气象等公共数据开放和数据资源有效流动的制度规范。

二是提升社会数据资源价值。培育数字经济新产业、新业态和新模式，支持构建农业、工业、交通、教育、安防、城市管理、公共资源交易等领域规范化数据开发利用的场景。发挥行业协会商会作用，推动人工智能、可穿戴设备、车联网、物联网等领域数据采集标准化。

三是加强数据资源整合和安全保护。探索建立统一规范的数据管理制度，提高数据质量和规范性，丰富数据产品。研究根据数据性质完善产权性质。制定数据隐私保护制度和安全审查制度。推动完善适用于大数据环境下的数据分类分级安全保护制度，加强对政务数据、企业商业秘密和个人数据的保护。

3．全价值释放阶段

2022 年，我国出台《"十四五"数字经济发展规划》，提出我国目前面临着"数据资源规模庞大，但价值潜力还没有充分释放"的阶段性问题，要"充分发挥数据要素作用"以期释放数据要素的最大价值，需"强化高质量数据要素供给""加快数据要素市场化流通"和"创新数据要素开发利用机制"。

其中，"强化高质量数据要素供给"的相关措施包括："支持市场主体依法合规开展数据采集，聚焦数据的标注、清洗、脱敏、脱密、聚合、分析等环节，提升数据资源处理能力，培育壮大数据服务产业。推动数据资源标准体系建设，提升数据管理水平和数据质量，探索面向业务应用的共享、交换、协作和开放。加快推动各领域通信协议兼容统一，打破技术和协议壁垒，努力实现互通互操作，形成完整贯通的数据链。推动数据分类分级管理，强化数据安全风险评估、监测预警和应急处置。深化政务数据跨层级、跨地域、跨部门有序共享。建立健全国家公共数据资源体系，统筹公共数据资源开发利用，推动基础公共数据安全有序开放，构建统一的国家公共数据开放平台和开发利用端口，提升公共数据开放水平，释放数据红利。"

"加快数据要素市场化流通"的相关措施包括："加快构建数据要素市场规则，培育市场主体、完善治理体系，促进数据要素市场流通。鼓励市场主体探索数据资产定价机制，推动形成数据资产目录，逐步完善数据定价体系。规范数据交易管理，培育规范的数据交易平台和市场主体，建立健全数据资产评估、登记结算、交易撮合、争议仲裁等市场运营体系，提升数据交易效率。严厉打击数据黑市交易，营造安全有序的市场环境。"

而"创新数据要素开发利用机制"的相关措施包括："适应不同类型数据特点，以实际应用需求为导向，探索建立多样化的数据开发利用机制。鼓励市场力量挖掘商业数据价值，推动数据价值产品化、服务化，大力发展专业化、个性化数据服务，促进数据、技术、场景深度融合，满足各领域数据需求。鼓励重点行业创新数据开发利用模式，在确保数据安全、保障用户隐私的前提下，调动行业协会、科研院所、企业等多方参与数据价值开发。对具有经济和社会价值、允许加工利用的政务数据和公共数据，通过数据开放、特许开发、授权应用等方式，鼓励更多社会力量进行增值开发利用。结合新型智慧城市建设，加快城市数据融合及产业生态培育，提升城市数据运营和开发利用水平。"

因而，根据《"十四五"数字经济发展规划》，"强化高质量数据要素供给""加快数据要素市场化流通"和"创新数据要素开发利用机制"有赖各供应对象在确保数据安全、保障用户隐私的前提下，在国家层面与社会层面共同构建数据要素管理管控体系、参与数据要素供给与开发利用的基础上，贯彻共享、交换、协作和开放的理念，采用市场化、标准化、平台化等手段，构建完整贯通的数据供给链，营造安全有序、易于流通的数据要素市场环境，以及面向不同数据、不同需求的多样化数据开发利用机制。

7.2.4　数据要素的供给与开发利用建议

基于我国目前数据要素供给与开发利用的阶段及任务举措，继续结合王建冬等人[1]和杨锐[2]的观点，提升我国数据要素供给与开发利用的方法集中在以下几个方面。

1. 培育多元化的数据供给与开发利用主体

培育多元化数据供给主体，需要从数据要素供给入手，发挥政府、企业等主体作用，构建面向共性需求的基础类数据库、面向社会场景的消费者行为数据库，以及构建物联网赋能的供应链数据库。

其中，政府主体可成立管理部门对分散在各级各部门的数据进行归口管理，统筹协调数据采集、数据储存、数据处理；建立例如宏观经济基础数据库、人口基础数据库、法人基础信息数据库、社会诚信信息数据库、自然资源和空间地理信息数据库、知识产权数据库等基础类数据库，并向公众开放。

企业主体，尤其是在线平台企业可在政府数据管理部门的政策法规下，通过广泛采集、处理利于企业改进产品或服务及社会创业创新活动的消费者网络行为数据，形成基于云计算的大数据交易市场，最大化数据的社会价值。同时，政府与企业主体还可基于数字技术，共同构建物联网赋能的供应链及数据库，通过数据分析，帮助企业把自身发展战略纳入供应链上下游企业的发展战略体系之中，把消费者与企业价值链对接，把握消费者偏好变化，持续更新产品组合，满足消费者多元化需求，培育新模式、新业态。

---

① 王建冬，童楠楠. 数字经济背景下数据与其他生产要素的协同联动机制研究[J]. 电子政务，2020(3):22-31.

② 杨锐. 培育数据要素市场的关键：数据供给的市场化[J]. 图书与情报，2020(3):27-28.

2. 加快数据要素供给与开发利用的市场化进程

数据要素供给与开发利用是以其他行业的发展需求为目标导向的。因而，为形成数据需求聚集效应，推动数据供给的市场化进程，政府主体可立足主导产业结构特点，采取以下几项措施。

一是面向最终消费品行业，依托牵头单位建立基于消费者行为的数据要素供给与开发利用平台，促进生产企业的产品更新或新产品开发；结合大数据，借助第三方平台企业，形成柔性供应链模式，协调跨空间产业集群的生产能力，达成大规模个性化、定制化生产。

二是面向中间投入品或资本品行业，依托牵头单位设置网络化协同制造的工业大数据平台，立足于产业转型升级的功能需求，如缩短生产周期、产品性能提升、生产效率提升、市场创造或构建智慧供应链等，建设针对需求的数据模块以及数据分析应用体系。

三是各地政府主体应加强当地城市与发展水平相似城市间的产业联系，通过中间投入品、资本品和消费品联系，促进城市合作创新。

3. 降低数据要素供给与开发利用成本

为降低供给与开发利用数据要素的成本，政府可以设立职能部门，通过宏观手段协调和规范数据产业发展。

例如，成立"国家数据管理局"作为数据行业的宏观管理部门，协调全国各级政府及政府各部门数据管理。国家数据管理局可制定数据交换开放目录，为不同数据资源的合理开放提供依据；构建开放式大数据共享平台，为数据资源的开发和使用提供安全、可靠、用户友好的服务与保障；开放数据渠道，吸引内外部数据供应商积极共享、开放数据；统一管理各级政府及政府各部门数据，统筹推进数据要素合理配置。

再如，可以在国家数据管理局下设立一个非营利性的"开放数据研究所"，研究在不同场景中开发和利用基础数据的商业潜力，为科研机构和企业的创新创业活动创造转化前提，为我国宏观政策提供咨询服务。

4. 建设多元化、立体化的数据要素供给与开发利用人才培养体系

为在国家层面上加强人才储备，构建多元化、立体化的数据供给与开发利用专业人员培训体系，政府主体可鼓励研究型和应用型大学设立跨学科数据分析课程，支持学生接受数据分析技术教育；倡导在中级学校开展数据供给与开发利用教育，支持各地将应用数据和计算机课程纳入中高级教育培训体系；加强政府部门与高校特别是地方职业学校的合作，培养面向数据应用的专门技术人才。

练习与思考

1. 简述数据要素与传统生产要素的区别及其各自特征。

2. 简述数据生产的价值链及其开发利用过程。

3. 简述我国数据要素市场化培育阶段的重要任务和举措。

4. 简述如何加快数据要素供给与开发利用市场化进程。

5. 除本章所述内容外，你对我国数据要素的供给与开发利用还有哪些建议？

第8章 数字化治理：
数字经济时代的政府治理

数字经济发展出现的新现象和产生的新问题对国家治理体系和治理能力提出了新的要求。紧跟时代发展，实现数字化治理，成为时代赋予世界各个国家和地区的重要任务。

本章将从数字政府及政府数据两个角度出发，详细阐述数字政府转型的概念和意义，以及中外数字政府转型历程，并阐述政府数据的开放、共享及应用，还会结合国内外优秀数字政府案例，提炼未来数字政府转型可供借鉴的经验。

8.1 数字政府转型

长期以来，为提高数字经济时代政府数字化治理能力，世界主要国家纷纷开展数字政府建设。在我国，数字政府转型既是时代背景下对政府变革的回应，也是贯彻十八届三中全会和十九届四中全会精神实现国家治理体系和国家治理能力现代化的重要举措。其有助于实现政府治理从低效到高效、从被动到主动、从粗放到精准、从程序化反馈到快速灵活反应的转变，成为近年来我国中央和地方各级政府的重要工作。

8.1.1 数字政府的相关概念

1. 数字政府的概念及内涵

所谓"数字政府"，指的是以各种智能终端、移动网络通信和人工智能等技术为支撑，通过将政府与其他主体之间的互动交流、政务服务和社会治理等政务活动进行数字化并存储于云端，使整个政府系统变为可以用数字代码来描述和分析的数据海洋，形成一种用数字方法开展政府事务的新政府运行机制。

结合周文彰的观点[①]，数字政府作为一种新型国家治理模式和政府管服模式，其内涵至少包括以下5点。

[①] 周文彰. 数字政府和国家治理现代化[J]. 行政管理改革，2020(2):4-10.

第一，信息化的政府。信息化政府应利用现代信息技术广泛获取、科学处理经济、社会和环境等各个领域的信息，实现优化治理，构建数据对话、数据决策、数据服务、数据创新的现代治理模式，全面提升政府绩效。

第二，管理网络化的政府。政府利用数字化信息构建信息网络系统，将原来分散的个体置于系统化管理网络下，规避管理盲区。该网络能够整合各种管理资源，实现跨层次、跨地区、跨系统、跨部门与跨领域的协同管理和服务，实现资源共享并消除信息孤岛，使各级政府与政府各部门之间能够随时互通有无，进行监控、反馈和协办。

第三，办公自动化的政府。办公自动化指使用网络信息技术及设备来进行业务办理。在办公自动化条件下，文件从准备到发布的整个过程都在互联网上进行，无须经历烦琐的"设计"过程，这可使公文的运行效率大大提高，能够随时处理紧急公文，借助手机等移动设备亦可在任何场合进行办公。办公自动化能够帮助各级政府间及政府各部门间建立各种垂直和水平的内部信息网络及便捷的服务窗口，让公众无须出门就能完成政府部门的工作流程。

第四，政务公开化的政府。公开透明是法治政府的基本特征。数字政府实行政务公开，亦即向公众开放决策、实施、管理、服务和结果的全过程信息，让权力在阳光下运行。与此同时，政府加强政策解读，让公众不仅知道政策是什么，而且知道为什么制定政策以及如何执行政策，能够帮助政策更快落地。另外，政务公开不仅是从政府到公民的信息单向发布，还包含政府和公众间的双向信息交流与互动反馈，以便政府随时了解公众意见，回应公众关切，引导公众参与决策。企业和居民所申办的事项，也随时可以在网上查询办理进度。这是保障公众知情权、参与权、表达权和监督权，增强政府公信力和执行力，以及提升政府治理能力的制度安排。

第五，运行程序优化的政府。政府内部组织结构与管理服务流程的优化和重构是数字政府最显著的特征。例如，大规模取消和下放审批权力，加强事中事后监控，减少预审批，规范审批程序和中间服务等。数字政府可以有效改变传统政府部门自上而下的单向管理模式，建立以公共服务为核心的现代管理模式，建设服务型政府。这也是建设数字政府的根本目的。

总而言之，数字政府就是以数据信息为管理、服务和决策依据，以网络为平台载体，以信息技术为办公依托，以政务公开为运行保障，以现代管理模式为革新目的的全面准确、便捷便民、自动连通、公开透明、高效有序的"五化"政府。相应地，推动传统政府向数字政府转型的过程也是推动传统政府持续回应时代要求和进行变革创新的过程。

2. 数字政府的特征

（1）数字政府的自身特征

基于上述定义及内涵可知，数字政府既是"互联网+政务"深度发展的结果，也是数字经济时代政府自觉转型升级的必然，其本身具有 5 个特征：第一是协同化，即跨层级、跨地域、跨部门、跨系统和跨业务的高效协同管理与服务；第二是云端化，即政务数据"上云"，实现政务数据的大量存储、便于提取及易于共享；第三是智能化，即人类智慧与技术智慧共融共用，实现科学决策与准确预判；第四是数据化，即用数据对话、用数据决策、用数据服务和用数据创新；第五是动态化，即从信息数字化到业务数字化，再到组织数字化，动态发展，不断演变。

（2）数字政府的转型特征及其公共服务特征

相较于传统政府或数字化早期政府的运作模式，结合张成福等人的观点[①]，现代意义的数字政府又具备 6 个转型特征及 7 个公共服务特征。

首先，在转型特征方面，数字政府表现如下：

一是从流程数字化到设计数字化。数字政府能够依据数字技术及转型战略要求，充分利用数字技术，挖掘数据潜力，重新设计政府运作方法，再造和简化政府运作流程，形成有效、可持续和公民驱动的运作模式。

二是从信息中心政府到数据驱动政府。数字政府能够意识到数据作为战略性资产和资源，以及公共部门协同运作基础动力的重要地位，并在此基础上，充分运用数据预测公民和社会需求，从而面向需求提供公共服务，测算政府运作绩效，推动政府变革。

三是从封闭政府到开放政府。数字政府能够全面开放政府数据，实现政府运作的透明、廉洁、责任与参与。在数字政府运作模式下，公民不仅可以了解政府信息，还可以通过协商和直接参与等途径，直接介入公共政策制定过程，使政府政策能够更好地回应民意，保障公民权益。

四是从政府中心到公民中心。数字政府能够聚焦公众需求与期望，在公共政策制定和公共服务提供上，充分听取公众意见，并依据公众需求，用数字化方式提供优质服务，例如跨部门整合服务、自制式服务、个性化服务和高附加值服务。

五是从公共服务提供者到公共服务共同创造平台。数字政府能够鼓励公务人员协同社会各界力量设计有效公共政策，提供优质公共服务，促进政府与公民、企业、社会和其他组织之间的协作，激发社会创造力，为国家发展谋求最大化智慧支持。

六是从被动政府到积极政府。数字政府在政策制定和服务提供上，均能提前了解与预测社会变化和公民需求，从而快速响应，并积极地开放数据、公开信息、解决问题和公开结果。

其次，数字政府所提供的公共服务表现出以下几个特征。

一是跨部门整合服务。在传统政府运作模式下，公民办理一项事务时需要往返不同的政府部门，重复填写各种相似表格，且需经过不同部门的审批，费时费力、效率低下。而通过数字政府服务平台，公民可以通过一个数字政府网站得到完整、跨部门和整合式的服务。

二是自助式服务。通过提高公民数字技能，数字政府只要在网络中提供完整和清晰的业务流程说明与相关办理软件，公民便可自助接受服务。

---

① 张成福，谢侃侃. 数字化时代的政府转型与数字政府[J]. 行政论坛，2020,27(6):34-41.

三是多样化服务。数字政府通过多样化、差异化和个性化服务，为公民提供更多的服务选择，实现一对一服务。政府部门之间的横向整合和信息交流使各部门能够针对不同需求提供量身定制的服务。

四是及时服务。随着移动通信和无线宽带网络时代的到来，数字政府可以将信息和服务立即传输给公民，并与公民保持互动。通过互联网和新媒体，政府可以迅速将各种信息一对一或一对多地传递到公民的手机或其他移动设备上。未来，数字政府和公民或将能够实现实时信息交换和交易，实现政务服务与公民的实时对接。

五是高附加值服务。数字政府不仅可以提供全过程和无缝隙服务，还可以提供高附加值服务。数字政府可以提供的高附加值服务包括但不限于：在购买新房或变更住址后，户籍部门将相关信息转发给供电、供水、供气和供热等服务单位；政府与当地服务机构合作，为公民提供更多的旅游、天气、交通和安全服务等。

六是参与式服务。在数字服务背景下，数字政府与公民之间的关系不再是一种片面、固定、被动、静态和不对称的关系，而是一种互利互动的关系。政府可以利用数字技术加强与公民的沟通和联系，充分听取公民的意见和建议，不断了解公民对公共服务的需求，不断创新和改善公共服务，通过数字手段增加公民对公共事务的参与。

七是协作式服务。在数字环境下，结合数字技术、成本、风险和市场等因素，数字政府可以通过外包公共服务的方式，与外部企业和社会组织合作，提供满足公众需求的创新性数字服务。企业可以通过在企业或集团网站上发布信息和服务内容的方式，代替政府机构提供其无法合理实现的增值服务，并在为公众提供更有价值服务的同时，探索更多商机。

8.1.2 数字政府转型的意义

接续数字政府的内涵，实现政府治理数字化、建设数字政府则具有"四化一防"的充分必要性及深远意义。

第一，数字政府使决策走向科学化。科学决策不仅是国家治理现代化的目的，也是国家治理现代化的标志之一。政府在经济和政治生活中的地位和作用决定了它在任何决策中都要避免失误，而如果信息不充分或不真实，决策当然是不准确的，甚至是错误的。通过大数据、人工智能、区块链等信息技术，数字政府掌握了大量数据信息作为第一手资料，并利用数字技术处理和评估数据，形成更为准确的决策机制，从而显著提高决策的准确性、科学性和可预测性。

第二，数字政府使社会治理实现精准化。精准治理是国家治理现代化的另一个重要特征。数字政府可以借助大数据有效发现公共服务和社会治理中的问题，为社会治理指出重难点和突破口，改变传统粗放式管理，实现系统协同治理，显著提高社会治理的准确性。

第三，数字政府使公共服务达到高效化。现代化国家治理必须努力实现便捷高效的公共服务，数字政府便可做到这一点。通过公共服务平台，数字政府能够提供"一站式""一体化"且即时、简化、在线的整体服务，有效避免官僚主义和推诿扯皮。目前，我国多地政府已在人才引进、高龄津贴、企业注册、网约车驾驶员证等数百个事项办理上实现了"秒批""秒办"，且类似事项仍在持续增长。

第四，数字政府使政府治理体现民主化。数字政府与千家万户的网络连接可以让公民随时查询政府信息、反馈情况、提出建议并参与决策。政府亦可通过互联网进行民意调查、意见征集等，保障人民的参与权、表达权和监督权，集中群众智慧来提高执政水平。政府与人民、干部与群众的关系将会更加密切，人民群众支持政府、支持干部工作的现象将更加普遍。

第五，数字政府使官员腐败失去条件。在政务服务事项上，数字政府通过申办双方不见面、审批过程数字化，避免了人为干预，保证了公平公正。数字政府使权力运行全过程公开透明，数据监督取代了人为监督，过程监督取代了事后监督，群体监督取代了个体监督；权力被关进"数字"的笼子里，腐败土壤逐渐消失，廉洁权威的政府形象逐步树立。

8.1.3　数字政府转型情况

1. 国外数字政府转型情况

（1）国外数字政府转型目标

结合章燕华等人的观点[①]，发达国家数字政府转型目标主要有以下 5 个。

第一，公民可以随时随地在任何设备上获取高质量、无缝隙、个性化的政府数字信息和服务。例如，美国力求构建稳健的政府数字服务管理体系，使更多美国人通过移动设备访问政府服务；加拿大意图提供一个开源、即插即用、可从任何地方连接的开放平台，连接第三方服务提供商，实现公民通过智能手机、可穿戴设备、智能汽车、家用电器等连接到政府平台，访问政府或非政府数字服务。

第二，改变传统政府的组织结构和业务模式，为数字服务建立完善的治理结构。例如，澳大利亚摒弃效率低、成本高和碎片化的操作方式，通过使用新兴技术，挑战公共服务的思维方式和流程，使政府适应数字时代的挑战；加拿大集中精力通过改变政府部门的激励机制、流程和文化，使新的工作方式制度化，改善政府在数字时代提供服务的方式。

第三，提升公务员数字能力，培育基于整体政府的数字文化。例如，英国政府数字服务局下设数字学院，提供跨政府部门的技能培训，计划为公务员创造更加适应数字化要求的工作环境；加拿大则通过内部创新和数字技能培训以更好地利用政府存量人才，

---

① 章燕华，王力平. 国外政府数字化转型战略研究及启示[J]. 电子政务，2020(11):14-22.

同时吸引全国各地的数字化人才。

第四，释放政府数据的潜力，实现政府决策数字化。例如，英国提出要利用数据提高政府透明度，打通政府和私营部门之间的数据共享壁垒；澳大利亚希望通过使用数据让政府在国防、公共安全、医疗保健和其他领域的大数据及其分析中受益，做出更明智、科学与创新性的决策。

第五，实现以用户为中心的数字服务创新，更好地满足公民的需求和期望。例如，加拿大改变了在政府内部设计服务的传统，采用以用户为中心的方法设计和交付数字服务；澳大利亚提出覆盖公民从出生到死亡各个阶段"一件事"办理的无缝集成服务，同时向特定人群提供量身定制的个性化服务。

（2）国外数字政府转型措施

基于国外数字政府转型目标，结合胡税根等人的观点[①]，发达国家的数字政府转型包括战略规划、建立运管制度、开发共享政务数据、打造智能化政府、发布数据隐私安全相关法律法规、建设数字政府人才队伍6大措施。

第一，制定数字政府建设的战略规划。近年来，发达国家重视制定符合本国国情的数字化发展战略，以顺应大数据与政府数字化转型的发展趋势，便于公众获取更为便捷、高效和高质量的政务服务。自2012年开始，英国先后出台《政府数字化战略》《"数字政府即平台"计划》等战略规划，一系列改革举措助推英国数字政府建设取得显著成效，在2016年联合国电子政府调查评估中获得第一名。2017年，英国出台《政府转型战略（2017—2020）》，包括连接战略、数字技能与包容性战略、数字经济战略、数字转型战略、网络空间战略、数字政府战略、数据战略7大举措，重点打造线上身份认证、线上支付与线上通知3大数字政府服务平台。美国先后发布《数字政府服务》《数字政府：构建一个21世纪平台以更好地服务美国人民》等战略规划，致力于提供可以在任何时间、任何地点、通过任何设备获取的数字政府服务。新加坡先后发布《智慧国家2015》和《智慧国家2025》，秉持"大数据治国"的理念，致力于实现"多个部门、一个政府"目标，为公众提供优质便捷的公共服务。丹麦制定《2016—2020年数字战略》，加强数字公共管理与电子服务建设，同时强调政府与企业及其他利益相关组织的合作。韩国发布《2020年电子政务总体规划》，内容包括提供数字化的政府服务、创建数字友好型产业、建立电子政务平台等具体措施。

第二，建立首席信息官数字政府管理运行制度。首席信息官（Chief Information Officer，CIO）是主要负责国家信息资源战略规划制订、实施和管理的公务职位。纵观世界各国数字政府的建设过程，设立政府首席信息官并明确CIO的权利、义务与责任，健全CIO的选拔与管理机制，是数字政府建设的一项重要举措。在日本早稻田大学数字政府研究所与国际CIO协会联合发布的《第16届世界数字政府调查排名报告》中，政府首席信息官（Government Chief Information Officer，GCIO）作为其中一项一级指标，

---

① 胡税根，杨竞楠. 发达国家数字政府建设的探索与经验借鉴[J]. 探索，2021(01):77-86.

被视为数字政府战略能够成功实施的关键要素之一。美国是世界上较早建立首席信息官制度的国家之一，CIO 并不是一个孤立的个体，而是一整套完备的组织架构和管理体系。美国数字政府建设的最高领导机构是总统管理委员会，其下设的执行机构为联邦行政管理和预算办公室（Office of Management and Budget，OMB）。首席信息官办公室隶属于OMB，首席信息官办公室主任由总统直接任命，负责数字政府建设的资源管理工作。加拿大的政府首席信息官制度建立于 20 世纪 90 年代初，CIO 创建之初的角色定位仅仅是对情报进行简单处理与分析，而后逐步注重信息资源的挖掘与分析。进入 21 世纪，随着加拿大数字政府建设的重点由提升行政部门内部效率转向为公众提供便捷高效的政府服务，CIO 由最初的情报、信息分析转向政府创新，更加注重政府透明度、部门协同工作、节约成本、降低复杂性等要素。新加坡也设立了资讯通信管理局、首席信息官办公室、政府首席资讯办公室等数字政府建设推进机构，并在此基础上建立集中指导与分权执行相结合的政府信息化特派专员制度。英国政府则设立电子大臣和电子特使，负责协调全国的信息化工作。电子大臣主要负责协调各个部门与信息化相关的工作并直接向首相汇报，电子特使侧重于制定信息化的战略和政策，并推进相关政策的具体实施。

第三，深化政务数据的开放、应用与融合共享。开放政府数据是指政府利用现代信息技术手段，将不涉及公民个人隐私和公共安全的数据主动、免费开放给所有公众。随着现代信息技术的高速发展，政府部门已逐步成为大数据资源的主要生产者和汇集者之一，海量的大数据资源有利于政府更科学地制定公共政策和提供高质量的公共服务，同时促进公民、企业与其他社会组织积极参与公共事务。为了满足公众日益增长的对政府开放数据的需求，打造阳光、透明与廉洁政府，世界各国积极探索从信息公开逐步转向数据开放。2009 年，美国颁布《开放政府指令》，明确透明、参与、协同三大政府数据开放原则。在政府数据开放实践层面，美国通过整合在各个部门和机构网站中已经公开的数据，建立"Data.gov"政府数据公开网站，由数据、主题、影响、应用程序、程序开发、联系 6 大板块构成，主要涉及的服务内容包括数据提供、数据检索、数据利用、交流与互动。2011 年，巴西、印度尼西亚、墨西哥、挪威、菲律宾、南非、英国和美国成立了"开放政府合作伙伴（Open Government Partnership，OGP）"，共同承诺提升政府信息公开度。2015 年，欧盟开展利用开放数据减少政府腐败的行动，英国凭借其在政府数据开放方面的创新举措，成为利用开放数据减少政府腐败行动的试点国家之一。数据战略委员会、公共数据集团、开放数据研究所是英国推进政府数据开放的主要组织机构，承担研究大数据如何促进经济增长、数据定价及促进学界、商界、政界、社会在政府数据开放方面合作等职能。同时，英国开发"Data.gov.UK"一站式数据开放平台，其开放数据包括关联数据、可关联数据、非专属结构化数据、结构化数据以及普通公开的数据五个层面。

另外，随着现代信息技术的普及，越来越多国家的政府部门重视信息系统与数据库建设。然而不同的信息系统较多分散于政府的不同层级与不同部门中，信息孤岛与数据烟囱现象较为明显。为了优化政府资源配置，提升公共服务效率与效能，世界各国均在政府信息共享方面进行探索，以进一步推进数字政府建设，打造整体性政府。2015年，美国政府批准设立信息共享和分析组织，主要负责促进公共部门与私人部门进行网络威胁情报的信息共享与互通。同时，根据商业、教育、新闻媒体等不同用途，对政府数据信息服务进行分类管理，收取相应的信息查找、评审、复制等费用。除此之外，美国出台的《公共信息准则》规定政府不得收取法定费用之外的其他任何费用。英国政府专门设立公共数据集团、开放数据用户小组等组织机构，为"Data.gov.UK"网站的日常运行提供保障。公共数据集团由工商、地震、地形测量与气象等部门参与组建，主要负责协调和督促各部门积极推进数据开放与共享工作，搜集储存不同领域政府部门的信息数据集，并将其整合在一个组织框架内。开放数据用户小组侧重于收集公众诉求与需要，并反馈至数据战略委员会，以此确定不同类型数据信息开放利用的优先次序。新加坡出台《整合政府2010》，秉持以顾客为中心的理念，通过"Data.gov.sg"网站汇集各部门的信息数据，并为用户提供政府机构、关键字、过滤选项等多种数据查询方法。

第四，借助人工智能技术打造智能化政府。美国德勤会计师事务所曾在《人工智能如何改变政府》中提到，人工智能技术能够为联邦政府每年减少工作时间12亿小时，节约行政成本411亿美元，这一数据远远高于普通的计算机系统每年为联邦政府节省的工作时间（9670万小时）和行政成本（33亿美元）。[①]随着人工智能技术的快速发展，越来越多的国家开始重视人工智能技术在数字政府领域的重要价值，并积极探索人工智能技术与数字政府建设的结合，以提升政府决策、公共服务、市场监管等方面的科学化与智能化水平。2017年，英国达勒姆警察局计划开发"HART"人工智能系统，通过将个人犯罪风险分为高、中、低三类，以此判断某个嫌疑人是否应该被拘捕关押。美国洛杉矶警察局与帕兰提尔科技公司合作建立犯罪预警中心，通过挖掘分析以往案件信息、社交媒体信息、匿名聊天信息等，找到隐藏在海量信息中的潜在破案线索，进行犯罪预测。芬兰税务局与移民服务机构合作对机器人的电话服务技能进行测试，旨在为移民服务机构90%左右的用户提供一个互动交流的数字渠道，以便于解放人力，使工作人员能够回应更为急迫的需求、应对更具挑战性的复杂问题。德国联邦移民与难民局也在积极探索如何运用人工智能语音分析技术精准识别难民的原始国籍。

第五，重视颁布法令、使用数字技术保护数据安全与公民隐私。随着大数据在社会日常生活中的普遍应用，数据集呈现出规模性、多样性与复杂性的特点，使得在大数据收集、储存、共享与开放过程中数据安全与数据隐私问题日渐凸显。2018年以来美国先后出台《合法使用境外数据明确法》《2018加州消费者隐私法案》《信息隐私：互联设备法案》等数据与安全方面的法案，围绕跨境数据调取、消费者数据与隐私保护、未经授权访问修改或泄露网络互联设备信息等方面做出要求。新加坡颁布《个人资料保护法令》，并设立了"谢绝来电"登记处，防止公民受到短信或邮件的骚扰。同时，部分国家也开始应用区块链等现代信息技术，有效保障政务数据安全性。2016年，英国政府首席科学

---

① 胡税根，杨竞楠. 发达国家数字政府建设的探索与经验借鉴[J]. 探索，2021(1):77-86.

顾问马克·沃尔波特发布研究报告《分布式账本技术：超越区块链》，报告提出政府应积极与产业界和学术界开展合作，为分布式账本内容的安全性和隐私保护制定相应的标准。爱沙尼亚设立"信息大使馆"，使用区块链技术保障系统内的财政、社保、地籍、身份、户口等数据信息不被清除与更改，同时还启动区块链公证服务，任何地方的居民均可在区块链中获取结婚证明、出生证明与商务合同等公共服务。

第六，推出数字技能提升计划，培养政府数字化转型人才。为适应政府数字化转型中组织、业务、文化与技能的变革，各国政府推出了一系列数字技能提升计划。英国的主要措施包括：一是在政府中培养数字、数据和技术专业人才，通过数字学院为专业人士提供学习与发展机会，通过数据科学校园和数据科学加速器培训计划建设政府数据能力；二是加强与其他非政府组织、企业的交流合作，确保数字技术融入各行业，让数字专家了解政府，同时确保政府领导拥有相关的培训和经验，能有效地管理数字项目和组织。

澳大利亚的主要措施包括：一是澳大利亚数字化转型研究院（DTA）与澳大利亚公共服务委员会共同推出"构建数字能力项目"，包括吸引数字人才加入公共部门、建立明确的职业发展道路、帮助管理者创建数字团队、激励领导者采用有远见的方法来创建数字服务等；二是组织数字实践社区和研讨会，将政府工作人员聚集起来分享想法、交流工作、解决问题并探索最佳实践，内容涉及服务设计、用户研究、项目管理和内容设计等；三是推出信息通信技术入门项目，针对不同群体提供不同层次的培训。

（3）国外数字政府转型特点

目前，国外尤其是发达国家的数字政府转型，具有以下两个突出特点。

第一，发达国家数字政府转型进入"深水区"。发达国家普遍制定并实施政府数字化转型战略表明，数字政府建设的重心正从"数字化"向"变革政府"转变，即进入对政府固有的理念文化、组织架构、业务流程、制度标准、人员能力等深层次要素进行改革的"深水区"阶段。这个阶段与过去政府对技术的适应性应用不同，技术反过来倒逼政府刀刃向内地改革以顺应技术快速迭代更新、持续改进政府绩效与提升公众满意度的需求。这个阶段要求打破既有政府科层制惯性，逐步形成"利用技术赋能、以用户为中心、数据驱动整体治理/服务"的路径，因而推进和实现的难度将会明显增加。

在这一阶段，各国普遍面临以下 3 个层面的主要挑战，未来政府数字化转型的实践探索将着重围绕解决这些"痛点"而展开。一是在认知与战略层面，政府内部对数字化转型认识仍存在较大分歧和误区，缺乏基于整体政府的统一数字化战略。二是在服务与数据层面，政府部门间数据壁垒依然突出，缺乏整体、一致的数据治理机制、平台和操作；跨部门、跨终端数字服务依然不足；数字技术潜力以及数字政府效益未得到充分体现。三是在能力与保障层面，政府内的数字文化尚未形成；数字基础设施陈旧和不足；数字人才匮乏和公务员数字能力不足；隐私保护和信息安全面临巨大风险等。

第二，在战略上初步确立数字政府转型的基本框架。国外多数发达国家政府数字化转型战略总体上"大同小异"。

"同"主要体现在各国初步确立了政府数字化转型的基本框架,其核心内容包括三点。一是确立了以"优化政府数字服务以造福国民和改善政民关系"为愿景目标,"实现以用户为中心的数字服务创新"为主要任务,"重组政府业务与机构""加强数据治理""培育数字能力与数字文化"为基本保障的政府数字化转型实施路径。二是明确了数字基础设施与平台、关键项目、数据治理、政策标准、隐私与安全、治理结构、数字能力与数字文化等政府数字化转型的基本要素。三是基于上述实施路径及基本要素,提出了推进政府数字化转型的关键行动,包括:打造基于整体政府的统一数字平台,以实现跨部门跨终端数字服务;加强数据整体治理,推进政府数据内部共享和对外开放,为跨政府甚至连通外部的数字服务奠定基础;建立数字服务标准和关键绩效指标以评估和不断优化服务;高度重视隐私保护和信息安全,制定政府隐私准则并全面嵌入数字服务与数据管理全过程,从技术方面予以保障;通过各种机制吸引数字人才参与政府数字化转型,全面提升领导和公务员的数字能力;建立有别于传统负责政府信息通信技术和数字政府建设而是聚焦数字服务创新的专门机构,负责推进政府数字化转型。未来政府数字化转型将以"一体化协同/整体政府""数据驱动/数智""能力建设"为着力点和方向。

"异"主要体现在各国政府数字化转型战略的成熟度和任务侧重有所不同,这与各国政府对数字化转型的认知及近年来数字政府建设发展水平的不同密切相关。例如,从战略成熟度来说,全球范围内英国战略最为系统、完备和成熟,成为全球标杆;澳大利亚是英国的追随者,其数字化转型思想萌芽较早且相关战略政策连续性强,但在推进力度和实践成果方面略逊于英国;加拿大、美国的战略则相对缺乏系统性,数字化转型更多是实践层面的探索与发展,近年来在顶层设计及其引领实践探索方面所发挥的作用均不如英、澳。从战略的任务侧重来说,英国以建设平台为基础推进政府数字化转型,目前将实现跨政府部门协作和提供无缝服务、加强数字能力建设为主要任务;美国则更强调发挥企业和商业实践在改善政府服务创新中的作用,相对于21世纪初及之前的数字政府建设,政府的角色和作用明显弱化,对利用先进技术方案和网络/信息安全更为关注;加拿大重视通过建立通用开放平台整合并提供给公众所有服务(含商业服务),但总体来说在四国实践探索中相对落后。

(4)国外数字政府转型经验

根据发达国家的实践情况,在数字政府转型领域可借鉴4大经验。

第一,统筹推进"数字政府即平台"的数字政府发展模式。"数字政府即平台"并非简单指中央或地方政府开发的数字化平台,更重要的是体现一种以公民为中心的发展理念,政府应从单一的公共服务提供者转变为改善公共服务系统的管理者。发达国家围绕以公民为中心的理念,通过出台国家层面的数字政府建设战略规划,构建推进数字政府建设的组织架构与管理体系,统筹推进政府的数字化转型。就我国而言,一是要从中央层面推进数字政府的协同化建设,统筹不同部委、中央与地方之间的差异化需求,出台数字政府战略规划和配套性政策;二是探索将各职能部门的规章制度或行政法规提升至法律层面,促进数字政府法制化建设;三是以打造整体型数字政府为目标,明确不同层级政府在建设数字政府中的职责。中央政府致力于建设全国通用的数字政务服务平台，省级政府侧重于搭建软硬件相结合的数字基础设施共享平台，区县级政府则主要负责已有平台的日常运营维护与普及推广。

第二，建立公众需求导向的政府数据开放与共享机制。尽管世界各国在数字政府建设的具体举措上有所差异，但数据开放与数据共享始终是数字政府建设进程中的核心要素。美国的《开放政府指令》、英国的开放数据用户小组、新加坡的《整合政府 2010》以及多国参与成立的"开放政府合作伙伴"，均在不同程度上促进了各国法治政府与整体型政府建设。中国应秉持以人民为中心的发展思想，秉持全面开放、协同共享、平等对待等准则，探索建立以公众需求为导向的政府数据开放与共享机制。一是通过大数据的技术手段收集分析公众对于政府数据开放的需求，绘制数据开放的需求清单，明确数据开放的优先次序，优先开放公众关注度高、隐私风险低和利用率高的数据。二是积极引导各级政府逐步将政府数据开放纳入政府绩效考核体系与经济社会发展规划之中，通过政府主动公开政务数据来引导企业、高校、科研机构等社会组织开放相应数据。三是研究出台政府跨部门、跨层级、跨区域的数据共享战略规划，促进政府数据共享的统筹与协调，加快制定具有较高科学性和可操作性的数据共享平台技术标准规范体系，如数据编目指南、数据接口标准、元数据标准、数据加密与脱密技术、数据血缘管理指南、水印技术标准等。

第三，重视运用现代信息技术提升政府智能化水平。为了提升政府政策制定、科学决策、公共服务供给的科学化与智能化水平，提供高质量的公共服务，发达国家基于大数据、人工智能、云计算等技术，推进数字政府建设朝着更为智能化的方向发展。如英国的"HART"人工智能系统、美国的犯罪预警中心均是新一代信息技术应用于智能政府建设的典范。中国也应加强政府的智能化建设，提升政府智能治理能力。一是秉持开放、多元与共享的大数据治理理念，积极进行政府组织模式与运行流程的变革，推动政府行政层级优化与政府组织扁平化，为政务数据的及时有效传递提供保障。二是加大政府在人工智能、区块链、云计算等领域的人才储备力度，探索与企业、科研机构等共同进行技术研发创新的合作机制。三是注重人工智能技术伦理问题的审查。人工智能面临从弱人工智能向强人工智能、超人工智能的转变，人类社会可能面临成为超人工智能技术附庸的风险。因此，我国智能政府建设要明确各级政府及工作人员应用人工智能技术的具体职责，防范智能政府治理中的纯技术导向问题，在人工智能技术研判结果与政府工作人员主观能动性相结合的基础上进行科学决策。

第四，加强数据安全保护与隐私风险防范。数字政府建设需要数据开放与数据共享，而数据开放与共享又必定会产生数据安全和隐私泄露风险。因此，世界各国政府在数字化转型的过程中，始终把数据安全与隐私保护作为推进数字政府建设的一项重要举措，不仅出台了一系列保护数据安全和隐私的法律法规，还积极探索应用区块链等现代信息技术保障重要公共档案和数据的安全性。就我国而言，一是注重数据安全与隐私保护的平台建设与技术创新，政府信息平台中的信息资源要有配套的保护屏障和保密措施，以防个人信息被窃和侵犯。同时，积极创新数字甄别、数字统计、数字存储、数字利用、数据脱敏、数据追踪等技术，以保障数据安全。二是要加强数据安全与隐私保护的顶层设计，加快数据安全与隐私保护的立法进程，明确个人隐私的范围和权利边界，同时设立全国性的数据安全管理机构，对数据开放和应用全过程进行有效监管，严厉打击数据泄露、诈骗与侵犯个人隐私的违法犯罪行为。三是平衡好隐私保护与产业发展的关系，在立法保护个人隐私的同时，也要注重数据开发的灵活性和流通性，以保证企业、科研机构等可以利用公开数据进行技术研发和产品创新，促进数字经济的持续增长。

2. 我国数字政府转型情况

（1）我国数字政府转型历程

我国数字政府转型可划分为电子政府阶段、网络政府阶段、数字政府阶段，预计未来还将进入智慧政府阶段。在不同的技术条件、发展理念、运行模式及国家意志下，我国政府对于信息化、网络化、数字化的理解也各有差异。

第一阶段：电子政府阶段（2002年以前）。2002年之前，数字政府转型阶段为电子政府阶段，国外叫E-government（即电子政府），我国通常称为"电子政务"。与电子商务提升商贸流通效率的作用相似，电子政务的初衷则是提高政府效率。电子政府或说"电子政务"建设以办公自动化、政务信息化建设为主，政务服务的办理仍以线下流程为主，数据在其中发挥作用较小。

1993年，我国启动了前文曾提到过的国民经济信息化起步工程——"三金"工程。该工程后续扩展为包含12项子工程的系统工程，对我国电子政府建设起到了巨大的推动作用，也成为我国数字政府转型的开端。

1999年，我国在"三金"工程的基础上，由国家40多个部委（局）和中国电信共同发起了"政府上网工程"，旨在推进政府部门办公自动化、网络化、信息共享和工作效率提升，密切与人民群众的联系并改进工作作风。该工程为我国数字政府转型奠定了坚实的基础。

第二阶段：网络政府阶段（2002—2014年）。网络政府阶段，又称"互联网+政务服务"阶段。这一阶段的主要政策，如表8.1所示。虽然这一阶段我国的主要政策文件中仍使用"电子政务"这一说法，但根据具体政策文件内容可知，这一阶段的主要工作在于推动政务服务网站整合与标准化建设，实现跨区域、跨层级、跨部门数据融通共享，并依托数据流开展政务服务流程再造，推动政务线上化走向服务线上化。

表 8.1　网络政府阶段我国的主要政策

发布年份	政策名称
2002年	《国家信息化领导小组关于我国电子政务建设指导意见》
2006年	《国家电子政务总体框架》
2007年	《中华人民共和国政府信息公开条例》

续表

发布年份	政策名称
2012年	《"十二五"国家政务信息化工程建设规划》
2014年	《国务院办公厅关于促进电子政务协调发展的指导意见》

我国"网络政府"建设始于 2002 年，《国家信息化领导小组关于我国电子政务建设指导意见》提出电子政务对"加快政府职能转变，提高行政质量和效率，增强政府监管和服务能力，促进社会监督，实施信息化带动工业化的发展战略，具有十分重要的意义"。该意见还提出了"十五"期间，我国电子政务建设的主要目标：一是标准统一、功能完善、安全可靠的政务信息网络平台发挥支持作用；二是重点业务系统建设取得显著成效；三是基础性、战略性政务信息库建设取得重大进展，信息资源共享程度明显提高；四是初步形成电子政务网络与信息安全保障体系，建立规范的培训制度，与电子政务相关的法规和标准逐步完善。

随后 2006—2014 年，为深化电子政务建设，我国相继发布《国家电子政务总体框架》《中华人民共和国政府信息公开条例》《"十二五"国家政务信息化工程建设规划》和《国务院办公厅关于促进电子政务协调发展的指导意见》。

其中，《国家电子政务总体框架》提出国家电子政务总体框架的构成包括服务与应用系统、信息资源、基础设施、法律法规与标准化体系、管理体制。该框架还提出了 2006—2010 年我国构建国家电子政务总体框架的目标："覆盖全国的统一的电子政务网络基本建成，目录体系与交换体系、信息安全基础设施初步建立，重点应用系统实现互联互通，政务信息资源公开和共享机制初步建立，法律法规体系初步形成，标准化体系基本满足业务发展需求，管理体制进一步完善，政府门户网站成为政府信息公开的重要渠道，50%以上的行政许可项目能够实现在线处理，电子政务公众认知度和公众满意度进一步提高，有效降低行政成本，提高监管能力和公共服务水平。"

《中华人民共和国政府信息公开条例》则强调在电子政务建设中，行政机关应主动公开其在履行职责过程中（2019 年修订为"履行行政管理职能过程中"）制作或者获取的，以一定形式记录、保存的信息。

《"十二五"国家政务信息化工程建设规划》及《国务院办公厅关于促进电子政务协调发展的指导意见》则共同阐述了对我国网络政府阶段电子政务建设的最终目标。《"十二五"国家政务信息化工程建设规划》提出：通过实施国家政务信息化工程，到"十二五"期末，形成统一完整的国家电子政务网络，基本满足政务应用需要；初步建成共享开放的国家基础信息资源体系，支撑面向国计民生的决策管理和公共服务，显著提高政务信息的公开程度；基本建成国家网络与信息安全基础设施，网络与信息安全保障作用明显增强；基本建成覆盖经济社会发展主要领域的重要政务信息系统，治国理政能力和依法行政水平得到进一步提升。《国务院办公厅关于促进电子政务协调发展的指导意见》则指出：利用 5 年左右时间，统一规范的国家电子政务网络全面建成；网络信息安全保障能力显著增强；信息共享、业务协同和数据开放水平大幅提升；服务政府决策和管理的信息化能力明显提高；政府公共服务网上运行全面普及；电子政务协调发展环境更加优化。

第三阶段：数字政府阶段（2015 年至今）。数字政府作为政府转型的高级阶段，是"互联网+政务"深度发展的结果，也是大数据时代政府自觉转型升级的必然选择。数字经济时代，数字政府成为推动国家治理体系和治理能力现代化、创新行政管理和服务方式、提升政府工作效能、实现高质量发展、优化营商环境的重要抓手和引擎，以及数字中国体系的有机组成部分，对于发展数字经济、构建新型智慧城市和智慧社会发挥着引领带动作用。

"数字政府"与前两个阶段强调的"电子政务"（电子政府、网络政府）有 8 个区别。一是时代背景。电子政务的时代背景是互联网发展，数字政府则是整个社会的数字化转型。二是政策语境。电子政务强调的是建设电子型政府、服务型政府，数字政府强调的是建设服务型政府、实现国家治理能力的现代化。三是技术支持。电子政务依托的是办公自动化系统、互联网，数字政府依托的是新型基础设施及数字技术整体架构。四是功能属性。电子政务强调的是工具理性、提升行政效率，数字政府则兼具工具和价值理性，兼顾提升办事效率、优化营商环境，以及实现民主、参与等治理价值。五是顶层设计。电子政务是由流程驱动的，数字政府是由数据驱动的。六是信息流动。电子政务是自上而下单向流动的，数字政府是双向及多方流动的。七是应用领域。电子政务的应用领域主要为包括告知、互动、政策解读等的政务服务，数字政府则为政务服务、态势感知、决策支撑、社会治理等。八是应用案例。电子政务的应用案例主要是一站式办事大厅，而数字政府则包括一网通办、最多跑一次、一网统管等多项应用案例。

"数字政府"正是建设"数字中国"的重要任务之一。我国这一阶段的主要政策，如表 8.2 所示。

表 8.2　数字政府阶段我国的主要政策

发布年份	政策名称
2017年	《"互联网+政务服务"技术体系建设指南》
2018年	《进一步深化"互联网+政务服务"推进政务服务"一网、一门、一次"改革实施方案》
2018年	《国务院关于加快推进全国一体化在线政务服务平台建设的指导意见》
2019年	《中共中央关于坚持和完善中国特色社会主义制度　推进国家治理体系和治理能力现代化若干重大问题的决定》
2021年	《法治政府建设实施纲要（2021—2025年）》
2022年	《"十四五"推进国家政务信息化规划》
2022年	《国务院关于加强数字政府建设的指导意见》

2017 年《"互联网+政务服务"技术体系建设指南》的出台则标志着我国数字政府转型正式起步。该指南强调"互联网＋政务服务"主要内容为：各级政务服务实施机构运用互联网、大数据、云计算等技术手段，构建"互联网＋政务服务"平台，如图 8.1 所

示，整合各类政务服务事项和业务办理等信息，通过网上大厅、办事窗口、移动客户端、自助终端等多种形式，结合第三方平台，为自然人和法人提供一站式办理的政务服务。

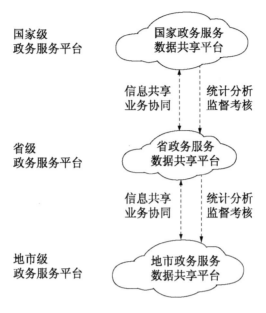

图 8.1　"互联网＋政务服务"总体层级体系

随后，我国在 2018 年及 2019 年相继发布《进一步深化"互联网＋政务服务"推进政务服务"一网、一门、一次"改革实施方案》、《国务院关于加快推进全国一体化在线政务服务平台建设的指导意见》及《中共中央关于坚持和完善中国特色社会主义制度　推进国家治理体系和治理能力现代化若干重大问题的决定》，着力推动数字政府转型。

其中，《进一步深化"互联网＋政务服务"推进政务服务"一网、一门、一次"改革实施方案》提出：加快构建全国一体化网上政务服务体系，推进跨层级、跨地域、跨系统、跨部门、跨业务的协同管理和服务，推动企业和群众办事线上"一网通办"（一网），线下"只进一扇门"（一门），现场办理"最多跑一次"（一次），让企业和群众到政府办事像"网购"一样方便。该方案还指出了改革方案实施的具体目标：一是省级政务服务事项网上可办率不低于 90%；二是除对场地有特殊要求的事项外，政务服务事项进驻综合性实体政务大厅基本实现"应进必进"；三是省市县各级 100 个高频事项实现"最多跑一次"。

《国务院关于加快推进全国一体化在线政务服务平台建设的指导意见》提出，"着力解决企业和群众关心的热点难点问题，推动政务服务从政府供给导向向群众需求导向转变，从'线下跑'向'网上办'、'分头办'向'协同办'转变"，并指出 2022 年底前"以国家政务服务平台为总枢纽的全国一体化在线政务服务平台更加完善，全国范围内政务服务事项基本做到标准统一、整体联动、业务协同，除法律法规另有规定或涉及国家秘密等外，政务服务事项全部纳入平台办理，全面实现'一网通办'"。

《中共中央关于坚持和完善中国特色社会主义制度　推进国家治理体系和治理能力

现代化若干重大问题的决定》强调："建立健全运用互联网、大数据、人工智能等技术手段进行行政管理的制度规则。推进数字政府建设，加强数据有序共享，依法保护个人信息。"

而在"十四五"发展阶段，我国数字政府转型又有了新目标。2021年通过的《中华人民共和国国民经济和社会发展第十四个五年规划和 2035 年远景目标纲要》第十七章"提高数字政府建设水平"中强调，要"将数字技术广泛应用于政府管理服务，推动政府治理流程再造和模式优化，不断提高决策科学性和服务效率"。

《法治政府建设实施纲要（2021—2025 年）》提出："坚持运用互联网、大数据、人工智能等技术手段促进依法行政，着力实现政府治理信息化与法治化深度融合，优化革新政府治理流程和方式，大力提升法治政府建设数字化水平。"

《"十四五"推进国家政务信息化规划》根据形势要求提出："'十四五'时期是我国乘势而上开启全面建设社会主义现代化国家新征程、向第二个百年奋斗目标进军的第一个五年，围绕推进国家治理体系和治理能力现代化的总目标，加快推进数字政府建设，政务信息化工作面临新的形势任务要求。"该规划还提到："到 2025 年，政务信息化建设总体迈入以数据赋能、协同治理、智慧决策、优质服务为主要特征的融慧治理新阶段，跨部门、跨地区、跨层级的技术融合、数据融合、业务融合成为政务信息化创新的主要路径，逐步形成平台化协同、在线化服务、数据化决策、智能化监管的新型数字政府治理模式，经济调节、市场监管、社会治理、公共服务和生态环境等领域的数字治理能力显著提升，网络安全保障能力进一步增强，有力支撑国家治理体系和治理能力现代化。"

《国务院关于加强数字政府建设的指导意见》就主动顺应经济社会数字化转型趋势，充分释放数字化发展红利，全面开创数字政府建设新局面进行了部署。

第四阶段：智慧政府阶段（未来）。与传统电子政务相比，"智慧政府"具有透彻感知、快速反应、主动服务、科学决策、以人为本等特征。同时，"智慧政府"还具备智慧决策、智慧服务、智慧监管及智慧办公 4 项功能，具体表现如下。

第一，智慧决策能够根据需要自动生成统计报表，并开发用于辅助政府决策的"仪表盘"系统，使决策更加精准、科学。

第二，智慧服务能够自动感知、预测公众所需服务，并为公众提供个性化服务。例如，自动感知老幼病残人群过马路，适当延长红灯时间，保证他们顺利通过。

第三，智慧监管能够对监管对象自动感知、自动识别、自动跟踪。例如，在主要路口安装具有人脸识别功能的监视器，能够自动识别在逃犯等。

第四，智慧办公具有自动提醒功能，公务员无须查询便可了解哪些事情需要处理，还可以对待办事项的重要程度、紧急程度等进行排序。

（2）我国数字政府转型成就及问题

结合福建省图书馆《福建决策信息参考·两会特刊（2020 年版）》[①]，我国数字政府

---

① 福建决策信息参考·两会特刊（2020 年版）[R]. 福州：福建省图书馆，2020:73-104.

转型在取得突出成就的同时，也面临着诸多问题。

第一，数字政府转型成就。目前，我国数字政府转型已进入全面提升阶段，具体表现为以下几个方面。

一是统筹协调。各地数字政府建设的统一规划、协调推进机制逐步制度化，建设模式创新步伐加快。

二是重塑架构。区别于以往分散建设和单部门建设模式，现阶段数字政府转型以组织扁平化、业务合作和数据共享为推进重点，着力重塑组织结构、业务结构和技术结构，最终建设线上线下一体化的综合服务型政府。

三是创新探索。结合国家机构改革，一些地区正积极研究管理体制和运行机制创新，通过打造新型服务平台、构建新机制、拓展新渠道，全面提高政府履职能力。

四是一体化融合。推进实体政府大厅与网上政府服务平台、移动客户端、自助终端、服务热线相结合，促进线上线下功能的互补融合，实现实体政府与虚拟政府共同发展。

五是算法支撑。以大数据为支撑，以算法为驱动，建立和完善利用人工智能、互联网、大数据等信息技术手段辅助行政管理的体制机制，充分发挥数据智慧，全面深化数字治理，解决数字资源、数据资源和数据资本的跃升问题。

六是数据要素。目前全国范围内正在利用数据资源，促进部门协同、优化营商环境、改善公共服务，助推经济高质量发展。

第二，数字政府转型问题。我国数字政府转型在取得上述发展成就的同时，还存在以下几个问题。

一是改革配套措施仍需建立健全。网上政务服务模式创新实质上是政府流程优化再造，需要实现政府部门间的高效协同。目前的网上政务服务基本实现了各部门政务服务在平台内的"物理集中"，但是服务仍旧以部门为单位进行梳理，还没有实现整体服务的目标，部门之间的流程没有进行整体优化，需要建立一套适应互联网发展的组织架构。同时，数据的共享开放，需要从政府数字化转型的整体战略出发，统筹规划数据资源，促进政务信息资源的整合共享，全面支撑业务协同与高效服务。

二是区域一体发展仍需深入推进。当前，我国网上政务服务发展明显呈现出"东强西弱、南强北弱"的总体格局。未来，我们应该加大对欠发达地区数字化投入，确保不同地区和群体能够平等获得网上政务服务。

三是政府数字化转型仍需大力推动。当前，限于传统政府模式惯性和改革支持力度不足，公共服务的部门式、层级式供给模式尚未得到适应性变革。从政府职能本位出发搭建的政务服务平台，也引发了群众办事过程中的"多站多网"等"信息迷航"问题。此外，多渠道服务仍停留在"物理聚合"阶段，没有提供面向公众的综合政务服务，无法满足公众多层次、多样化、个性化的信息需求。

四是政务数据同源仍需持续强化。当前，不同渠道、不同载体办事要求、事项数量、信息更新不一致的现象仍然存在。"数据共享难"导致改革难以深化，办理流程难以简化，申办材料难以精简，政务服务流程难以优化，业务重组难以推进。"数据共享难"具体表现在以下三个方面：不愿共享，即认识不够、本位主义，信息资源独有、专享的权属观念在各个部门仍普遍存在，对共享缺乏内在动力和外部约束机制，部门信息资源利益化，严重影响政府信息资源的潜在效益；不敢共享，即制度缺位、法规滞后，对于信息资源的所有权、管理权、使用权及信息共享的责任主体等没有明确的制度、法规要求，共享协议往往需要多个部门磨合很长时间才能达成，严重影响政务效能；不会共享，即缺乏标准、环境滞后，政府信息共享尚未形成统一的平台和标准体系，对数据格式、质量标准、数据可读性、互操作性等也有待进一步做出明确要求。

五是企业和群众获得感仍需不断提升。目前，政务服务平台规划主要是按政府部门分类，信息整合能力较弱，"以公众为中心"的服务模式尚未完善。同时，服务内容过于大众化，难以提供跨部门、有针对性的、个性化的政务服务。上述情况在一定程度上导致政务服务的供给与办事群众的特定需求相矛盾，搜不到、搜不全、搜不准、搜不快等用户体验感不强的问题严重影响了群众对政务服务的满意度。

8.2 政府数据共享、开放与应用

随着数字政府建设的开展，政府接触、管理的数据总量飞速增长。如何结合数据要素特征及其生产价值链条，充分挖掘数据资源价值，推进治理体系和治理能力现代化，提升居民生活水平和幸福满意度，成为当前数字政府建设的核心命脉。李克强总理于2016 年全国推进简政放权放管结合优化服务改革电视电话会议中强调："我国信息数据资源 80%以上掌握在各级政府部门手里，'深藏闺中'是极大浪费。"

8.2.1 政府数据共享、开放与应用的相关概念

1. 政府数据共享、开放及应用的概念

（1）政府数据共享的概念

政府数据共享位于政府数据生产价值链的前端，是指行政机关因履行职责需要使用其他行政机关的政府数据，或者为其他行政机关提供政府数据的行为；也是政府整合自身数据，打造贯通内部数据链条的重要手段。

（2）政府数据开放的概念

政府数据开放位于政府数据生产价值链的中部，相较于政府数据共享，它指的是行政机关将自身采集、保存并处理的政府数据通过政府网站、数据开放平台等多种手段广泛地开放给公民及各类社会团体，供其获取利用。

政府数据开放与目前流行的政府信息公开既有联系又有区别。信息公开的公开对象以文件、政策为主，也公开了一些数据，主要目的是保障知情权。数据开放则强调数据

的利用，如果仅公开不具备较好可用性（如格式不统一、时效性差）的数据，那就只是公开而不是开放。同时，传统的"政府信息公开"是在知情层次或者信息层次，其所附带的"政府信息资源增值利用"属于有限利用，政府仅通过少数企业开发、利用数据，其他组织无法对数据进行开发，这是不平等、不开放的。而"政府数据开放"则不但能够保证市场主体、公众对信息知情，还可以让二者能够自由利用政府数据信息，充分保障了政府数据的公开透明和平等利用。

（3）政府数据应用的概念

政府数据应用位于政府数据生产价值链的末端，是政府数据真正发挥价值的关键环节。结合胡小明的观点[①]，政府数据应用指的是建立在政府制作和收集保存的数据信息的基础之上，通过政府数据信息的开放、共享，满足不同主体基于自身不同需要对数据的识别、选择、过滤、存储、使用需求，以发挥数据价值、促进经济社会发展的过程。

2．政府数据开放、共享及应用的作用

根据《促进大数据发展行动纲要》及数字经济时代数据信息的概念，能够被广泛应用的政府数据除与政府权力运行相关的决策、执行、管理、服务、结果数据信息外，更重要的是政府部门收集后制作保存的以容量大、类型多、存取速度快、应用价值高为主要特征的大数据。

同样基于该纲要，并结合洪伟达等人的观点[②]，政府数据开放、共享及应用具有以下 4 个突出作用。

第一，优化政府治理。政府数据来源于政府，也可以直接用于政府，优化政府治理。推动政府数据的开放、共享及应用，对优化政府治理的作用具体表现为：一是促进社会事业数据融合和资源整合，提升政府整体数据分析水平，为以后处理复杂社会问题提供新的手段；二是提升政府行政效益和效能，加快政府数据共建共通，增强政府部门之间以及政府部门与非政府部门之间的相互协调，助力行政体制改革，减少行政成本；三是建立"用数据说话、用数据决策、用数据管理、用数据创新"的管理机制，促进实现决策科学化、治理精准化、服务便捷化及治理能力现代化，建设法治政府、创新政府、廉洁政府和服务型政府。

第二，推动经济发展。在信息技术时代与数字经济时代，数据信息是关键生产要素与重要资源，而政府正是信息资源的最大拥有者，对时代经济发展肩负着无可比拟的重要责任。政府数据的开放、共享及应用，对推动经济发展的作用具体表现为：一是将巨大的数据信息资源红利释放出来，用数据流管理技术流、物质流、资金流和人才流，促进互联共享、集约集成、协同发展和社会生产要素的高效利用，改变传统生产模式和经

---

① 胡小明. 从政府信息公开到政府数据开放[J]. 电子政务，2015(1):67-72.

② 洪伟达，马海群. 我国开放政府数据政策的演变和协同研究——基于 2012—2020 年政策文本的分析[J]. 情报杂志，2021,40(10):139-147,138.

济运行机制，发展新兴产业并改造提升传统产业，显著提高经济运行水平和效率，从而推动经济结构调整，实现高质量和可持续发展；二是提升政府对经济领域数据资源的获取和利用能力，提升宏观调控、产业发展、信用体系、市场监管等方面的管理效能，实现对经济运行更为准确的监测、分析、预测、预警，提高决策的针对性、科学性和时效性。

第三，促进民生服务发展。建设服务型政府，发展民生服务是重要任务之一。推动政府数据开放、共享，借助大数据、云计算、人工智能等技术手段来运用相关数据信息，对促进民生服务发展的具体作用表现为：一是精准洞察民生需求，构建以人民为中心的政府服务文化；二是加快公共服务中的创新应用，推动公共服务向基层延伸，形成公平、普惠、便捷、高效的智慧民生服务体系；三是扩大公民在社会治理中的参与度，增强公民参与政治事务的能力，加强公民的自我组织，构建多元化治理模式。

第四，维护国家安全与公众利益。在信息技术时代与数字经济时代，如何利用数据信息维护国家安全和公众利益成为人们要面对的重要问题。而推动政府数据的开放、共享及应用，正具有解决该问题的作用，具体表现为：一是能够帮助政府、企业和个人及时获取自然灾害、违法犯罪、生产生活安全预警等信息，维护国家安全与公众利益；二是能够从具体实践中汲取经验，加快具有中国特色、符合国情实际的政府数据相关法律制度建设，形成公共数据资源合理、适度、高效、安全的法律框架、政策体系和管理机制、技术标准，维护国家与公众的信息安全。

8.2.2　政府数据共享、开放与应用案例

1. 政府数据共享案例

政府数据共享是政府自身整合、共享已有数据，并奠定数据开放及应用基础的环节。继续结合福建省图书馆《福建决策信息参考·两会特刊（2020 年版）》，建设完备政府数据共享体系需提供数据广泛、功能齐备的共享平台，构建多方协同、管控到位的数据共享管理体系，形成横纵贯通的数据共享链条，并通过多种手段消除各级政府、各政府机构间的数据共享"物理鸿沟"。

（1）福建省——打造数据共享平台

福建省政务数据汇聚共享平台作为"数字福建"的重要公共平台，为"数字福建"政务信息资源的目录服务、数据交换、数据汇聚、信息共享和业务协同提供统一的底层构架和解决方案。

2019 年底，"数字福建"平台便已汇聚公安、工商、民政等 57 个部门的法人、信用、传感监测等 1 700 多项共计 29 亿条数据记录，日均汇聚 414.5 万条数据记录。数据涵盖福建全省 140 多万家企业及 8 万家机关事业单位和社团组织信息、全省 3 800 多万常住人口和 280 多万流动人口信息、5 300 多万本电子证照、1 亿多条信用记录信息和 10 亿

多条环境监测数据。

（2）广东省——创新数据共享管理架构

广东省从数据安全风险管理角度出发，探索出一种新的数据风险管理模式，建立起数据运营方与数据管理方、数据监审方、数据标准方的"1+3"管理架构，形成统一规范的政务数据管理和安全保障体系，为政务数据共享提供有效的安全保障。

数据运营方与数据管理方、数据监审方、数据标准方在政务数据主管部门的分别授权下，行使各自职责，实现数据资源和服务的共管共治、分权而治、相互制衡，建立数据风险管理的三道防线，使数据的使用过程可信、可控、可审。

（3）湖北省——形成横纵贯通的数据共享交换链条

湖北省省级数据共享交换平台体系由省级共享平台、市级共享平台纵向构建，各级共享平台又横向连通所辖区域政务部门的政务信息资源，形成横向联动、纵向贯通的数据共享交换链条。

截至 2019 年 8 月，湖北省 48 家省直部门已通过政务信息资源共享平台确认发布政务资源目录 2 002 项，44 家省直部门与资源共享平台实现联通，共享数据资源 1 380 个，发布服务 1 403 项。17 个市州通过资源共享平台发布政务资源目录 13 882 项，实现共享数据资源 11 610 个，发布服务 11 297 项，17 个市州完成了与省平台全联通对接测试。湖北省政务资源共享平台完成国家平台 4 批次 105 个技术对接测试，并累计面向 21 个部门和 17 个市州提供查询和核验 715 万次，库表交换累计 4 223.22 万条，文件交换累计 604 次。

（4）贵州省——全方位消除数据共享"物理鸿沟"

第一，数据调度机制。贵州省在全国率先建立数据调度机制，探索政府数据治理体系，率先建成全省数据调度平台，着力解决数据"互联互通难、信息共享难、业务协同难"等问题，实现跨层级、跨地域、跨部门的数据高效调度管理，全省统一数据共享交换平台首批已与国家平台对接。

第二，"一数一源"原则。贵州省着力打造全省统一的数据共享交换体系。贵州省统筹搭建了全省统一的数据共享交换平台，在各市、州开设数据共享交换市、州分平台，建设了人口、法人等基础库和医疗健康、精准扶贫等主题库，形成全省政务数据共享资源池。按照"一数一源"的原则，统一标准格式，构建全省数据资源目录体系，强调数据目录下数据的可调用、可共享。

第三，逐步消除数据共享交换的"物理鸿沟"。贵州省通过全面接入各部门业务专网实现数据互联互通。为解决业务专网导致网络、应用、数据不通等问题，在满足专网数据安全的前提下，通过接入汇聚、边界防护、访问交换、高级威胁监测等措施，推动电子政务外网和业务专网之间网络可达、应用可访、数据可通，逐步消除数据共享交换的"物理鸿沟"。2019 年 5 月，除国家另行规定的以外，贵州省级 21 家单位 24 张业务专网全部打通。同时，利用广电网推进电子政务网络村级全覆盖，已在安顺市平坝区 92 个行政村实现试点覆盖。2019 底，贵州省在全国率先实现电子政务网络省市县乡村五级全覆盖。

2. 政府数据开放情况及案例

基于政府数据开放的概念，其位于政府数据生产价值链的中部，对于各社会团体多方面、多样化获取、处理、挖掘、应用政府所保有的大量数据，发挥政府数据的最大价值具有重要意义。

全球规模的政府数据开放运动最早始于美国。2009年，基于《透明与开放政府备忘录》，美国创建了世界上第一个开放数据门户，内容涉及农业、商业、气候、消费、教育、能源、健康等多个领域。继美国之后，英国、加拿大、新西兰、新加坡等国家和地区也陆续构建了开放数据门户，在全球范围推动了一场规模浩大的开放数据运动。

近年来，我国亦开始了全国范围内的大规模数据开放活动，具体表现为政府数据开放平台建设、政府数据开放政策推进、政府数据开放人才队伍建设及政府数据开放标准制定等四个方面。

（1）政府数据开放平台建设案例

根据复旦大学数字与移动治理实验室《中国地方政府数据开放报告（2020下半年）》[①]显示，截至2020年10月，我国已有142个省级、副省级和地市级政府上线了数据开放平台，从2012年开始整体呈现出从东部地区向中西部地区不断扩散，东南沿海地区省级平台基本相连成片的整体态势。

本书以贵州省、北京市及山东省的数据开放平台为例。

第一，贵州省政府数据开放平台。根据中央网信办发布的《2020年各地公共信息资源开放进展情况》，贵州省因"建设省级数据开放平台并开放较多高质量数据"入选A类地区，并名列全国第四位。贵州能取得这样的好成绩，有赖于其无低容量数据集、数据可用性好，政府部门覆盖率高于全国各省平均水平、覆盖率接近90%的政府数据开放平台。

第二，北京市政务数据资源网。长期以来，小微企业由于信用信息缺失、抵押不足，往往遭遇银行贷款"首贷难"问题。为解决这一问题，形成金融公共数据专区点亮传统金融普惠服务"盲区"，北京市公共数据开放平台在获得企业授权的前提下，利用所掌握的企业"底细"等高价值政务数据，联合北京金融控股集团初步建成金融公共数据专区，通过为企业精准画像，帮助小微企业获得贷款。截至2021年3月，北京市公共数据开放平台向金融公共数据专区有条件开放，为其提供了涵盖200余万个市场主体的登记、纳税、社保、不动产、专利、政府采购等数据3158项，共计25.7亿余条数据记录。同时，该专区已为入驻首贷中心的27家金融机构业务办理提供有力保障；支撑其为14913家企业提供登记融资需求，审批通过11619笔融资需求，涉及金额约425亿元；支持金融机构普惠金融业务，为近1000户北京地区小微企业推送授信额度20亿元；支持中国工

---

① 中国地方政府数据开放报告（2020下半年）[R]. 上海：复旦大学数字与移动治理实验室，2021:5-8.

商银行、中国建设银行分别推出"普惠大数据信用贷款"和"云义贷"等普惠金融产品，累计为 28 家中小企业发放贷款 3 600 余万元。

第三，山东公共数据开放网。山东公共数据开放网具备数据目录、数据服务、数据应用、地图服务等功能板块，向社会公众提供政府数据资源浏览、查询、下载等基本服务，以及基于政府数据资源开发的应用程序、开放指数分析等增值服务。自 2018 年上线以来，截至 2022 年 5 月，山东公共数据开放网内开放目录数量已由 1 000 个增至 152 394 个，数据服务接口数量已由 1 460 个增至 69 532 个，数据条数由 2.53 亿条增至 43.7 亿条。

（2）政府数据开放政策推进案例

当前，随着全国范围内政府数据开放的不断深入，各地纷纷出台适应当地情况的政府数据开放政策。但由于不同地区政府数据开放深入程度参差不齐，呈现明显"头尾效益"，多数省份涉及政府数据开放的政策以倡导性、计划性居多，体系化政策较少，政府数据向社会开放利用专项政策法规更少。

结合复旦大学数字与移动治理实验室《中国地方政府数据开放报告（2020 上半年）》[①]。各省及直辖市中，上海和浙江发布的文件等级和专门性相对较高。2019 年上海市发布《上海市公共数据开放暂行办法》，2020 年浙江省发布《浙江省公共数据开放与安全管理暂行办法》，在全国范围内率先确立起了政府数据开放管理方式、方法。除此之外，山东省则针对各级政务部门的数据开放、数据脱敏以及数据开放程度评价工作制定了标准；江西省发布《江西省政务数据开放平台技术规范》，对开放数据集元数据、平台技术架构和平台要求进行了规范；广东省则在数据资源开放技术规范和管理规范方面制定了标准；而上海市接续《上海市公共数据开放暂行办法》，又于 2021 年发布了《上海市公共数据开放分级分类指南（试行）》，对数据开放的范围、分类分级做出了规定。

（3）政府数据开放人才队伍建设案例

同国外相比，我国与政府数据开放相关的大数据人才培养刚刚起步，各个学校都在做相关尝试，重视通过实践培养学生数据分析、数据挖掘、数据应用的能力。

例如，全国已有上海财经大学、电子科技大学等 478 所高校在计算机技术、经管、统计、数学、自动化等相关学院内开设了"数据科学与大数据技术专业"，结合专业特色培养大数据相关人才。但与国外相比，我国大数据人才培养主要依托某一学校的单一学院，跨领域结合较少，发展方向尚未实现多样化。

（4）政府数据开放标准制定案例

前文曾提到过，数字经济时代，标准化工作甚至可以上升至话语权的高度，这也引起了我国政府的高度重视。继续结合《中国地方政府数据开放报告（2020 上半年）》，目前已有相当数量的省（直辖市）针对数据开放制定了相应的标准规范，如表 8.3 所示。已制定标准的省（直辖市）中，浙江省与山东省的开放标准最为完善，浙江省对公共数

---

① 中国地方政府数据开放报告（2020 上半年）[R]. 上海：复旦大学数字与移动治理实验室，2020:19-57.

据的共享、交换技术、公共数据安全，以及开放数据的种类和治理等都做出了明确的规定；山东省公共数据开放标准不仅提出了政府数据开放要求，同时也提供了政府数据开放评价指标体系，能够较好地检测政府数据开放质量。

表8.3 我国部分省（直辖市）主要政府数据开放标准规范

省（直辖市）	规范标准
山东省	《公共数据开放 第1部分：基本要求》（DB37/T 3523.1—2019） 《公共数据开放 第2部分：数据脱敏指南》（DB37/T 3523.2—2019） 《公共数据开放 第3部分：开放评价指标体系》（DB37/T 3523.3—2019）
江西省	《政务数据开放平台技术规范》（DB36/T 1098—2018）
浙江省	《公共数据交换技术规范》（DB33/T 2359—2021） 《公共数据管理 数据共享规范》（DB3302/T 1126—2021） 《公共数据安全体系建设指南》（DB33/T 2487—2022） 《数字化改革 公共数据分类分级指南》（DB33/T 2351—2021） 《公共数据质量治理 第1部分：体系架构》（DB3301/T 0364.1—2022）
广东省	《电子政务数据资源开放数据技术规范》（DB44/T 2110—2018） 《电子政务数据资源开放数据管理规范》（DB44/T 2110—2018）
上海市	《公共数据共享交换工作规范 第1部分：平台建设和运行管理要求》（DB31/T 1240.1—2020） 《公共数据共享交换工作规范 第2部分：平台接入技术要求》（DB31/T 1240.2—2020）

3．政府数据应用案例

结合产业中国研习社《政府大数据应用案例及启示》[①]，相较于政府数据的共享与开放，位于生产价值链末端的政府数据应用能够直接体现政府数据价值，因而能对政府治理、经济发展、民生服务发展与安全利益维护等方面产生具体影响。

（1）政府数据应用优化政府治理案例

一是城市规划。原重庆市綦江市规划局委托上海复旦规划建筑设计研究院和重庆移动联合对綦江中心城区的人口、住房、贸易和公共服务配套设施进行大数据分析，利用重庆移动的相关数据和《綦江年鉴》的统计数据，量化綦江市房地产存量，从城市发展的角度提出改善策略，完善城市功能，促进城市健康发展。与此同时，重庆移动率先将移动信号数据引入城市规划。通过建立人口迁移模型，建立以2013—2015年綦江区人口的流入和流出（包括国际、省际和城市内部流动）为依托的区域人口居住及工作模型，并通过监测道路周围基站的人口流量，反映綦江区24小时街道人口流量，识别高峰与拥堵路段。

二是城市管理。2016年10月，杭州市与阿里云共同宣布计划为杭州安装一个名为

---

① 产业中国研习社．政府大数据应用案例及启示[EB/OL]．（2017-11-22）．https://www.sohu.com/a/206006073_99970250.

"杭州城市数据大脑"的人工智能中心。城市大脑核心将采用阿里云和人工智能技术，能够分析城市数据信息，自动适配公共资源，纠正城市运行问题。

（2）政府数据应用促进经济发展案例

一是商业发展。山西省中小企业产业信息大数据应用服务平台依托大数据、云计算、垂直搜索引擎等技术，可以为山西省中小企业提供产业动态、供需信息、展会信息、行业前沿、投资信息、专利信息、海关信息、招标信息、行业研究报告、行业数据等基础信息；还可以提供消费者信息、竞争对手情报、合作伙伴情报、生产情报、销售情报等个性化定制情报，为中小企业全面提升竞争力提供数据和信息支持。

二是农业发展。美国在农业大数据领域拥有大量创新公司。2006 年，两名 Google 的前员工成立了"气候公司"（Climate Corporation）。该公司通过分析美国国家气象局公开的大量公共数据和美国农业部 60 年间积累的作物产量数据，预测玉米、大豆和小麦等作物的生长情况，同时，通过实时气象观测和跟踪，在线向农民销售天气保险产品。

三是市场监管。重庆市依托大数据资源，探索建立注册登记监测预警机制，对市场准入中的外地异常投资、行业异常变化、设立异常集中等异常情况进行监测，提前介入干预、处置潜在风险，从而有效遏制虚假登记、非法集资等违法行为。同时，重庆市还积极推进法人数据库和地理空间数据库的结合应用，构建市场主体分类监管平台，在电子地图监管网格上准确定位市场主体，并整合基础信息、监管信息和信用信息。平台能够根据数据模型自动评估市场主体的受监管层级，并提示监管机构采取分类监管措施，从而有效提高监管针对性和科学性。

（3）政府数据应用促进民生服务发展案例

一是教育服务发展。徐州市教育局实施"教育大数据分析研究"，目的在于应用数据挖掘和学习分析工具，在网络化学习与面对面学习融合的混合学习模式下，实现对现有及未来教育大数据的获取、存储、管理和分析，从而构建新的教师教学方法评价体系，提高师生教育体验。此项工作需要利用中央电化教育馆掌握的数据资料、指标体系和分析工具进行数据挖掘和分析，构建统一的教学行为数据库，对目前教学行为趋势进行预测，为"徐州市信息技术支持下的学讲课堂"提供高水平的服务，并提供随教学改革发展一直跟进、持续更新完善的系统和应用服务。

二是医疗卫生服务发展。2014 年，浦东新区卫生局作为上海市公共卫生领导部门，在微软 SQL Server 2012 的帮助下，积极利用政府医疗大数据，将卫生和医疗信息化提升到一个新高度：公共卫生部门能够快速检测传染病，通过覆盖该地区的居民健康档案和电子病历数据库进行全面疫情监测，并通过疾病监测和应对程序的整合快速响应。同时，利用非结构化数据分析技术，使得临床决策支持系统更智能。

三是文旅服务发展。山东省联合省公安系统、交通系统、统计系统、环保系统、通信系统等十多个旅游相关部门，整合全省旅游业要素数据，开发完善旅游业运营监控管理服务平台。通过旅游大数据管理和分析，提高景区管理水平，挖掘全省旅游资源，开发更多满足游客需求的景区和"农家乐"等乡村旅游服务，带动景区特别是农村地区的经济发展。

（4）政府数据应用维护国家安全和公众利益案例

一是维护社会治安。在云数据中心建设的基础上，济南市公安局搭建起大数据平台，并对收集到的数据进行行为轨迹分析、社会关系分析、生物特征识别、音视频识别、银行和电信欺诈分析、舆情研判等，为指挥决策和各类警务情报分析提供支持，围绕治安焦点快速精确定位、及时全面掌握信息、科学指挥调度警力和社会安保力量迅速解决问题。

二是维护信息安全。2011年12月18日，美国军方正式启动"运用图形分析和认知主动发现内部威胁"项目，旨在通过扫描军用内部网络上所有用户的电子邮件、即时文本消息以及登录、文件传输、网页浏览等数据信息，帮助管理人员在内部人员违法前，及时发现严重危及军用网络安全的内部威胁。[①]

8.2.3 我国政府数据共享、开放与应用问题

结合高婴劢的观点[②]，近年来，我国政府数据共享、开放及应用在取得突出成绩的同时，还存在着一些突出问题，主要集中在4个方面。

第一，可供共享、开放及应用的政府数据不佳。从数据来源来看，大部分可供共享、开放及应用的政府数据都是政府通过业务开发和积累形成的，主要由政府自身信息系统生成，通过国家数据共享交换平台获取数据的能力不足，与大型平台企业、互联网等外部数据的互联相对缺乏。从数据内容来看，大量数据是通过人工单次填充获得的，表现为文本表格数据，而动态更新、多元异构类数据较少。此外，大多数政府信息系统是为满足政府服务和行业监管需要而建立的，导致缺乏为行业和城市等各种经济对象运营监控服务的数据，但这些数据的价值往往更值得关注。

与此同时，由于未形成统一通用的数据质量标准，所以各级政府及各政府部门在政府信息系统内收集、使用和维护数据的过程中存在一些不规范操作，数据真实性、可靠性、完整性、可用性和实时性难以保证。同时，在大平台、大系统统建过程中，统建者往往由于缺乏数据全生命周期管理意识和相关制度体系参照，未做到对数据可信性、安全性、可关联性、可追溯性、可再用性的全过程管理。

第二，数据共享、开放及应用相关治理机制不完善。我国现行法律法规体系对数据的所有权、使用权、安全性等方面的规定不够细化，可操作性不强。特别是在政府数据的所有、控制、使用和解释方面，以及在共享、开放及应用政府数据时涉及的数据基础设施保护、追溯监测技术干预规则、信息安全保护和保密机制方面，缺乏具体标准。因

---

① 金鑫，张政，郭莉. 美国利用大数据加强信息安全建设的主要做法探究[J]. 信息安全与通信保密，2024(10):54-58.

② 高婴劢. 政府大数据建设需把握三大要点[J]. 软件和集成电路，2020(5):64-65.

而，如何建立一个开放共赢的数据共享、开放及应用环境，避免数据泄露、杜绝隐私侵权、合理合规制裁，是当下亟待解决的问题。

第三，数据共享、开放及应用状况不佳。一是大多数政府业务部门不清楚自己部门数据资源的基底及核心关注点，在数据查询和应用过程中，存在需求描述不明确、重复操作等情况，导致数据应用效果不佳。二是数据应用一般局限于业务部门内部，跨部门数据应用分析较少，针对关键行业、关键领域和重大应用场景的数据决策分析相对不足，政府大数据的深层价值难以体现。三是相较发达国家，我国政府数据应用更多停留在政府部门层面，导致未能充分挖掘政府信息潜力，完全发挥政府数据价值。

第四，政府数据开放、共享及应用支撑力不足。从平台、技术支撑来看，虽然目前相当数量的省市多个领域的大数据平台已建或在建，但部分平台在设计时往往仅考虑本领域内的数据整合和应用，未充分考虑到政府各部门和各个行业平台之间的数据开放与共享，导致某些信息平台成为新的信息孤岛。同时，公共服务云仍存在服务层级不高、资源调配困难和安全隐患较多等问题，短时宕机容易造成难以弥补的损失；政府网络基础条件和承载能力有限，基础网络的优化提升任务艰巨。另外，当前我国在大数据领域的自主研发、底层技术攻关能力与国外相比仍存在差距，在大数据基础理论、核心算法等方面仍受制于人，创新能力不足，因此在实际开展应用时针对部分问题尚不能形成一套完善的大数据解决方案。从人才支撑来看，人才是政府数据共享、开放及应用的核心因素，但在政府机构及企业、社会团体中，能够懂得数字化、深刻了解大数据内涵的专业人才数量相对较少，对政府数据共享、开放及应用带来的升级改造感触不够深刻。同时，适应于大数据人才发展的激励机制尚未全面健全，人才培养体系有待优化。

8.3　数字政府相关案例

8.3.1　国外数字政府案例及经验

1. 德国数字政府案例及经验

结合张昱的观点[①]，从数字政府发展来看，德国主要采取了以下几项措施。

一是强化顶层设计和法律保障。德国把数字政府建设上升为国家战略，构建了以《基本法》为基石、以两部条款法为支撑、以三部传媒法为核心的一整套法律框架，与后续制定的《电子政务法》《2014—2017 数字议程》《德国 ICT 战略》共同成为德国数字政府建设的主要依据。

---

① 张昱. 德国电子政务建设研究及对我国的启示[J]. 中国科技资源导刊, 2017,49(6):94-99.

二是加强统筹协调。联邦政府设立 CIO（相当于一名部长）领导一个管理团队和 1～2 家非营利性国有信息技术公司负责联邦政府的数字政府建设，并直接向总理负责。其主要职责是制定信息化标准，实现部委之间的数据横向开放及联邦与州之间的数据纵向开放。同时，各州、地方政府也设立了相应机构，负责各州、地方政府的数字政府工作，并直接对行政长官负责。

三是完善项目建设管理模式。建立两家非营利性国有企业，其向联邦政府提供信息技术服务时不需要办理相关招投标手续。德国大部分州和地方政府也采用这种模式，通过统一标准和服务，实现数字政府建设的安全可控。

四是坚持以公众需求为导向。在推进数字政府方面，德国中央及各州、地方政府高度重视公众对政府的评价，所有数字政府项目均最大限度地征求人民意见，提高人民满意度和参与度。此外，德国数字政府建设还非常重视弱势群体，例如德国在充分利用心理、生理和虹膜浓度测试的基础上，专门创建了适老化政府网站。

通过分析德国所采取的相关措施，我国在数字政府方面可向德国借鉴的经验包括以下 4 点。

一是加强统筹规划，明确各级权责。在推进数字政府方面，德国没有建立类似工业和信息化部的专职机构，而是在一个项目组下以项目管理的形式进行统一协调管理，但明确规定了每个项目组的职能、职责、任务和权限。德国政府坚持中央政府对数字政府建设进行集中统一规划，分解和重组各级各部门职责，制定基于互联网的职能联合策略，形成完整的政府服务职能清单。此外，德国政府实施的标准化管理也促进了各地区数字政府间的互联互通和信息共享，充分发挥了数字政府的优势。由此可见，我国也应尽快建立数字政府建设的领导中心或机构，明确中央和地方政府及各部门间的权责关系，统筹规划，实行规范化统一管理，打破目前中央与地方权责不统一的局面。

二是明确战略目标，积极稳妥推进。从德国数字政府的发展历程可以看出，德国在建设数字政府的过程中，既有总体战略目标，也有各个时期的阶段性目标。德国政府根据这些目标制订了一系列推广计划，例如"联邦在线 2005"计划和"数字政府 2.0"计划，使得目标从战略到阶段，计划从宏观到微观，层层推进，最终实现任务分解及目标的逐步实现。此外，德国还将数字政府提供类型分为 3 类，即政府对公民、政府对企业和政府对政府，通过评估每种服务在线提供的可能性，确定其上线先后顺序。

综上可知，只有制定统一的数字政府战略目标和阶段目标，制订配套的推广计划和具体实施方案，然后按照由易到难原则，分清轻重缓急，循序渐进地实施，才能实现目标。

三是树立服务导向，重组业务流程。在推进数字政府方面，德国中央及各州、地方政府高度重视企业和公众对政府服务的评价，会根据公众需求开展政府信息公开、提供数据查询、在线交易处理等服务，这与各级行政长官对公众支持率的高度重视密切相关。由此可知，中国数字政府发展必须以公众需求和服务为导向，政府网站首先应该提供真正有价值、公众高度关注的信息，包括服务指南、表格下载、政府公告、联系方式、网上申报、法律法规、统计数据、投诉方式等；其次，要有各种与公共生活密切相关的网络服务，实现政府与公众的互动交流。

四是完善配套法规，营造安全环境。要营造安全的数字政府运行环境，需要两个保障：技术保障和法律保障。德国政府在这两方面均为我国树立了良好榜样。目前我国已在数字政府技术方面取得了一定成果，但法律保障有待进一步加强。

2. 英国数字政府案例及经验

结合黄项飞的观点[①]，英国在数字政府发展方面主要采取以下几项措施。

第一，以公众需要为核心理念，信息技术是数字政府发展的强劲动力，但是满足公众需要永远是第一要义，这是英国在数字政府系统建设实践中探索出的宝贵经验。英国公共部门持续转变思维方式，更新业务办理模式与技术支持的根本目的正是在降低行政成本和减少官僚作风的基础上，真正为公众提供所需要的服务。

过去，英国数字政府建设曾秉持政府需要优先于公众需求的原则，数字政府系统开发需要先在政府内部进行漫长的需求研讨，再进入招投标流程和委托开发流程；直到所有流程走完后，公众才能开始体验系统功能。这种系统设计思路让英国政府付出了沉重的代价。英国政府曾投入 187 亿美元打造"国家医疗服务体系"（National Health Service, NHS），但该系统却因不满足公众需求，在经历 9 年开发期、投入 44 亿美元的情况下，于 2011 年宣告暂时终止。在此之后，为避免未考虑公众需求而造成的损失，英国政府融合"以人为本"（User-centric Design）与"敏捷方法"（Agile Methodologies）的理念，提出制定《政府服务设计手册》（Government Service Design Manual），把满足使用者需求视为最高指导原则，要求英国政府部门在设计政府数字服务时，以"深挖用户需求""建立模型""打造端对端服务"和"绩效考评与完善"等四个步骤，取代以往规划、分析、设计、测试到上线的传统开发流程。

第二，以专业机构运作为支撑，实现跨部门统一协调。为吸引公众使用在线政务服务，英国政府设立政府数字服务局，作为英国政府唯一官网 www.gov.uk 的运行及各政府部门网站转型的专门负责机构，旨在打造明确、便捷的数字政府，使公众自愿使用政府提供的数字服务。作为专门推动和建设数字政府的机构，政府数字服务局主要负责 3 方面工作：一是开发本土新型数字政府业务流程，保障政府网站安全和用户隐私；二是贯彻"数字政府即平台"理念，确保政府部门能够有效利用政府网站和站内组件，向公众提供所需数字服务；三是整合一系列可重复使用的系统组件，使其高效便捷且易于组成新的数字服务。目前，政府数字服务局已有超过 500 名工作人员，并针对每项政府数字服务采用选派产品经理（Product Manager）和交付经理（Delivery Manager），与技术架构师、开发人员、使用经验设计师、数据分析师、营运人员和内容设计人员组成跨职能开发团队，使用敏捷方法进行开发的内部运作模式。

---

① 黄项飞. 英国电子政务建设的经验与启示[J]. 机电兵船档案，2005(1):53-55.

英国政府数字服务局数字政府建设相关经验被美国和澳大利亚等国相继借鉴。2014年，美国成立美国数字服务机构（United States Digital Service，USDS），以重新塑造公众与政府的互动体验为职责，协助各政府部门打造简化、高效的政府服务。澳大利亚于2015年成立数字转型办公室（Digital Transformation Office，DTO），旨在提供更简单、更清晰、更便捷、更人性化的公共服务。

第三，以通用绩效指标为标准，评估数字服务质量。英国政府数字服务局综合各政府机构数字服务供给情况，制定了数字服务质量评估通用绩效指标。该指标要求政府机构从以下4个方面出发展示其数字政府服务成效。

一是单次数字服务成本。单次数字服务成本是指通过把政府机构为提供服务而用于研发、维护、推广等的投入成本加总后，除以在此期间完成的所有服务数量所得的结果。政府数字服务局要求各政府部门每季度进行一次统计，显示过去12个月内的单次数字服务成本情况。

二是使用者满意度。使用者满意度是反映在线服务是否好用的直接数据。政府数字服务局要求各部门通过追踪用户满意度变化，判断新增或变更功能是否正确。如果用户满意度下降，政府机构需以反馈意见及原因调查为依据来改善相关功能。

三是完成率。完成率是完成数字服务的用户数量占使用数字服务用户总量的百分比，也就是使用政府数字服务的用户中，有多少人可以将所有步骤完成。政府数字服务局建议各部门分析整个服务的操作步骤，观察其中容易让使用者中途放弃的环节，然后增修功能，提升完成率。

四是数字服务接受度。数字服务接受度指的是选择使用政府所提供数字服务的公众数量及占比。数字服务接受度需长期追踪，从而动态反映公众对政府所提供数字服务的接受程度，以及政府数字服务成本的变化情况（原则上使用数字服务的公众越多，政府支出的服务成本就越少）。

通过上述四个方面的评价，英国政府能够确保所提供的数字服务满足公众需求且操作简单，从而提高数字服务使用率，获得成本收益。

第四，以单一门户网站为平台，集中输出权威服务。政府的角色越来越像服务业，公众就是客户，政府官方网站是公众体验政府服务的直接窗口与渠道。政府的数字政府提供周到、精心设计、直接的服务，使公民与政府部门互动容易并且畅通无阻。英国数字政府以 www.gov.uk 为统一入口，取代了原来分散的 1 700 个政府网站，实现了网上"集合办公"，每年可节省约 6 000 万英镑。www.gov.uk 借鉴搜索引擎的服务理念，可以在网站直接通过关键词搜索查询到相关服务，页面信息分类清楚，表述通俗易懂，极大地方便了用户使用。访问和使用该网站的公众逐年上升，2017 年 1 月多达 1 500 万人次。根据 Alexa 网站排名，2017 年 www.gov.uk 是英国公众最常造访网站的第 32 名，75.4%的网民都访问过该网站。

英国推动政府数字服务已经取得明显成效，例如 2017 年申领护理补贴（Carer's Allowance），公众平均只需 5 个步骤、5min 就可以申领到津贴，因而有约 76.5%的申请者选择使用该项数字服务，服务满意度高达 92.2%。同时，英国政府按照欧洲委员会和成员国在 2000 年电子欧洲（eEurope）计划战略中确定的 20 个基本公共服务建设标准，结合本国国情分别针对公众和企业在其官网提供相应的数字服务。此外，www.gov.uk 网站也针对跨政府部门使用的功能提供数字服务，例如 www.gov.uk 上的核查（Verify）服务可让各政府部门用来验证在线使用者身份，而绩效查询（Performance）服务则用来显示所有政府数字服务的实时绩效数据。

英国数字政府建设为我国提供了以下五点经验与启示。

一是以政务信息化程度为前提。英国数字政府开展服务的前提是拥有充足的政务信息资源，并将知识管理的理念引用到政务信息资源的整合中，从而显著扩展政务信息来源，有效挖掘有用信息，过滤无关信息。从服务模式的四个要素看，政务信息资源的扩充直接影响数字服务内容，而服务内容就是数字服务的核心所在。

二是以公众为中心开展服务。英国数字政府建设最成功的经验在于以公众为中心，打破政府各部门间障碍，整合跨部门政府业务，实现"多个部门、一个政府"与流程再造的跨越式变革。按照公众需求重新划分单元，简化操作流程，挖掘用户需要，使公众真正享受到数字服务，真正推动政府职能由管理向服务转变。这也与服务模式中以公众为主体，注重公众需求这一要素相对应。

三是以需求为导向开展服务。英国数字政府建设为听取公众意见，向需开展服务，成立了一个由 5 000 人组成的公众代表会，涉及英国不同年龄段、不同地区、不同背景、不同性别的各方面人士，从使用者角度，获取数字政府建设意见。其调查主题包括公众希望哪些服务能做到 24 小时服务，公众希望用何种方式同政府打交道等，反映出英国重视公众需求，不断改进服务以适应需求，以及与使用模式和问题解决模式的内在一致性。此外，不同节点、不同频率的反馈，年度数字化进程报告等的发布积累了大量原始信息和横纵对比数据，有利于信息的深度挖掘，不断提升政府主动响应能力，不断优化服务。

四是制度规范保障服务。英国数字服务不单单是提供一系列措施，在措施背后还有文件的指导与制度的规范，这种规范为服务的集中、统一推行提供了可能。仅从网站建设角度来看，英国政府网站能够迅速融合其他相关网站，完善服务体系，有赖于规范的网站建设标准和网站协调标准，这也对应着信息服务中的服务策略要素，通过统一的标准，实现政府服务策略的规范化，推行高标准的服务。

五是双向互动提升服务。英国数字服务是一个闭合的循环，这就意味着数字服务由政府供给，通过多样化的服务方式为公众使用，之后又通过及时反馈论坛、信息调研、信息搜集、再度开发等将用户满意度情况与运行情况反馈给供给端，从而推进数字服务质量的提升。这种双向互动充分考虑到两个主体间的关系，服务者和使用者位于服务供需两端，但其实角色可以相互转化，公众在接收服务的同时，也在自动参与构建新的服务模式，刺激政府服务质量提升。

3. 葡萄牙数字政府案例及经验

《2018 联合国电子政务调查报告》[①]以"发展数字政府，向可持续和韧性社会转型"为主题，对各国数字政府发展指数、在线服务移动化、数字鸿沟、网络安全、数字政府对前沿技术的应用等进行了分析，其中数字鸿沟问题最为突出。为解决数字鸿沟问题，2014 年，葡萄牙行政现代化局启动了 Citizen Spots 计划。Citizen Spots 是一个由专业人员组成的服务平台，提供与公共行政和私营部门相关的服务。Citizen Spots 使用经过培训的公务员或私人服务员面对面指导公民访问在线服务。截至 2017 年，葡萄牙已在市政厅、教区及邮局内设立 533 个服务点，提供约 200 项公共服务。

此外，鉴于葡萄牙公众较为关注政府的公开度、友好度、适应度和灵活度，葡萄牙政府希望通过加强数字政府建设来满足公众对政府的期盼，这使数字政府在葡萄牙受到高度重视。近年来，葡萄牙政府力求采用多样化方式为公众提供服务，并从技术硬件基础建设、系统兼容和共享、内网建设和内部沟通畅通、外网建设和公民服务获取便捷等四个方面入手大力加强数字政府建设。

总的来说，葡萄牙数字政府建设关注"数字鸿沟"这一突出问题，抓住公众普遍关切，积极寻求政府牵头、技术支持、育才专用、服务多样等多种解决办法，探寻出一条与本国实际情况相契合的建设道路，也为我国提供了重视政府与公众间的双向信息交流、互动反馈及积极利用数字化手段服务公众等建设经验。

8.3.2 我国数字政府案例及经验

1. 我国数字政府典型案例

（1）全国性数字政府典型案例

2020 年初暴发的全球新冠肺炎疫情对我国治理体系和治理能力是一次严峻的考验。如何精准管控疫情、稳步复工复产，如何实现物资的快速调配和远程监督，如何实现特殊时期的监督执法执纪，如何实现公共服务的有序供给都是我国要面对的突出问题。正是在这严峻时刻，我国长期以来建设形成的数字政府发挥出巨大优势，优秀的数字化治理能力不但使中国经受住了这次挑战，还成为全球范围内的抗疫典范。根据中国信息通信研究院《中国数字经济发展白皮书（2020 年）》[②]，作为全国性的数字政府典型案例，抗击新冠肺炎疫情反映出我国数字政府具有以下 4 个突出优势：

第一，部门高度协同，数据指导决策。在疫情防控中，卫健委共享疑似确诊人员信

---

① 王姝菲. 2018 联合国电子政务调查报告[EB/OL]. （2019-03-04）. http://www.e-gov.org.cn/article-168472.html.

② 中国数字经济发展白皮书（2020 年）[R]，北京：中国信息通信研究院，2020:7-38.

息，交通运输部查找同行人员信息，工业和信息化部定位同行人员轨迹并及时将信息反馈给政府部门和个人。基于多源数据的融合共享，可以快速定位疑似确诊及密接人员并采取隔离措施，有效防止疫情传播。在推进复工复产过程中，利用电信大数据实现员工出行自认证，利用电力大数据监测企业电力复工指数，利用健康大数据形成个人"健康码"，综合分析各方面数据出台因地因时、分类有序的企业复工复产政策。

第二，依托数字技术，实现精准管控。工业和信息化部国家重点医疗物资保障调度平台，结合物资出入库记录，实时远程跟踪物资位置并了解物资种类和数量，根据各地区物资需求，有序配置物资，改善物资管理混乱、分布不均等问题。电信企业则依托工业互联网平台，提供"物资供需对接"服务，帮助医疗物资供需双方更准确、更高效对接，并通过"远程控制"服务对设备进行网络化、智能化远程控制，精准调配施工生产。

第三，"互联网+"监管，防疫权责严明。国务院办公厅通过国务院"互联网+监督"平台，就有关地方和部门在疫情防控工作中职责落实不到位等问题征求意见和建议，发挥数字技术及其应用在落实防疫主管责任和监督责任方面不可或缺的作用。

第四，数字技术支持，医疗保障有力。面对疫情，地方政府陆续开发应用平台，市民可在平台内主动提供疫情线索，咨询疫情信息。各大互联网平台则纷纷开设疫情专栏，发布实时疫情形势，提供疫情求助、在线问诊等功能。多家医院开通了"发热门诊"在线会诊、5G 远程会诊等功能。政府与社会各界在数字技术支持下共同构建了疫情期间有力的医疗服务保障。

（2）地方性数字政府典型案例

近年来，随着信息技术不断发展，各地方政府利用信息技术，结合本地区发展的实际需求，不断提升政府信息化治理能力，在政府服务、数字治理和数据治理方面均有重大突破。同样结合中国信息通信研究院《中国数字经济发展白皮书（2021 年）》[①]，我国地方性数字政府典型案例如下：

第一，湖南省政务服务大厅。该政务服务大厅是全国第一个在电子政务外网实现全国产化的政务服务大厅，信息化平台主要以长城国产电脑桌面终端为核心，实现政务服务各项功能在国产化平台上流畅运行。

第二，重庆市大渡口区党建引领社区治理智慧服务平台。该平台以党建引领基层社会治理为抓手，与网格平台数据形成对接，依靠大数据做出精准研判，有效推进"智慧社区"建设，使各级党组织成为城市基层社会治理领导核心，构建城市大党建格局。

第三，广东省深圳市龙华区"智慧龙华"交通管控平台。广东省深圳市龙华区联合滴滴打造"智慧龙华"交通管控平台，通过新建交通数据采集点，打通跨部门交通数据，引入移动车辆数据，以"一张图"的方式智能开展交通治理，打造智慧交通治理新样板。

第四，陕西省宝鸡市"雪亮工程"市本级平台。陕西省宝鸡市"雪亮工程"通过"四

---

① 中国数字经济发展白皮书（2021 年）[R]．北京：中国信息通信研究院，2021：4-33．

网两级、一总两分、市县协同"，依托政务外网和公安视频专网进行建设，在加强治安防控、优化交通出行、服务城市管理、创新社会治理等方面取得显著成效。

第五，天津市红桥区社会治理网格化管理平台。该平台构建"三级平台""四级网格"，通过"一张网"整合全区各类网格资源，以现代信息技术提升社会治理精细化水平，提升基层社会治理能力。

第六，福建省厦门市政务信息共享协同平台。该平台通过"实时服务调用共享为主，分时数据交换共享为辅"的混合共享协同模式，解决各部门跨网接入、安全交互和业务协同等问题，搭建数字化政务治理和服务体系。

第七，宁夏回族自治区吴忠市城市数据运营中心。吴忠市城市数据运营中心通过 1 个展示大厅、1 套城市数据资源体系、2 个基础支撑平台和 6 类城市大数据示范应用，为政府精准治理城市提供持续高效服务支撑。

第八，山东省数字政府建设。近年来，山东省委、省政府高度重视数字化工作，发布《山东省数字政府建设实施方案（2019—2022 年）》等政策文件，明确提出了"坚持统建共享，夯实数字政府建设基础""突出整体高效，推进政府数字化转型""强化保障措施，确保工作任务落实"等数字政府建设要求。其中，"坚持统建共享，夯实数字政府建设基础"包括：一是统一构建互联互通的基础设施体系；二是统一构建汇聚融合的数据资源体系；三是统一构建先进适用的应用支撑体系；四是统一构建可管可控的安全保障体系；五是统一构建持续优化的标准规范体系。而"突出整体高效，推进政府数字化转型"包括：一是推进政务服务数字化转型；二是推进公共服务数字化转型；三是推进社会治理数字化转型；四是推进宏观决策数字化转型；五是推进区域治理数字化转型。"强化保障措施，确保工作任务落实"包括：一是强化组织保障；二是强化环境保障；三是强化人才保障；四是强化资金保障；五是强化监督保障。山东省委、省政府对数字政府建设的重视及布局推动政府数字化迅速发展，山东省政府数字化程度在近年来的多份报告中取得好成绩，如表 8.4 所示。

表 8.4　山东省数字政府成绩情况

报告类型	成绩情况
《中国"互联网+"指数报告（2018）》	第5名
《2020数字政府发展指数报告》	前10
《中国地方政府数据开放报告：省域（2021年度）》	第2名
《省级政府和重点城市一体化政务服务能力调查评估报告（2022）》	省级政府一体化政务服务水平"非常高"
《中国大数据发展指数报告》	第1名

2. 我国数字政府案例对比

我国数字政府建设存在较为突出的地区间发展不平衡问题，这个问题一定程度上与不同地区的经济社会发展水平有关。因此，综合选取不同发展水平地区数字政府案例，分析其各自的发展优势和发展问题就显得极为重要。因而结合蒋敏娟的研究[①]，选取数字政府建设成绩突出、经济社会发展水平由高到低的广东、浙江和贵州三地作为比较对象，从共性和差异出发对三地数字政府的建设情况作深入分析。

（1）三地数字政府的共性

第一，顶层规划设计。广东、浙江和贵州 3 个省份在数字政府建设过程中都高度重视顶层设计。

广东省将数字政府改革建设列为全省全面深化改革的 18 项重点任务之首，先后制定《广东"数字政府"改革建设方案》和《广东省"数字政府"建设总体规划（2018—2020 年）实施方案》等，并基于这些规划和方案开展数字政府建设。

浙江省以"最多跑一次"改革为突破点进行政府数字化转型，2018 年 7 月发布了《浙江省数字化转型标准化建设方案（2018—2020 年）》，明确了政府数字化转型的总体目标、基本原则及重点任务内容。同年 12 月发布了《浙江省深化"最多跑一次"改革推进政府数字化转型工作总体方案》。这些行政层面的规划为浙江省数字政府建设指明了方向及路径，推动了政府的数字化转型向更深层次发展。

贵州省同样于 2018 年先后发布《促进大数据云计算人工智能创新发展加快建设数字贵州的意见》和《贵州省推进"一云一网一平台"建设工作方案》，以大数据战略为依托开展数字政府建设。

根据三省规划，数字政府建设主要涵盖 3 方面内容：一是政务服务方面，利用互联网、大数据等现代信息技术，推进集约化平台建设和应用，对外实现政务服务质量提升，对内实现跨部门协同办公；二是数据治理方面，完善政务信息资源共享目录和数据共享交换标准规范，对数据进行全生命周期管理，在打破信息孤岛的同时加强数据开放；三是政府职能创新方面，利用大数据技术提升政府在市场监管、社会治理、生态保护、公共服务等领域的职能履行。

第二，管理机构组建。数字政府建设是一项系统性、整体性工作，推进过程中首先是体制机制改革。大多数省份都选择成立独立的大数据管理部门，以数据统筹和治理为抓手，推动政府的数字化转型。在此基础上，成立数字政府建设领导小组，由省级主要领导挂帅高位推动各部门开展建设工作也是通用型做法。

例如，广东省成立了"数字政府"改革建设工作领导小组，由省长挂帅部署大数据体制改革工作，解决大数据统筹协调力度不足的问题，确立了全省一盘棋工作推动机制。为明确管理职责，撤并和调整了省政府和省直各部门 44 个内设信息化机构，组建广东省政务服务数据管理局（隶属于广东省人民政府办公厅）作为"数字政府"改革建设工作的行政主管机构，负责政策规划、统筹协调，从体制机制源头上革新组织保障。同时，在市县成立相应的政务服务数据管理局，组建起上下协同的信息化管理队伍，从而形成

---

① 蒋敏娟. 地方数字政府建设模式比较——以广东、浙江、贵州三省为例[J]. 行政管理改革，2021(6):51-60.

了上下贯通、技术与业务融合的集约化管理体制。

浙江省于 2018 年 7 月成立了由省长任组长、常务副省长任副组长，相关厅局负责人为成员的政府数字化转型工作领导小组，负责领导和统筹全省的数字政府建设。在此之后，浙江各设区市和县纷纷成立政府数字化转型工作领导小组。截至 2019 年初，浙江省、市、县 3 级均组建了专门的数据管理机构，整合原先分散在不同部门的公共数据管理、电子政务管理、政务信息化建设等职责。其中浙江省大数据发展管理局（隶属于浙江省人民政府办公厅）于 2018 年 10 月正式成立，主要职责为加强互联网与政务服务的深度融合，统筹管理公共数据资源和电子政务，加快推进政府的数字化转型。

贵州省数字政府的建设工作主要由贵州省大数据发展管理局承担。2017 年贵州将贵州省公共服务管理办公室更名为贵州省大数据发展管理局（隶属于贵州省人民政府），此次职责调整将贵州省公共服务管理办公室的职责全部划入贵州省人民政府办公厅，将贵州省经济和信息化委员会承担的有关数据资源管理、大数据应用和产业发展、信息化等职责整合划入贵州省大数据发展管理局，原贵州省信息中心由贵州省大数据发展管理局管理。为加强统筹管理，贵州省在全省层面成立大数据发展领导小组，领导小组办公室设在贵州省大数据发展管理局，在各市州采用"云长负责制"，由各市州、直属部门一把手担任"云长"，全面推进电子政务云、工业云、电子商务云等"七朵云"工程。

广东、浙江和贵州 3 省通过机构撤并，组建了专门的大数据管理机构，整合了原有的分散职能，建立由一把手挂帅的协调领导小组，有效实现了资源统筹，有力支持了政府的数字化转型。

第三，在线平台搭建。广东、浙江和贵州 3 省都将一体化政务服务平台作为数字政府建设的"先手棋"，通过集约化建设打造统一数据平台和服务平台，大力提高在线政务服务水平。

广东省充分发挥电信运营商和省内信息技术企业的人才、技术优势，与 3 大基础运营商和腾讯、华为合作，在较短时间内成功打造了"粤省事"移动应用和"广东政务服务网"一体化在线政务服务平台，以公民需求为导向推动平台功能优化完善，为公民提供精准、优质、个性化的政务服务。对内统一规划建设全省政务云平台，落实"集约共享"平台建设思维，形成"1+N+M"的政务云平台，包括 1 个省级政务云平台、N 个特色行业云平台、M 个地市级政务云平台，为党政系统中诸多部门以及各地市提供高效、安全的综合服务。在数据资源层，建设全省统一的政务大数据中心，开展政务数据治理，实现数据汇聚共享。

浙江省借鉴"数字政府即平台"理念，打造统一安全政务云平台、数据资源共享共用的大数据平台和一体化网上政务服务平台。2014 年浙江省开始实施"四张清单一张网"和电子政务"云基础设施"战略，建设政务服务网和"政务一朵云"，实现跨部门、跨层级、跨地域的信息整合与共享，形成大平台共享、大数据慧智、大系统共治的顶层架构；随后建成了省级统筹、部门协同的"互联网+政务服务"新体系，建立了省、市、县、乡、村五级联动的浙江政务服务网，联合阿里巴巴开发了"浙里办"办公 App 和掌上办公"浙政钉"，将重大项目全部整合至"浙政钉"，实现"一窗受理、一网通办、一证通办、一次办成"全覆盖，打造了一个全天候在线的数字政府。

贵州省以推进整体迁移、逐步开展分级集约、积极引导整合上移的方式，加大整合力度，彻底消除政府网站数据开放共享的障碍。采取"一朵云"承载、"一个库"汇聚、"一平台"支撑、"一张网"服务、"一套标准"管理的"五个一"创新做法，实现全省政府网站 100%整合迁移上线、100%域名集中解析、100%数据资源归集。2014 年 10 月，"云上贵州"政务数据平台正式上线运营；2018 年贵州省政府按照"六个智能"建设思路，对原贵州省网上办事大厅进行全面升级改造，建成新版贵州政务服务网，作为省、市、县、乡、村五级一体化的政务服务总门户、总入口，为企业和群众提供"淘宝式"全覆盖、全联通、全方位、全天候、全过程的网上政务服务。

总体来看，三省的在线政务发展已经由政府网站提供信息服务的单项服务阶段开始迈向跨部门、跨层级的系统整合阶段。

（2）三地数字政府的差异

第一，建设契机与预期目标。为贯彻落实国家信息化发展战略，广东省委、省政府高度重视数字政府建设，将数字政府建设作为推动经济高质量发展、再创广东营商环境新优势的着力点和突破口。2017 年 12 月广东率先启动了数字政府建设，并于 2018 年 10 月 26 日发布《广东省"数字政府"建设总体规划（2018—2020 年）实施方案》，对数字政府的定义、实施重点和实施步骤进行了具体的安排。相较于浙江和贵州，广东省更多从整体性层面进行考量，自上而下统筹建设，借助系统性思维从管理、业务和技术 3 个层面对数字政府的构建进行顶层设计，从全方位对政府数字化改革进行保障。

浙江省的数字政府是在"最多跑一次"改革基础上的模块集成与生态重构，是地方政府自主创新的内生驱动结果。浙江大力推进数字政府建设始于"最多跑一次"改革。2016 年，浙江省委经济工作会议首次公开提出"最多跑一次"改革，随着改革的深入推进，为应对改革过程中出现的创新有余而标准化不足以及碎片化、门户林立等问题，进一步推动浙江政府数字化转型纵深发展，2018 年 7 月，浙江正式启动了政府数字化转型工作，在浙江省人民政府办公厅发布的《浙江省数字化转型标准化建设方案（2018—2020 年）》中，提出打造智慧政府的新目标，即政府将更多借助大数据、互联网、云计算、人工智能、区块链等现代化信息技术，为整体性政府的构建提供技术支持，助力政府优化决策，继续深化"最多跑一次"改革。从数字政府发展的行为动因来看，浙江将数字化视为政府及治理本身改革的契机和条件，强调通过"最多跑一次"实现政府的"数字化转型"，其主要改革目标在于建成"掌上办事"之省和"掌上办公"之省。

与广东和浙江相比，贵州发展数字政府的基础较为薄弱，但贵州抓住了 2014 年建设国家大数据综合试验区的契机，通过发展大数据，构建"云平台"逐渐推动政府的数字化转型。2017 年贵州省《2017 年全省大数据发展工作要点》提出要以推进大数据战略行动和国家大数据（贵州）综合试验区建设为统领，以深入实施供给侧结构性改革为主线，以大数据"互联网+"改造提升实体经济为核心，着力在大数据引领性、应用性、支撑性上下功夫，强化项目化落实，发展壮大数字经济，着力建设"数字政府"。可见，贵州的数字政府是建设大数据试验区基础上的乘势而为，其发展路径更多地强调信息平台的建设和大数据的场景化应用，注重打造包容新环境，推动产业发展先行。

第二，运行模式。管运分离是广东省数字政府建设的重要模式。管运分离作为广东省政府数字化改革的一部分，着力于实现数字政府建设中政府与市场间的合作。在运营模式方面，广东以"政企合作、管运分离"模式明显区别于浙江、贵州两省，成为广东省数字政府建设模式的一大特色与亮点：广东"数字政府"运营中心，即数字广东网络建设有限公司是由三大运营商和腾讯公司共同出资组建的，并与华为公司签订战略合作协议，形成"1+3+1"的"政企合作"模式。该模式既强调政府在规划引导、业务协调、监督管理等方面的重要作用，又充分发挥互联网企业和基础电信运营商的技术优势，改变以往政府部门既是使用者又是建设者的双重角色，将部门变成服务的使用者、评价者，把原来分布在各个部门的建设能力集中起来，统一建设、统一运营、统一调度，形成建设能力的集约效应。

浙江省采用的是"政府主导+社会参与"的建设运营模式，充分发挥政府的引导与管理作用。自 2018 年以来，浙江省政府利用属地优势与阿里巴巴集团合作，共同打造全省数据共享体系和"浙政钉""浙里办"等移动政务平台，探索建立了灵活的政企合作机制，以政府购买相关信息化服务的形式，鼓励企业为政府数字化转型提供咨询规划、基础设施建设、应用开发、运营维护等专业服务，同时确保政府对核心业务和数据资源的有效控制。

贵州省由于是内陆不发达省份，没有大型互联网龙头企业，因此在数字政府建设时采用了由"政府出资成立国有企业"的方式解决技术难题。2018 年 2 月贵州正式挂牌成立云上贵州大数据（集团）有限公司，该公司是由贵州省政府批复成立的省属国有大型企业，致力于服务全省大数据战略行动和国家大数据（贵州）综合试验区建设。

可见，3 省数字政府建设模式既存在共性，又相互区别、各具特点。政府部门囿于自身技术能力限制，不得不借助于市场力量和企业技术优势来实现政府数字化转型，但就广东、浙江和贵州 3 省相比，广东省改革力度最大，直接选择管运分离模式，政府不再承担建设者职责，而是转为使用者、评价者和监督者；浙江省采用"政府主导+社会参与"的模式，借助企业的技术优势以合作形式共建数字政府建设所需数据体系、平台系统，在很大程度上保证了政府对海量数据的有效把控；贵州省则直接成立省直属国有企业，提供云上贵州所需的技术支持。

第三，推进力度。通过对 3 省人民政府网站中公开发布的数字政府相关政策文件统计分析发现，2016—2020 年 5 年间 3 省均高度重视数字政府建设，共发布相关政策文本 60 份。其中，浙江省发文数量最多，时间主要集中在 2017 年和 2018 年两年，2019 年和 2020 年略有减少；广东省则在 2020 年着重发力，发文数量达 9 份；贵州省发文数量相对最少，时间较为均衡，2017 年、2018 年、2019 年、2020 年 4 年发文数量差距不大。

发文时间与数量的差异体现出广东、浙江和贵州 3 省数字政府建设的进程不同，浙江省率先迈步，广东省奋起直追，贵州省稳扎稳打。

第四，取得成效及侧重点。结合蒋敏娟的观点[①]和中国社会科学院及国脉研究院联合发布的《首届（2019）中国数字政府建设指数报告》[②]来看，三地数字政府建设的成效和侧重点呈现出一定的差异。该项评估根据数字政府建设发展方向与特征，并按照评估指标设计原则与思路进行建构，共包含数据体系、政务服务、数字管治、保障体系 4 项一级指标、26 项二级指标、42 个评估要点。评估结果显示，31 个省级样本单位平均得分指数为 57.58 分，其中浙江以得分指数 80 排名第 1，广东排名第 3，贵州排名第 5。从优势侧重点来看，浙江在 4 个维度中的表现都非常突出，其中数据体系和数字管治方面位列全国第一，政务服务和保障体系两个维度排名全国第二；广东的突出优势主要体现在政务服务方面，该指数排名全国第一，其他 3 个维度广东都未进入全国前三；贵州的数据体系和保障体系建设在全国范围内排在了第三位，作为一个经济欠发达省份，贵州交出的数字政府建设成绩也十分亮眼。

广东省政务服务得分高主要得益于"粤省事"移动政务服务平台。区别于浙江省和贵州省"另起炉灶"研发政务 APP 的做法，广东的"粤省事"是全国首个集成民生服务小程序，通过微信端入口无须下载及重复注册，只需一键实名登录，即可进行高频服务事项全网通办，使用十分便捷。目前"粤省事"已经实现了公积金查询及转存、医保报销等 630 项高频便民服务事项办理，并推出了身份证、社保卡、结婚证、残疾人证等 56 种个人电子证照，截至 2019 年 6 月，累计查询和办理业务超过 1.4 亿笔。自"粤省事"上线后，86% 的事项实现了零跑动，大大节约了群众的办事成本。

浙江省在 4 个维度上表现均较突出，作为全国首个信息经济示范区，也是国内唯一同时承担数字领域三个国家级试点任务（即国家电子政务综合试点、公共信息资源开放试点、政务信息系统整合共享应用试点）的省份，浙江省的数字政府发展条件最得天独厚。浙江省以"最多跑一次"改革为突破口，顺应数字时代要求，将互联网信息通信技术作为推进、巩固改革的重要工具，通过建立在线政务服务系统，有效整合跨部门事务的行政流程，构建了"四横三纵"的数字政府体系。完善的管理架构设计保障了浙江省在数据体系、政务服务、数字管治、保障体系 4 个方面都交出了满意的答卷。

贵州省依托国家大数据（贵州）综合试验区围绕数据资源管理与共享开放、数据中心整合、数据资源应用、数据要素流通、大数据产业集聚、大数据国际合作、大数据制度创新 7 大主要任务开展系统性试验，在数据体系和数字管治方面也取得了长足成效。通过借助云上贵州"一朵云"，贵州省实现所有系统网络通、应用通、数据通，数据聚集量从 2015 年的 10TB 增长到 2020 年的 1 387TB。2018 年起，贵州省动员 1.3 万家省内

① 蒋敏娟. 地方数字政府建设模式比较——以广东、浙江、贵州三省为例[J]. 行政管理改革，2021(6):51-60.

② 首届（2019）中国数字政府建设指导数报告[R]. 北京：国脉研究院，2019:51-103.

企业尽早上云，促进更多跨单位、跨省域数据资源的流通整合，推动云平台从政用向民用、商用的落地，创新了数据云平台建设模式。近年来，贵州省依托强大的数字治理体系，实现了数字经济的飞速发展。2019年贵州省数字经济增速达22.1%，连续五年排名全国第一。

3. 我国数字政府建设经验

上述案例在反映我国数字政府建设所取得的突出成绩的同时，也从规划领导、建设执行及应急处理三个角度为后续建设提供了可供借鉴的经验。

第一，规划领导。从规划领导角度出发，能否制定出因地制宜、因需制宜的顶层设计，组建出领导有力、团队专业的建设小组是决定数字政府建设成败的关键。在案例对比中可以看到，广东、浙江和贵州3省分别从经济发展需求、服务群众需求和国家政策契机出发进行顶层设计，做出了自上而下"政企合作""管运分离"、内生驱动"政府主导+社会参与"的、项目引导"政府出资成立国有企业"的模式规划，搭建起了由省级领导负责、专业部门团队配合的建设小组，为我们展现了不同经济社会发展水平地区数字政府规划出路和既有全局把控又有技术支撑的团队构成。

第二，建设执行。从建设执行的角度出发，数字政府建设则要做到结合技术、因事制宜、因势利导、注重合作。广东、湖南、重庆等省市就在注重利用先进网络技术、信息技术的基础上，针对政务服务、基层党建、交通运输、信息共享、数据开放等不同事项，搭建起了因事制宜的服务管理平台。在具体实践过程中，各省市，尤其是广东、浙江和贵州还注重与阿里、腾讯、华为、滴滴等尖端数字企业或信息化企业合作，结合国家战略、政策开展国内外合作，并配合疫情防控、服务群众、信息技术创新与数字产业发展等时代大趋势，创造营商环境、融合碎片化服务、带动地区经济发展等地区小趋势，采用不同的运营模式、构建方式，全面而有针对性地执行地区数字政府建设规划。

第三，应急处理。在全国性数字政府案例中曾提到，2020年初以来的新冠肺炎疫情是对我国治理能力和治理体系的一次大考。新冠肺炎疫情终会结束，但未来也许会有更多类似的突发事件给全国或部分地区正在建设的数字政府带来挑战。因此，在未来国家及各地区所建设的数字政府应像此次应对新冠肺炎疫情一样，在应急处理中通过多部门快速协同，数据快速采集、处理、共享，高度平台化、网络化、智能化，做到应对系统化、决策科学化、管控精准化、信息透明化、权责有区分、运行有监督、服务有保障。

总而言之，数字政府建设是一个长期的、复杂的工程。尽管目前我国在该领域已经取得了令人瞩目的成绩，但相较于时代要求和国家要求，还有一段很长的路要走，仍然需要借鉴国内外优秀案例，不断摸索属于自己的建设道路。

练习与思考

1．请简述数字政府的概念及其与电子政务的区别。

2．请简述我国数字政府转型的主要阶段及取得的主要成就。

3．请简述政府数据开放的概念及其与政府信息公开的区别。

4．除本章所述内容外，你还了解哪些国内外政府数据共享、开放及应用的案例或数字政府案例？

第9章 新一轮数字经济革命下的机遇和挑战

正如前面章节所述，中国在数字经济领域取得的成就和面临的问题同样突出。因此，未来应如何为数字经济发展创造更加良好的环境，如何抓住数字经济发展机遇，以实现转型升级，为我国在数字经济时代的国际竞合中谋求优势地位，成为解决问题和持续发展的关键。

本章将结合我国在新一轮数字经济革命下的机遇和挑战，从当前我国优化营商环境相关工作入手，探索如何形成产业发展与经济生态相互促进的良性循环，进而实现经济结构的转型升级和可持续发展。

9.1 营商环境促进产业发展

2020 年《政府工作报告》指出，"电商网购、在线服务等新业态在抗疫中发挥了重要作用，要继续出台支持政策，全面推进'互联网+'，打造数字经济新优势"。同年 8 月 24 日，习近平总书记在经济社会领域专家座谈会上强调，"以畅通国民经济循环为主构建新发展格局，推动形成以国内大循环为主体、国内国际双循环相互促进的新发展格局"；而发展以新兴数据要素为代表的数字经济，优化营商环境也是能否构建上述格局的关键之一。随着《优化营商环境条例》的正式施行，相关条例在为以民间资本为重要驱动力量的数字经济带来新机遇的同时，也提醒我们今后应继续采取有效措施优化营商环境，加大对数字经济的政策支持，努力打造我国数字经济新优势，实现以国内大循环为主体、国内国际双循环相互促进的新发展格局。下面介绍未来发展数字经济和优化营商环境的具体措施。

9.1.1 支持民营企业参与新基建、新消费和新服务

第 45 次《中国互联网络发展状况统计报告（全文）》显示，截至 2019 年底，全球市值排名前 30 的互联网公司中，中国占据 9 个，且股权结构基本以民间资本为主，中国

民营经济已成为数字经济发展的重要贡献者①。发展新基建、培育新消费政策措施的出台，为中国民营企业发展带来新机遇，为经济发展带来新动力，也明确了未来支持民营企业参与新基建、新消费和新服务的落脚点。

一是适当放宽民营企业参与新基建的限制。新型基础设施建设既是稳定投资和扩大内需的重要途径，也将在打造智慧城市和推动商业增长方面发挥重要作用。因此，需全面落实放宽民营企业市场准入的政策措施，加快制定区分行业、领域和业务的民营企业参与新基建市场准入办法，支持民营企业以项目混改、技术入股和知识产权入股等形式参与进来，更好地满足民生需求和应急保障需要。

二是支持民营企业参与数字经济新消费。为在新冠肺炎疫情期间提供高质量在线教育培训和在线医疗服务的民营企业提供公共消费专项支持，积极推动在校学生与企业职工参与在线学习，患者使用在线医疗；同时，还应考虑如何向建立网络平台的民营企业提供事后补贴等方式的资金支持，保障和提高平台服务质量。

三是鼓励民营企业拓展数字经济新服务。鼓励民营企业参与地方智慧城市和智慧社区等各类数字平台与信息系统建设，提升城市数字化服务水平；鼓励民营企业参与区块链数据溯源与供应链监控，发挥其在食品和药品供给安全方面的重要作用。

9.1.2　优化鼓励新技术和新业态发展的法治环境

发展数字经济需要技术与法律的双重支撑与保障，与技术革新相匹配的良好法律环境是数字经济发展的必要前提。目前，我国已经初步建立起互联网法律法规体系，但由于互联网新技术和新业务形式的不断发展，相应立法进程滞后于产业发展，数字经济相关法律环境有待改善。

第一，法治要跟上新技术的发展。在数字经济时代，技术的创新和发展对现有法律体系构成了重大挑战，迫切需要以立法的形式为新技术的开发和应用提供法治保障。

第二，法治要适应新业态的发展。新技术不断产生新业态和新模式，因而需要不断跟进和完善相关领域的法律法规和规章制度。同时，我国当前迫切需要完善工伤保险制度，保护相关劳动者的基本权益。

第三，法治要为数字经济发展"松绑"。我国可通过修改数字经济相关司法解释，特别是对网络运营商、移动通信运营商和支付清算服务商等基础网络服务机构入罪的解释，更好地保障高新技术企业及从业人员权益。

9.1.3　加强对基础核心技术攻关的政策支持

未来，我国可在以下 3 个方面加强对基础核心技术攻关的政策支持。

---

① 中央网信办. 中国互联网络发展状况统计报告（全文）[EB/OL].（2020-04-28）. http://www.cac.gov.cn/2020-04/27/c_1589535470378587.htm.

第一，加强对基础核心技术攻关的源头支持。力求将产业链和供应链基础技术纳入"十四五"国家重点研发计划和国家科技重大专项，加快核心技术攻关速度，促进产品研发产业化。

第二，注重对基础核心技术攻关的长效支持。材料、传感器和芯片等关键技术及相关产业的发展并非一蹴而就的，需要一个漫长的周期，亦需建立由财政支持和税收优惠等共同形成的长效机制。同时，也需要注意优化配套政策和资源分配，避免重复建设。

第三，增强对基础核心技术的应用支持。一方面，以应用为导向制定指导方针和支持政策，支持典型应用场景的开发和推广，鼓励企业实施5G、工业互联网和人工智能示范应用，创造有利于技术创新和产品应用的外部环境。另一方面，要形成先进技术和尖端产品来自市场实践的理念，支持国内数字经济企业在市场竞争中解决核心技术问题，形成自身核心竞争力。

9.1.4 深化有利于数字经济发展的监管创新

未来，我国可在以下3个方面深化有利于数字经济发展的监管创新。

第一，积极推进"柔性监管"。监管者要坚持"在监督中体现服务，在服务中加强监督"的理念，实现从重管理到重服务、从重处罚到重引导的转变。在数字经济领域建立以"亲""清"观念为引导的政商关系，从而加强对数字经济从业者的柔性监管和规范化指导。

第二，探索设立"安全空间"。研究在互联网金融、平台经济、共享经济和区块链等发展迅速但有风险的领域创造"安全空间"，为具有相关资质的合格企业发放有限数量的市场准入许可证或备案登记，让企业在法律允许的范围内试错。

第三，继续探索"监管沙盒"。监管沙盒是指国家金融监管机构创造的相对宽松的监管环境，企业在其中进行限制性操作，并通过实验控制创新失败可能带来的负面影响。未来，应继续做好监管沙盒试点工作，扩大试点城市，扩大试点范围；同时，也应扩展受试公司的类型，以便把更多的平台经济纳入测试范围。

9.2 数字经济重塑经济生态

9.2.1 数字经济的本质、思维原则与运行机制

结合杨青峰等人的观点[①]，数字经济对经济生态的重塑源于其为经济要素、演化动

---

① 杨青峰，任锦鸾. 发展负责任的数字经济[J]. 中国科学院院刊，2021,36(7):823-834.

力、价值创造、组织方式、竞争形态等方面带来的前所未有的颠覆性变化或技术—经济范式变革。而这种颠覆性变化或新技术—经济范式变革蕴含于数字经济的本质、思维原则与运行机制中。

1．数字经济的本质

人们对数字经济的认识随着实践的发展不断深入，到目前可分为 3 个阶段。

第一阶段：现象式认知阶段（1995—2006 年）。电子商务迅猛发展，数字技术对经济的影响日益显现，其间首次出现数字经济概念。

第二阶段：特征式认知阶段（2007—2016 年）。云计算、大数据、物联网、移动互联网、人工智能等新兴数字技术的连续爆发，逐渐形成智能技术群，并与经济活动深度融合。人类最终形成了前文提到的以二十国集团领导人杭州峰会"以使用数字化的知识和信息作为关键生产要素、以现代信息网络作为重要载体、以信息通信技术的有效使用作为效率提升和经济结构优化的重要推动力的一系列经济活动"定义为主的数字经济特征认识。

第三阶段：本质性认知阶段（2017 年至今）。共享经济、社交商务、数字货币等新兴经济形态出现。一些学者开始从技术—经济范式转换角度研究数字经济，认为数字经济是加快经济发展、提高商品和服务质量及其效用的新范式，能够重塑整个经济和社会，重构各行各业的商业模式和盈利方式。杨青峰等人把数字经济定义为"以智能技术群为核心驱动力、以网络连接为基础、以数据为生产要素，具有技术经济范式转换内涵的各种经济活动的综合"[1]。从技术—经济范式转换的角度认知数字经济，能够揭示数字经济更广泛的潜在可能性及其对经济社会全方位转型的影响。

2．数字经济的思维原则

新技术—经济范式不是终点，而是新常规的开端。以往数字经济活动的特征逐渐被固化为新常规的思维原则，引领人们在数字经济新常规中不断解谜。数字经济的思维原则可以归纳为以下 5 个方面。

一是经济要素数字化。生产资料、生产过程、产品和服务等经济要素需要与数字技术深度融合，转化为具有同质性、可编程性、自我参照性、可分解性、适应性、可追溯性和互操作性等诸多特性的数字产物，从而使大规模数字创新成为可能。经济要素数字化还会附加产生大量作为生产要素的数据，能够用来创新生产和服务方式，提高全要素生产率。

二是密集数字创新。数字创新是基于数字技术的过程、产品、服务和商业模式等方面的创新，是数字经济与生俱来的基因。因具备操作资源和运营资源的双重性，数字技术使敏捷创新成为可能。数字技术平台进一步把数字资源和具有创造力的人聚合在一起，

---

① 杨青峰，李晓华．数字经济的技术经济范式结构、制约因素及发展策略[J]．湖北大学学报（哲学社会科学版），2021,48(1):126-136.

形成强大的创新能力，实现密集的社会化数字创新。数字创新的产出会成为新的创新资源，驱动数字经济不断循环迭代式演化和发展。

三是产消融合。产消融合即生产者和消费者的全方位融合，包括社会角色的产消合一、生产过程的产用融合、创新过程的价值共创三重内涵，是数字经济中设计和实施价值创造方式的基本原则。

四是平台生态。平台生态与前文提到的平台经济相似，指的是数字经济中由两个或多个用户群体构成的双边市场或多边市场，能够基于直接网络或间接网络效应在不同的用户群体之间创造价值。平台生态是数字经济环境中的元组织，能够把多个组织、参与者和活动连接起来构造商业模式，实现价值创造。平台生态的领导者具有"类政府"的能力，能够协调和治理不同群体的利益关系，也能够通过调控平台边界资源来实现利益最大化。

五是"赢者通吃"。"赢者通吃"是平台生态竞争的典型形态，即成功的平台生态会持续成功，直到几乎囊括市场中所有可能用户。"赢者通吃"是间接网络效应、直接网络效应和平台转换成本等因素综合影响的结果，是当前数字经济参与者应对竞争的基本思维原则。"赢者通吃"会形成自然垄断的格局，有利于平台领导者实现自身利益的最大化，但其他参与者的利益将严重受损。

3. 数字经济的运行机制

当前，大量传统企业通过数字化转型把生产、服务、物流等内部职能转变为平台生态，新近崛起的新兴经济也通常以平台生态为组织形式，平台生态的市场和元组织（组织的组织）特性已经充分显现。因此，对平台生态内外部要素及关系进行分析，能够简要概括数字经济的运行机制，如图 9.1 所示。

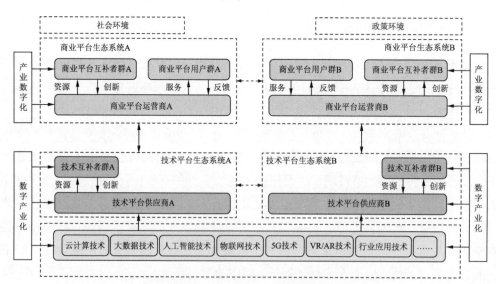

图 9.1 数字经济的运行机制

资料来源：杨青峰，李晓华. 数字经济的技术经济范式结构、制约因素及发展策略[J].

湖北大学学报（哲学社会科学版），2021,48(1):126-136.

平台生态内部通常由平台领导者、互补者和用户构成。平台领导者是平台生态的运行中枢，除少量成功创业者外，主要由传统产业的大型企业和数字技术供应商转型而来。平台领导者为平台互补者提供创新资源，为平台用户提供产品或服务，协调和控制平台的运行。平台互补者主要由规模较小的传统企业或数字技术供应商转型而来，为平台用户提供产品、服务或技术。平台用户参与平台价值创造过程，成为"生产消费者"。

从社会功能角度来看，平台生态可分为技术平台生态和商业平台生态。技术平台生态一般由数字技术供应商主导，技术互补者广泛参与，主要为商业平台生态提供技术支持；商业平台生态主要由传统产业的大型企业主导和运营，提供产品和服务的互补者广泛参与，最终为用户提供服务。

平台生态内部主体之间、不同平台生态之间、平台生态与环境之间形成复杂的相互作用关系。平台领导者、互补者与用户之间在平台内形成了复杂的价值网络关系，技术平台生态与商业平台生态之间存在复杂的竞合关系，数字经济体系与政策环境、技术环境、社会环境之间存在复杂的交互关系。

9.2.2　数字经济对经济生态的重塑作用

基于数字经济的本质、思维原则及运行机制，数字经济对经济生态的重塑作用包括以下 4 个方面。

第一，促进经济高质量发展。数字经济显著降低信息的搜索成本、复制成本、运输成本、跟踪成本和核查成本，进而降低经济活动的交易成本，促进市场匹配和交换，加速数字平台的盛行；数字经济能够提升生产要素、产品和服务的质量，实现经济活动的全面质量变革；数字经济在提升市场配置效率、完善价格机制、促进科研创新、扩大市场范围、优化要素配置和提升全要素生产率等方面促进经济的高质量发展。尤其是在新冠肺炎疫情期间，数字经济保证了我国经济发展的连续性，创新了新的经济运行模式，扩展了经济高质量发展的内涵。

第二，激活社会化创新。数字技术、数据资源和数字基础设施具有创新生成性，允许任何个人或组织灵活创建服务、应用程序和内容；数字经济环境中的平台生态为社会化创新提供了组织条件，广泛连接具有异质能力和知识的参与者，任何人都能更容易地参与创新；数字经济能够加速信息传播和知识溢出，加快知识的重新组合，进而提高创新效率和创新产出；数字经济把传统的价值链转化为价值网络，降低创新成本，提高供需匹配质量和效率，加速社会化创新价值的实现；数字经济能够打破空间和时间的限制，全球知识资源和能力资源的连接成为可能，改变创新方式，扩大创新的影响范围。

第三，驱动传统产业转型升级。传统产业适应数字经济的过程和结果被称为转型升级。从过程来看，转型升级就是传统产业过渡到基于数字技术的新产业思维、新创新体系、新生产方式、新商业模式的过程。从结果来看，转型升级是传统产业战略性的全方位变革，以及随之产生的颠覆性影响。转型升级能够降低成本费用，提高资产使用效率并增强创新能力，提升传统企业经济效益。一些学者认为，转型升级的本质就是多个维度数字创新的综合效应。数字经济发展能够为数字创新提供源源不竭的资源和动力，持续驱动传统产业转型升级。

第四，给大众带来更多福利。人们经常会获得数字经济带来的大量免费"礼物"（免费内容、免费搜索、费用补贴等）；消费者在数字平台可获得更多种类的产品，并由于竞争加剧和平均价格降低，产生大量消费者剩余；数字经济促进供需双方直接交易，减少中间成本，降低消费者购买价格；消费者可以借助共享经济平台分享闲置资产的使用权、个人知识和技能而获益。

9.3　模式创新促进经济转型

我国数字经济支持产业转型升级拥有坚实的支撑，主要体现在总量优势和应用驱动力上。据专业机构统计，2020 年我国数字经济规模已达 39.2 万亿元，规模占 GDP 的38.6%[①]。结合魏琪嘉的观点[②]，我国数字经济的应用场景正在不断丰富，数字技术也深入生产经营、社会治理、稳定消费等诸多领域。

第一，生产经营领域。在工业和制造业领域，工业互联网已成为数字化重要载体。企业在日常管理和业务等方面利用云端，轻松获取计算、存储、数据、应用等各种资源，有效促进我国工业、制造业转型发展。在服务业领域，共享网络平台和现代信息技术为资源优化配置提供着源源不断的新形式，催生大量服务业新业态、新模式。

第二，社会治理领域。在疫情防控常态化的背景下，数字经济效益进一步凸显，数字化治理可有效提升治理能力。立足云计算和大数据等技术的"健康码"对准确防控疫情、加快复工复产发挥了重要作用。

第三，稳定消费领域。数字化可以稳定居民消费，直播、在线团购、云旅游等新消费模式，部分弥补了线下消费的不足，对稳定消费起到了重要作用。根据国家统计局相关数据，2020 年 1 月至 5 月，与互联网相关的新业态、新模式逆势增长。全国实物商品网上零售额同比增长 11.5%，占社会消费品零售总额的 24.3%，同比增长 5.4 个百分点[③]。数字化也催生了新需求，疫情防控期间，数字经济发展进入加速期，在线教育、在线咨询、在线娱乐、远程办公等一系列在线需求呈现爆炸式增长，这些新需求反过来又鼓励着数字技术的加速创新。

目前，促进数字化转型的有利条件正在增加：一是应用数字技术推动传统产业数字化转型的认识逐步提高；二是数字经济发展相关政策保障逐步构建；三是广阔的内部市

---

① 中国数字经济发展白皮书（2021 年）[R]. 北京：中国信息通信研究院，2021:4-33.

② 魏琪嘉. 数字经济赋能产业转型升级[J]. 大众投资指南，2020(13):16.

③ 国家统计局. 国家统计局贸易外经司统计师张敏解读 5 月份社会消费品零售总额数据[EB/OL].（2020-06-15）. http://www.stats.gov.cn/xxgk/jd/sjjd2020/202006/t20200615_1764947.html.

场为技术应用提供了宝贵空间。人民对"数字中国"寄予厚望，期待更好的产品、更好的服务、更可靠的社会保障，正是这些实实在在的期待和需求,坚定地支持着我国数字化转型。展望未来，产业数字化与深度融合将是中国经济发展的显著趋势，特别是大数据、云计算、物联网、人工智能、5G、区块链等数字技术的广泛应用，将进一步提高传统产业生产效率，激发传统产业发展活力，加快传统产业增值改造。

当然，数字经济发展不可能一蹴而就。数字化转型不是空中楼阁，而是需要在现有产业基础上，以有效需求为坚强支撑，在具体应用场景中实现从"量变"到"质变"的突破。数字化转型与实体经济产业链、供应链和价值链的优化密切相关，是整合共振产业、资本、技术、人才和数据的最终结果。相信在不久的将来，数字经济必将为我国生产力提高开辟全新空间。

练习与思考

1. 简述如何通过优化营商环境鼓励民营企业参与数字经济活动。
2. 简述"赢者通吃"的数字经济思维原则。
3. 简述转型升级的含义及主要内容。
4. 简述数字经济如何发挥稳定消费的重要作用。
5. 你认为目前我国数字经济方面还面临哪些机遇或挑战？

参 考 文 献

[1] 全球数字经济白皮书——疫情冲击下的复苏新曙光[R]. 北京：中国信息通信研究院，2021：10-24.

[2] 中国数字经济发展白皮书（2020 年）[R]. 北京：中国信息通信研究院，2020：7-38.

[3] 戚聿东，褚席. 数字经济学学科体系的构建[J]. 改革，2021（2）：41-53.

[4] Tapscott D. The Digital Economy: Promise and Peril in the Age of Networked Intelligence[M]. New York: McGraw Hill，1995.

[5] 马文彦. 数字经济 2.0[M]. 北京：民主与建设出版社，2017.

[6] 杨虎涛. 数字经济的增长效能与中国经济高质量发展研究[J]. 中国特色社会主义研究，2020（3）：21-32.

[7] 李帅峥，董正浩，邓成明. "十四五"时期数字经济体系架构及内涵思考[J]. 信息通信技术与政策，2022（1）：24-31.

[8] 魏江，刘嘉玲，刘洋. 数字经济学：内涵、理论基础与重要研究议题[J]. 科技进步与对策，2021，38（21）：1-7.

[9] 于也雯，陈耿宣. 中国数字经济发展的相关问题和政策建议[J]. 西南金融，2021（7）：39-49.

[10] 张新红. 数字经济与中国发展[J]. 大数据时代，2016（2）：30-37.

[11] 马克卢普. 美国的知识生产与分配[M]. 孙耀君，译. 北京：中国人民大学出版社，2007.

[12] 霍肯. 未来的经济[M]. 方韧，译. 北京：科学技术文献出版社，1985.

[13] 2015 中国信息经济研究报告[R]. 北京：中国信息通信研究院，2015：39-45.

[14] 冯鹏志. 网络经济的涵义、特征与发展趋势[J]. 理论视野，2001（4）：36-37.

[15] 谭顺. 网络经济基本特征探析[J]. 淄博学院学报（社会科学版），2001（1）：12-14.

[16] 侯国清. 以知识为基础的经济[J]. 中国高新技术企业评价，1997（Z1）：85-86.

[17] 李长久. 知识经济是世界经济发展的大趋势[J]. 世界经济，1999（8）：67-70.

[18] 龙江. 信息经济与知识经济的联系和区别[J]. 兰州学刊，1999（4）：34-36.

[19] Armstrong M. Competition in Two-Sided Markets[J]. The RAND Journal of Economics，2006，37（3）：668-691.

[20] Rochet JC，Tirole J. Two-Sided Markets：A Progress Report[J]. The RAND Journal of Economics，2006，37（3）：645-667.

[21] 李允尧，刘海运，黄少坚. 平台经济理论研究动态[J]. 经济学动态，2013（7）：123-129.

[22] 郑志来. 共享经济的成因、内涵与商业模式研究[J]. 现代经济探讨，2016（3）：32-36.

[23] 何枭吟. 美国数字经济研究[D]. 长春：吉林大学经济学院，2005.

[24] 蓝庆新. 数字经济是推动世界经济发展的重要动力[J]. 人民论坛·学术前沿，2020（8）：80-85.

[25] 中国数字经济发展白皮书（2021 年）[R]. 北京：中国信息通信研究院，2021：4-33.

[26] 中国数字经济就业发展报告：新形态、新模式、新趋势（2021 年）[R]. 北京：中国信息通信研究院，2021：8-11.

[27] 陈煜波，马晔风. 数字人才——中国经济数字化转型的核心驱动力[J]. 清华管理评论，2018（Z1）：30-40.

[28] 中国数字经济发展白皮书（2017）[R]，北京：中国信息通信研究院，2017：1-4.

[29] 栾世栋，戴亦舒，余艳，等. 数字化时代的区域卫生信息平台顶层设计研究[J]. 管理科学，2017，30（1）：15-30.

[30] 董小英，胡燕妮，戴亦舒，等. 基于 CPS 架构的数字化战略能力构建——德国工业 4.0 的管理体系与转型实践[J]. 重庆邮电大学学报（社会科学版），2019，31（5）：85-98.

[31] 云计算发展白皮书（2020 年）[R]. 北京：中国信息通信研究院，2020：1-9.

[32] 云计算白皮书（2022 年）[R]. 北京：中国信息通信研究院，2022：1-7.

[33] 唐文剑，昌雯，等. 区块链将如何重新定义世界[M]. 北京：机械工业出版社，2016.

[34] 迈尔-舍恩伯格，库克耶. 大数据时代：生活、工作和思维的大变革[M]. 盛杨燕，周涛，译. 杭州：浙江人民出版社，2014.

[35] 陈公文. 港航业"智慧化"建设推进[J]. 中国港口，2018（4）：21-25.

[36] 杨晓蔚. 德国智慧城市建设的经验及对浙江的启示[J]. 政策瞭望，2019（5）：47-51.

[37] 德国智慧城市发展现状与趋势[J]. 公关世界，2017（15）：82-89.

[38] 赵蓓蓓. 英国智慧城市发展创新路径[J]. 中国经贸导刊，2018（27）：14-15，32.

[39] 臧建东，章其波，王军，等. 创新发展理念扎实推进智慧城市建设——英国和爱尔兰智慧城市建设的做法与启示[J]. 中国发展观察，2018（17）：52-55.

[40] 焦晶，李玲. 我国智慧城市建设中存在的问题及对策分析[J]. 西部皮革，2018，40（15）：111，119.

[41] 张朝兰. 浅析我国智慧城市发展现状及未来趋势[J]. 电子测试，2015（7）：148-149，147.

[42] 张莉. 数字化新业态助推传统产业转型升级[J]. 中国对外贸易，2021（4）：24-26.

[43] 沈恒超. 中国制造业数字化转型的特点、问题与对策[J]. 中国经济报告，2019（5）：102-107.

[44] 陈疆，师帅兵，侯俊才，等. 我国数字农业与农业机械的发展[J]. 农机化研究，2005（3）：21-23.

[45] 中科感知，新华社. 中国数字农业的发展概况[EB/OL]．（2021-03-26）. https://xw.qq.com/amphtml/20210326A02BY000.html.

[46] 2019 全国县域数字农业农村发展水平评价报告[J]. 新疆农业科技，2018（6）：16-19.

[47] 国家统计局. 第三次全国农业普查主要数据公报（第二号）[EB/OL]. (2017-12-25). http://www.stats.gov.cn/tjsj/tjgb/nypcgb/qgnypcgb/201712/t20171215_1563539.html.

[48] 智能制造发展指数报告（2020）[R]. 北京：中国电子技术标准化研究院，2021：13.

[49] 中国生活服务业数字化发展报告（2020 年）[R]. 北京：中国信息通信研究院，2020：1-4.

[50] 国家统计局. 中国统计年鉴 2020[EB/OL]. (2020-09). http://www.stats.gov.cn/tjsj/ndsj/2020/indexch.htm.

[51] 鲁泽霖. 数字经济打造现代服务业：盘点和展望[J]. 产业创新研究，2018（7）：38-39.

[52] 搜狐网. 西贝：3 种策略，激活 1000 万会员[EB/OL]. (2018-12-30). https://www.sohu.com/a/285673055_120065929.

[53] 何黎明. 中国智慧物流发展趋势[J]. 中国流通经济，2017，31（6）：3-7.

[54] 智研咨询. 2020 年中国智慧教育产业发展态势[EB/OL]. (2021-03-18). https://www.chyxx.com/industry/202103/939133.html.

[55] 孙立会，刘思远，李芒. 面向 2035 的中国教育信息化发展图景——基于《中国教育现代化 2035》的描绘[J]. 中国电化教育，2019（8）：1-8,43.

[56] 刘玉奇，王强. 数字化视角下的数据生产要素与资源配置重构研究——新零售与数字化转型[J]. 商业经济研究，2019（16）：5-7.

[57] 戴双兴. 数据要素：主要特征、推动效应及发展路径[J]. 马克思主义与现实，2020（6）：171-177.

[58] 杨锐. 培育数据要素市场的关键：数据供给的市场化[J]. 图书与情报，2020（3）：27-28.

[59] Bowen T S. Building collaboration[J]. Computerworld, 2001，35（45）：39-40.

[60] West J P, Berman E M. The Impact of Revitalized Management Practices on the Adoption of Information Technology: A National Survey of Local Governments[J]. Public Performance & Management Review，2001，24（3）：233-253.

[61] Shaw M J, Shapiro C, Varian H R. Information Rules: A Strategic Guide to the Network Economy[J]. The Academy of Management Review，2000，25（2）：441.

[62] 王建冬，童楠楠. 数字经济背景下数据与其他生产要素的协同联动机制研究[J]. 电子政务，2020（3）：22-31.

[63] 周文彰. 数字政府和国家治理现代化[J]. 行政管理改革，2020（2）：4-10.

[64] 张成福，谢侃侃. 数字化时代的政府转型与数字政府[J]. 行政论坛，2020，27（6）：34-41.

[65] 章燕华，王力平. 国外政府数字化转型战略研究及启示[J]. 电子政务，2020（11）：14-22.

[66] 胡税根，杨竞楠. 发达国家数字政府建设的探索与经验借鉴[J]. 探索，2021（1）：77-86.

[67] 福建决策信息参考——两会特刊（2020 年版）[R]. 福州：福建省图书馆，2020：73-104.

[68] 胡小明. 从政府信息公开到政府数据开放[J]. 电子政务，2015（1）：67-72.

[69] 洪伟达，马海群. 我国开放政府数据政策的演变和协同研究——基于 2012—2020 年政策文本的分析[J]. 情报杂志，2021，40（10）：139-147，138.

[70] 中国地方政府数据开放报告（2020 下半年）[R]. 上海：复旦大学数字与移动治理实验室，2021：5-8.

[71] 中国地方政府数据开放报告（2020 上半年）[R]. 上海：复旦大学数字与移动治理实验室，2020：19-57.

[72] 产业中国研习社. 政府大数据应用案例及启示[EB/OL]. （2017-11-22）. https://www.sohu.com/a/206006073_99970250.

[73] 高婴劢. 政府大数据建设需把握三大要点[J]. 软件和集成电路，2020（5）：64-65.

[74] 张昱. 德国电子政务建设研究及对我国的启示[J]. 中国科技资源导刊，2017，49（6）：94-99.

[75] 黄项飞. 英国电子政务建设的经验与启示[J]. 机电兵船档案，2005（1）：53-55.

[76] 王珠菲. 2018 联合国电子政务调查报告[EB/OL]. （2019-03-04）. http://www.e-gov.org.cn/article-168472.html.

[77] 蒋敏娟. 地方数字政府建设模式比较——以广东、浙江、贵州三省为例[J]. 行政管理改革，2021（6）：51-60.

[78] 首届（2019）中国数字政府建设指数报告[R]. 北京：国脉研究院，2019：51-103.

[79] 中央网信办. 中国互联网络发展状况统计报告（全文）[EB/OL]. （2020-04-28）. http://www.cac.gov.cn/2020-04/27/c_1589535470378587.htm.

[80] 杨青峰，任锦鸾. 发展负责任的数字经济[J]. 中国科学院院刊，2021，36（7）：823-834.

[81] 杨青峰，李晓华. 数字经济的技术经济范式结构、制约因素及发展策略[J]. 湖北大学学报（哲学社会科学版），2021，48（1）：126-136.

[82] 魏琪嘉. 数字经济赋能产业转型升级[J]. 大众投资指南，2020（13）：16.

[83] 国家统计局. 国家统计局贸易外经司统计师张敏解读 5 月份社会消费品零售总额数据[EB/OL]. （2020-06-15）. http://www.stats.gov.cn/xxgk/jd/sjjd2020/202006/t20200615_1764947.html.